“MONDES SAUVAGES”
POUR UNE NOUVELLE ALLIANCE

La nation iroquoise avait l’habitude de demander, avant chaque palabre, qui, dans l’assemblée, allait parler au nom du loup.

En se réappropriant cette ancienne tradition, la collection “Mondes sauvages” souhaite offrir un lieu d’expression privilégié à tous ceux qui, aujourd’hui, mettent en place des stratégies originales pour être à l’écoute des êtres vivants. La biologie et l’éthologie du XXIe siècle atteignent désormais un degré de précision suffisant pour distinguer les individus et les envisager avec leurs personnalités et leurs histoires de vie singulières. C’est une approche biographique du vivant. En allant à la rencontre des animaux sur leurs territoires, ces auteurs partent en “mission diplomatique” au cœur du monde sauvage.

Ils deviennent, au fil de leurs expériences et de leurs aventures, les meilleurs interprètes de tous ces peuples qui n’ont pas la parole mais avec lesquels nous faisons *monde commun*. Parce que nous partageons avec eux les mêmes territoires et la même histoire, parce que notre survie en tant qu’espèce dépend de la leur, la question de la cohabitation et du vivre-ensemble devient centrale. Il nous faut créer les conditions d’un dialogue à nouveaux frais avec tous les êtres vivants, les conditions d’une *nouvelle alliance*.

OVIBOS, LE SURVIVANT DE L'ARCTIQUE

Série dirigée par Stéphane Durand

ISBN 978-2-330-13258-3

RÉMY MARION
ET ROBERT GESSAIN

OVIBOS, LE SURVIVANT DE L'ARCTIQUE

préface de Vincent Munier

MONDES SAUVAGES
Pour une nouvelle alliance

ACTES SUD

SOMMAIRE

Préface, par Vincent Munier – P. 10

INTRODUCTION - P. 14

CHAPITRE 1. - P. 18

OVIBOS, QUI ES-TU ?

CHAPITRE 2. - P. 36

OVIBOS, D'OÙ VIENS-TU ?

CHAPITRE 3. - P. 46

OVIBOS, OÙ VIS-TU ?

CHAPITRE 4. - P. 64

OVIBOS, COMMENT VIS-TU ?

CHAPITRE 5. - P. 84

LA GRANDE AVENTURE DES HOMMES ET DES BŒUFS MUSQUÉS (ROBERT GESSAIN)

CHAPITRE 6. - P. 166

OVIBOS À L'ANTHROPOCÈNE

EN GUISE DE CONCLUSION – P. 224

Notes – p. 228

ANNEXES – P. 235

La Compagnie de la baie d'Hudson : le castor, le roi et le chapelier fou – p. 236
Rennes et caribous – p. 242
Réflexions sur la ferme d'élevage des bœufs musqués de Vieux-Chimo (Nouveau-Québec) (Rapport de Robert Gessain) – p. 248
Lettre de Théodore Monod à Robert Gessain – p. 259

Glossaire, localités et explorateurs – p. 260

Bibliographie – p. 268

Remerciements – p. 280

Je dédie ce livre à mes deux petits-fils Vadim et Solal, pour qu'ils puissent découvrir un jour Ovibos dans son milieu naturel.

PRÉFACE

Il existe des bêtes qui vous transportent plus que d'autres, qui vous hantent. Comme si elles exerçaient sur vous un envoûtement permanent. Le bœuf musqué, ou plutôt Ovibos, ou mieux encore Omingmak (mot inuit qui désigne "l'animal dont la fourrure est comme une barbe", tellement plus poétique), en fait partie.

Cet animal m'a amené à faire mes premières expéditions en solitaire dans le Haut-Arctique canadien. C'était en terre de Banks, dans les Territoires du Nord-Ouest. On m'avait annoncé 112 humains rassemblés dans un unique village au sud, et le reste de cette île gigantesque pour les 50 000 ovibos. Providentiel !

Tout comme le yack sauvage (qui, lui, m'a emmené vers les hauts plateaux tibétains), l'ovibos présente ce paradoxe d'être primitif et moderne à la fois. Il nous invite à un voyage dans le passé de plusieurs centaines de milliers d'années. Et, dans le même temps, il nous rappelle que, en cette période de transformation, de mutation terrifiante, nous avons cruellement besoin d'équilibre, de durabilité et de stabilité. Il réveille en nous une part humaine vitale. Face à la bête primitive, chacun d'entre nous, sans exception, ressent de puissantes vibrations qui nous pénètrent par tous les sens, par tous les pores comme une reconnexion à nos origines paléolithiques, à une certaine unicité du monde des vivants. Primordial !

Le récit d'une expédition en 2009 dans la toundra norvégienne, dans l'intimité de fabuleuses créatures : les bœufs musqués. Une quête au fil des jours, un carnet de voyage dans les pas de Vincent Munier : "Je suis venu les observer en plein hiver, car c'est au cœur des conditions les plus extrêmes qu'ils expriment leur grandeur…"
https://www.youtube.com/watch?v=l1Hy8_LFi3A

Cet animal minéral, ce patriarche, symbole de la toundra glacée, qui a échappé au génocide qu'a subi son "cousin", le bison des plaines, reste malgré les apparences extrêmement fragile. Et il serait dramatique de voir son nom rejoindre ceux des aurochs, rhinocéros laineux, mammouths et ours des cavernes disparus…

Ovibos, la grande aventure des hommes et des bœufs musqués de Robert Gessain a été, longtemps, le livre de chevet des amoureux du Grand Nord. Quel bonheur ici de revivre ses récits !

Rémy Marion, Robert Gessain : deux générations, deux arpenteurs des pôles. Fins connaisseurs. Un précieux travail de monographie sur Omingmak, un voyage merveilleux dans le tréfonds de l'histoire du vivant…

Vincent Munier

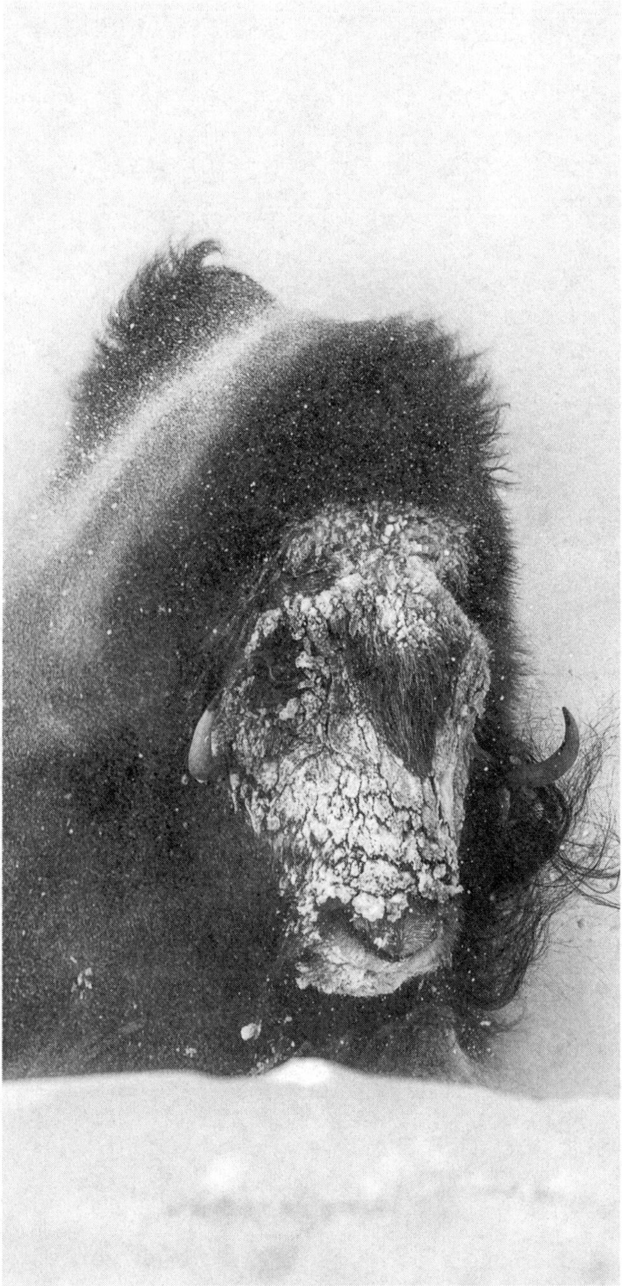

INTRODUCTION

L'homme et le bœuf musqué marchent côte à côte depuis un demi-million d'années. Ce livre est le fruit de ma curiosité d'en savoir plus sur cette longue histoire. Je l'ai écrit pour m'instruire, j'y ai pris intérêt et plaisir. Lecteur, j'espère que tu y trouveras le même agrément.

ROBERT GESSAIN[1]

Ma première émotion en relation avec l'Arctique fut une rencontre avec un missionnaire célèbre, le père Roger Buliard. Je devais avoir une dizaine d'années. Il était de passage à la paroisse Sainte-Catherine à Honfleur, l'église des marins-pêcheurs, et m'a dédicacé son livre *Inuk, au dos de la Terre*. Cet ouvrage autobiographique est une ode à la vie polaire, avec sa dureté, ses lumières, et décrit ses rencontres avec le peuple inuit*[2], avec lequel il n'est pas toujours tendre. Alors qu'il me le signait, je remarquai ses doigts coupés et me demandai ce qui avait bien pu lui arriver. J'appris plus tard que ses doigts avaient été coupés à la suite de gelures, de quoi me faire frissonner d'effroi…

Un autre événement marquant fut de voir à la télévision, en noir et blanc, le fameux film *Les Dents du diable* de Nicholas Ray, présenté à Cannes en 1960. Anthony Quinn y joue le rôle de l'Inuk qui sauve le policier qui le poursuit, interprété par Peter O'Toole. Ce film n'est pas très bon, à mon avis, mais il a marqué l'esprit de l'enfant que j'étais alors. Certaines scènes ont rempli mon imaginaire, au point que les trappeurs et la banquise envahissaient ma chambre. Quelle ne fut pas ma surprise quand, bien des années plus tard, je me suis aperçu que le White Whale Lodge tenu par mes amis Dwight Allen et Louise Foubert au bord du fleuve Churchill (Canada), et où j'ai passé des séjours d'observation d'ours polaires mémorables, n'était autre que le décor du film de Nicholas Ray. J'y organisai en

1997 le tournage du film *Hasards ou coïncidences* de Claude Lelouch. Un titre qui me va bien.

Je parcours l'Arctique depuis trois décennies ; tous les prétextes sont bons, tous les moyens aussi (vieux gréement, motoneige, traîneau à chiens, hélicoptère, hydravion, bateaux de croisière…). Je me suis beaucoup intéressé aux ours polaires et bruns, mais une autre espèce m'a toujours intrigué, moins connue, moins charismatique et encore moins médiatique : le bœuf musqué, dont le nom scientifique est *Ovibos moschatus*. J'ai croisé sa trace et pu l'observer sur une grande partie de son territoire, de l'île d'Ellesmere aux montagnes du Dovrefjell en Norvège, du fjord Scoresby sur la côte est du Groenland à la baie d'Ungava au Labrador. Au retour de mes observations, c'est toujours dans le livre de Robert Gessain que je me suis replongé, *Ovibos, la grande aventure des bœufs musqués et des hommes*, publié en 1981. Cet ouvrage de référence sur les relations entre les hommes et cette espèce va plus loin qu'une étude anthropologique grâce à une écriture alerte et précise, et à de nombreux témoignages d'observations de première main.

Robert Gessain nous a quittés le 8 avril 1986, je ne l'ai malheureusement jamais croisé. Ce compagnon et ami de Paul-Émile Victor a étudié la population des Inuits du district d'Ammassalik, dans le Sud-Est du Groenland, et a dirigé le musée de l'Homme, au Trocadéro, de 1968 à 1972. Médecin et anthropologue, il a aussi bien étudié les groupes sanguins et la généalogie que le mode de vie des Inuits, pour en brosser un portrait humaniste et précis. Embarqué en 1934 à bord du *Pourquoi Pas ?* du commandant Charcot pour une expédition ethnologique, avec Paul-Émile Victor, Michel Pérez et Fred Matter, le jeune Robert Gessain découvrit ses premiers bœufs musqués en abordant la côte est du Groenland. Commence alors sa quête de cette espèce à laquelle il consacrera ce livre.

En 2009, lors d'une croisière sur la côte est du Groenland en compagnie de Monique Gessain, son épouse, et de leur fils Antoine, je leur ai fait part de mon envie de rééditer cet ouvrage. Après dix ans, quelques autres livres et de nombreuses rencontres avec l'ovibos, j'ai pu reprendre une partie du texte de Robert Gessain en l'associant avec mes observations et des données scientifiques récentes. De plus, grâce aux archives conservées par Antoine Gessain, nous avons pu insérer quelques illustrations originales et un courrier très intéressant de son ami Théodore Monod, montrant, s'il en était besoin, l'importance du travail de Robert Gessain. Ce livre est donc devenu un dialogue posthume entre Robert Gessain et moi-même, entre ses recherches en anthropologie et mes observations, entre des données actuelles et les recherches passées. Il a fallu faire des choix, remettre à jour, corriger parfois, pour construire un ouvrage apte à entraîner le plus grand nombre, spécialistes ou simples passionnés de la faune polaire, sur la piste d'Ovibos.

Voici donc un hommage à cette espèce méconnue, véritable repère vivant dans l'espace et dans le temps. Ovibos marque de son empreinte si caractéristique les contours de l'Arctique, comme il balise son histoire.

CHAPITRE 1

OVIBOS, QUI ES-TU ?

Dans la paix de la fin du jour, dans le calme d'une soirée d'été, le monde se dépouille de ses catégories, du poids de son avenir, et reste seulement suspendu au rythme de son désir.

BARRY LOPEZ[1]

Premières descriptions

Dans le paysage de la toundra*, en été comme en hiver, le bœuf musqué est comme un bloc erratique déposé par un glacier : il se distingue de loin, il tranche sur la monotonie du paysage. Une masse rectangulaire qui se découpe sur la crête, marchant d'un pas lent. Une masse couchée ruminant calmement aux côtés de ses congénères. Comme la roche, il est un jalon de l'éternité dans l'immensité, une borne mouvante dans un paysage figé. Ovibos a suivi le retrait des calottes glaciaires, toujours plus au nord. Il était là bien avant les hommes. Les premiers à l'avoir côtoyé et chassé, il y a 400 000 ans, devaient avoir leurs mots pour le décrire. Les premiers habitants de l'Arctique, qui l'ont poursuivi sur des milliers de kilomètres, se sont transmis des récits à son sujet, des légendes et des poèmes pour le raconter. Ce sont les textes de Robert Gessain, extraits de son livre *Ovibos*, qui parleront de cette épopée millénaire au chapitre 5 (p. 84). Commençons par les premières descriptions des Occidentaux, pour planter le sujet dans son décor et mieux saisir Ovibos dans son originalité.

Étonnamment, Jens Munk, premier navigateur occidental à hiverner dans l'embouchure du fleuve Churchill en 1619 et à en revenir, ne le mentionne pas, alors qu'il parle des rennes. L'espèce apparaît pour la première fois dans une relation de voyage en 1689. Henry Kelsey l'aperçoit au nord de l'estuaire du fleuve Churchill, connu à l'époque sous le nom de "fleuve des Danois", sur la côte ouest de la baie d'Hudson : "Aperçu deux buffles [...], bêtes mal bâties, leur corps étant plus gros que celui d'un bœuf [...] leurs cornes ne poussant pas comme celles des autres bêtes mais se joignant sur le front et descendant sur le côté de leur tête puis se tournant vers le haut jusqu'à ce que les pointes soient au niveau des racines. Leur fourrure a près d'un pied de long[2]."

Nous devons la première description précise de cette espèce à un Français : Nicolas Jérémie*, dit Lamontagne. Originaire de la région du lac Saint-Jean au Québec, il fit son premier voyage en baie d'Hudson en 1694, puis devint en 1709 gouverneur du fort Bourbon pour la Compagnie française des aventuriers, où il resta six ans. Ce fort, situé à l'embouchure du fleuve Nelson, est mentionné sur les cartes modernes sous l'appellation britannique de York Factory. C'est au retour de ses différents séjours au sud-ouest de la baie d'Hudson qu'il écrira un ouvrage de référence pour l'époque. Comme il le précise lui-même dans sa *Relation du détroit et de la baie d'Hudson* écrite en 1714 et publiée à Amsterdam en 1720 : "Je ne marque rien, qu'après l'avoir vu & examiné par moi-même : & afin de ne rien risquer sur le rapport d'autrui, je me suis transporté presque dans tous les lieux dont je parle."

Contrairement aux naturalistes du Siècle des lumières qui décrivent dans leur cabinet les spécimens qu'ils reçoivent et à partir desquels ils doivent déduire, voire broder, Jérémie décrit par le menu cet animal intrigant qui aiguise sa curiosité. Sa description pose les bases de la connaissance d'Ovibos :

> Entre la rivière Danoise et celle du Loup Marin, il y a une espèce de bœufs, que nous nommons bœufs musqués, à cause qu'ils sentent si fort le musc, que dans certaine saison de l'année il est impossible d'en manger. Ces animaux ont de très belle laine ; elle est plus longue que celle des moutons de Barbarie ; j'en

> ai fait des bas qui étaient plus beaux que des bas de soie. Ces bœufs, quoique plus petits que les nôtres, ont cependant les cornes beaucoup plus grosses et plus longues ; leurs racines se joignent sur le haut de la tête, et descendent à côté des yeux presque aussi bas que la gueule. Ensuite le bout remonte en haut, qui forme comme un croissant. Il y en a de si grosses, que j'en ai vu, étant séparées du crâne, qui pesaient les deux ensemble soixante livres. Ils ont des jambes fort courtes, de manière que cette laine traîne toujours par terre lorsqu'ils marchent ; ce qui les rend si difformes que l'on a peine de loin à distinguer la tête. Il n'y a pas grand nombre de ces animaux, ce qui ferait que les Sauvages les auraient bientôt détruits, si on en faisait faire la chasse ; joint à ce que, comme ils ont les jambes très courtes, on les tue lorsqu'il y a bien de la neige, à coups de lance, sans qu'ils puissent fuir[3].

En s'attardant sur cette description, on comprend que Nicolas Jérémie ne parle qu'en comptable, ne s'intéressant qu'aux parties utilisables de l'animal et à la façon de l'exploiter, tout en mettant en garde contre une population relativement limitée. Nous sommes loin d'une description naturaliste. Cinquante ans plus tard, c'est un salarié de la Compagnie de la baie d'Hudson, Samuel Hearne*, qui nous éclaire un peu plus sur l'espèce en apportant des informations sur son comportement et son cycle de vie. La Compagnie de la baie d'Hudson fut un maillon essentiel de la destruction de l'espèce de 1860 à 1917. Nous en reparlerons plus loin, car il est bon de se replonger dans l'histoire de cette compagnie commerciale mal connue et pourtant capitale dans la mise en place des grands équilibres économiques et politiques que nous connaissons encore (voir l'annexe p. 236). Les descriptions comportementales données par Samuel Hearne lors de son voyage vers le nord, en 1770, sont pleines d'enseignements.

Explorateur méconnu, Hearne sera pourtant le premier Occidental à voir le passage du Nord-Ouest, le 18 juillet 1771, à l'issue d'un troisième voyage à pied à travers les Barren Lands depuis le fort Prince-de-Galles, sur la rive nord de l'estuaire du fleuve Churchill. Officier de la Royal Navy, fin narrateur et observateur, il décrira par le menu, sur plusieurs pages, mœurs et habitudes, morphologie et habitats de l'ovibos, tout en mettant le doigt sur le cousinage avec les Caprinae. En voici un extrait : "Quoique ces animaux soient très pesants, ils gravissent les rochers avec beaucoup d'agilité et ont le pied aussi sûr qu'une chèvre ; comme elle aussi, ils mangent tout ce qu'ils trouvent. Ils sont très friands d'herbe ; mais dans l'hiver, lorsqu'elle est rare, ils se nourrissent de mousses, ainsi que des sommités des saules et des branches les plus tendres du pin[4]."

Une mauvaise dénomination

Ma première visite au petit village de Churchill, sur la côte ouest de la baie d'Hudson, a été, comme souvent dans la vie, le fruit du hasard ; je ne savais pas que j'y passerais plus de deux ans, en y revenant très régulièrement pendant vingt-trois années, et ce en toutes saisons. Ce sont bien évidemment les ours polaires qui m'ont attiré dans cette région, mais très vite l'histoire de ce lieu m'a intrigué, véritable carrefour de la saga canadienne où les noms de rues nous résument les personnages majeurs qui ont fait cette communauté : Kelsey, Hearne, Munk, La Vérendrye, Hudson, Radisson, James, Bernier, Franklin. Réunis dans ce panthéon urbain, à chaque intersection ces noms nous interpellent. Croisement de l'histoire, mais aussi des peuples et de la faune, où les Inuits du Nord côtoient les Crees et les Dénés, où l'ours polaire pourrait rencontrer un grizzly ou un ours noir, où le caribou croisait l'ovibos. C'est bien ici qu'a été faite la première description du bœuf musqué par Nicolas Jérémie. C'est d'ici que Samuel Hearne est parti pour rejoindre l'océan Arctique – son nom est encore gravé dans la roche au pied du fort Prince-de-Galles. C'est Hearne qui sortit le drapeau blanc face aux trois navires de l'expédition commandée par Jean-François de Galaup, comte de Lapérouse. Lors de ses longues traversées avec son guide Matonabbee, il eut bien des occasions d'observer des bœufs musqués. Il nous les raconte dans ses relations de voyage : "Je donnais à ce lac le nom de « Bœuf musqué », à cause du nombre de ces animaux qui paissaient sur ses bords. Les Indiens en tuèrent plusieurs ; mais les trouvant trop maigres, ils se contentèrent de prendre leurs peaux pour se faire des souliers[5]."

Depuis, l'espèce a disparu de la région ; parfois, un ossement ou une dent nous rappelle qu'ils étaient nombreux avant l'arrivée des armes à feu. Reviendront-ils naturellement ou faudra-t-il les réintroduire ? Il y a eu des projets. Les plus proches hardes de bœufs musqués ne sont pas si loin, au nord de Churchill près de la rivière Thelon, peut-être même que certains s'égarent plus au sud. La concurrence avec les caribous ne les a pas favorisés, mais malheureusement les caribous disparaissent eux aussi. Pour quelle(s) raison(s) ? Une chasse excessive ? J'aimerais retourner un jour à Churchill pour y observer des bœufs musqués paître en bordure de la baie de Lapérouse, comme ont pu les voir Nicolas Jérémie et les autres.

M. de Buffon, depuis son cabinet de travail de Montbard avec vue imprenable sur la vallée de la Brenne, était très loin des contrées où vivaient les espèces qu'il décrivait. C'est dans ce cabinet, sanctuaire de la connaissance naturaliste du XVIIIe siècle, que Jean-Jacques Rousseau s'agenouilla en franchissant le seuil. Mais Buffon va se fourvoyer dans la première édition des douze volumes consacrés aux quadrupèdes (1753-1767) de son *Histoire naturelle*. Il ne travaille que sur des notes et des récits qu'il reçoit ou, dans le cas d'Ovibos, sur un crâne isolé ; impossible pour lui de comparer des spécimens. Il confond bœuf musqué et bison d'Amérique. Il n'est pas le seul à faire cette confusion, le naturaliste Thomas Pennant* fait de même et pour les mêmes raisons.

Dans la révision datée de 1782, Buffon corrige son erreur en distinguant le bison d'Amérique du bison musqué ou buffle musqué du Nord :

> De même la race du bison a, en Amérique, une variété constante. Nous donnons la figure (pl. IV) d'une tête qui nous a été communiquée par un savant de l'université d'Édimbourg, M. Magwan, sous le nom de tête de Bœuf Musqué, et c'est en effet le même animal qui a été décrit par le P. Charlevoix*, tome III, page 132, et que nous avons cité page 142 de ce volume. On voit par la grandeur et la position des cornes de ce bœuf ou bison musqué, qu'il diffère par ce caractère du bison dont nous avons aussi donné la figure, dont les cornes sont très différentes.
>
> Celui-ci a été trouvé à la latitude de 70 degrés près de la baie de Baffin. Sa laine est beaucoup plus longue et plus touffue que celle des bisons qui habitent des contrées plus tempérées, il est gros comme un bœuf d'Europe de moyenne taille ; le poil, ou plutôt la laine sous le cou et le ventre, descend jusqu'à terre : il se nourrit de mousse blanche ou de lichen comme le renne. Les deux cornes de ce bison musqué se réunissent à leur base, ou plutôt n'ont qu'une origine commune au sommet de la tête, qui est longue de deux pieds quatre pouces et demi, en la mesurant depuis le bout du nez jusqu'à ce point où les deux cornes sont jointes ; l'intervalle entre leur extrémité est de deux pieds cinq pouces et demi ; la tête est si large, que la distance du centre d'un œil à l'autre est d'un pied quatre pouces du pied français. Nous renvoyons, pour le reste de la description de cet animal, à celle qui

a été donnée par le P. Charlevoix, et que nous avons citée. M. Magwan nous a assuré que cette description de Charlevoix convenait parfaitement à cet animal[6].

Dans les notes de son *Histoire naturelle*, à la page 152, Buffon rappelle que le zoologiste Pallas* signale la découverte de crânes de bœufs musqués sur les côtes de Sibérie, information intéressante car Ovibos avait déjà disparu d'Eurasie au XVIIIe siècle. La description de Charlevoix est en fait la reprise de celle de Jérémie. Il faudra attendre Zimmerman, en 1780, pour donner une identité propre à cette espèce par la création de *Bos moschatus*, traduction mot à mot de “bœuf musqué”, qui sera ensuite complétée en 1816 par Blainville en *Ovibos moschatus*, précisant par là le cousinage avec les ovins et son apparence de bovin. Actuellement, la nomenclature internationale retient *Ovibos moschatus* Zimmerman, 1780.

George Shaw, General Zoology, or Systematic Natural History, *vol. II, part. 2, Mammalia, 1801.*

Il faut s'interroger sur l'appellation même de “bœuf musqué”, traduite littéralement par *muskox* en anglais, *moskusokse* en norvégien, *myskoxe* en suédois et *Moschusochse* en allemand. Comme l'écrivait Vilhjálmur Stefánsson*, quand il prévoyait d'exploiter cette espèce de façon presque industrielle, “il va falloir commencer par changer de nom, accoler *musqué* à bœuf n'est pas vendeur". Il voulait populariser Ovibos, de même que Robert Gessain qui écrit dans l'introduction de son livre : "Je l'appellerai, tout au long de ce livre, Ovibos, vocable bien sonnant qui dans sa brièveté le spécifie et que l'on peut prononcer comme celui d'un ami." Dans la langue des Inuits, il est appelé de façon très homogène de l'Alaska au Groenland, avec quelques variantes de translittération : d'*umingmak* (Nord de l'Alaska) à *umimmar* dans l'Est du Groenland, en passant par *uumiqmaq* au Nunavut. La racine de ce mot est *umik*, "barbe", et *mak*, "grand", le tout signifiant "le grand barbu", c'est tout de même plus flatteur que "bœuf musqué".

La première illustration d'après une observation de terrain est issue des relations de voyage de William Edward Parry (1821-1823). W. Westall, Un bœuf musqué sur l'île Melville, *gravure, vers 1821, d'après le lieutenant Beechey.*

Après Hearne, Parry et quelques autres, la description de l'aspect physique de l'animal est presque complète, il faut la remanier avec les mots d'aujourd'hui pour pouvoir visualiser l'animal avec précision. Ce que l'on remarque en premier, c'est l'importance de la couverture de laine qui recouvre presque entièrement l'animal. Cette fourrure est composée de deux types de poils. Au contact de la peau, le poil de bourre, de couleur claire, fin et doux comme du duvet d'oie, d'une longueur de 5 à 7 centimètres, qui lui garantit une protection thermique efficace. Par-dessus, comme une grande pelisse, les poils de jarre sombres et longs assurent la protection face au vent, au blizzard, à la neige. Sous la gorge, ces poils mesurent plus de 60 centimètres, et plus de 45 centimètres sous le ventre. Les poils des vieux mâles balaient la toundra, ajoutant à leur corpulence massive une cuirasse digne d'un cheval caparaçonné pour les tournois. Au milieu du dos, une zone légèrement jaunâtre, la selle, laisse apparaître le poil de bourre. Il semble que cette zone moins protégée puisse servir d'échangeur durant les périodes chaudes de l'été, en dispersant un excédent de calories. À la base de l'encolure, une bosse très proéminente chez les mâles est constituée des muscles qui supportent le cou et la tête massive. Une crinière est également bien marquée chez les mâles adultes. Les poils couvrent entièrement la face, jusqu'aux lèvres et au bord des narines.

À noter, le rarissime, l'exceptionnel ovibos albinos : dans un univers blanc de neige, quel paradoxe d'imaginer ce caprice de la nature aboutissant à distinguer un individu de tous les autres en le privant de couleur… Une femelle est observée en 1847, puis plus rien. Une femelle, plutôt couleur isabelle qu'albinos vu la description qui en est faite, est signalée en 1971 dans les Territoires du Nord-Ouest, et en 2006 un mâle très blanc est photographié depuis un hélicoptère sur l'île d'Ellesmere.

Au début de l'été, les bœufs musqués muent et perdent leur poil de bourre qui leur tient si chaud. Ils ont une drôle d'allure à cette période, un peu comme de vieux tapis défraîchis. La totalité de cette mue pèse 2,5 kilogrammes. Cette laine est appelée *qiviut*, nous en reparlerons plus loin pour évoquer son utilisation. Des touffes de laine s'accrochent à tous les buissons, Ovibos se roule dans la toundra pour accélérer le processus. Des oiseaux, comme le bruant des neiges ou le bruant lapon, en profitent pour constituer des nids douillets et chauds, les lemmings en feront des édredons pour mieux passer l'hiver.

Le randonneur ne peut s'empêcher d'en mettre une touffe dans sa poche. Il retrouvera ces boules de laine quelques semaines ou mois plus tard, en se rappelant avec émotion ces instants passés sur les traces du bœuf musqué.

Dans l'air pur et sec de l'Arctique, il est toujours difficile de se faire une idée des distances et des proportions. Combien de fois avons-nous été trompés, en kayak, en zodiac ou à pied, sur la distance qui nous sépare du front d'un glacier ou sur la hauteur d'un iceberg ! Alors, de là à estimer la taille d'un bœuf musqué sans échelle, sans repère… Par contre, une grande différence de taille est notable entre mâles et femelles adultes. Le mâle est assurément plus massif. Un mâle adulte arrive à la poitrine d'un homme, soit environ 1,35 mètre, une femelle est plutôt aux alentours de 1,20 mètre. Nous sommes loin de la taille d'un bison d'Amérique, qui mesure jusqu'à 2 mètres. Un mâle adulte peut peser jusqu'à 400 kilos pour une moyenne de 275 kilos, les femelles pèsent en moyenne 190 kilos. Cependant, il faut faire des distinctions biogéographiques, les bœufs musqués du Haut-Arctique – une zone moins riche en nourriture, comme l'île d'Ellesmere – sont moins hauts sur pattes que leurs congénères qui s'égaillent dans les zones arbustives du Groenland ou du Labrador.

Introduits dans le Nord du Labrador, les bœufs musqués occupent les vallées humides.
https://vimeo.com/380476149

Ma première rencontre

Ma première observation de l'espèce date de juillet 1998. Nous avions organisé avec quelques amis une expédition dans le Nord de l'île d'Ellesmere, au bord du lac Hazen et dans le fjord Tanquary. Tandis que la planète entière attendait fébrilement que vingt-deux garçons en bonne santé envoient une balle dans un filet, nous étions très loin de tout cela, au sens propre comme au figuré, un peu comme sur une autre planète. Il est vrai que les paysages des îles de l'Extrême-Nord canadien offrent des sensations uniques. Non loin de là, sur l'île Devon, ont été testés des équipements pour partir sur la planète Mars, cela donne une idée de l'environnement… La toundra est souvent constituée de petites buttes, résultant de l'action du gel et du dégel, qui rendent la progression difficile et fatigante en été, nos chevilles s'en souviennent.

Le but ultime de ce voyage de plus de quatre semaines était d'observer les loups blancs de l'Arctique. Ceux que David Mech et Jim Brandenburg avaient immortalisés durant de longues périodes d'observation dans les années 1970 et 1980 – leurs livres sont à l'origine de nombreuses vocations de naturalistes et de photographes animaliers. Organiser ce genre d'expédition demande une sérieuse préparation : prévoir la nourriture pour dix personnes pour cette longue période, se faire déposer en avion tout-terrain, un Twin Otter, depuis Resolute Bay, avec l'essence, les tentes et tout le matériel nécessaire à un séjour en autonomie complète à 800 kilomètres du pôle Nord. La préparation du voyage m'avait permis d'imaginer les déplacements des bœufs musqués vers les fronts de glacier, mais encore fallait-il les approcher.

Nous avons aperçu nos premiers bœufs musqués de très loin au pied d'un glacier, mais rien de significatif. Il faisait chaud cet été-là, Ovibos cherchait la fraîcheur de la glace. Les torrents étaient au plus haut et nous barraient la route dans certains endroits. Lors d'une randonnée dans le fjord Tanquary, nous avons croisé le regard d'Ovibos pour la première fois. Nous marchions dans un sillon creusé par le passage répété des bœufs musqués, à flanc de coteau. Au loin, une masse grise : sur le même chemin que nous, dans notre direction, un grand mâle solitaire, à la toison balayant la toundra, se dirige vers nous, calmement. Delphine, une amie qui partage le voyage avec nous, nous dit à voix basse : "On dirait la Préhistoire qui avance vers nous." Par chance, de beaux blocs erratiques bordent le sentier, nous nous dissimulons dans ce paysage qui ressemble à la planète Mars. Ovibos avance inexorablement ; arrivé à notre hauteur, il se fige et fixe la roche. Je déclenche mon boîtier photo argentique, très bruyant, et fais quelques photos, des portraits de face. Ses cornes sont massives, son mufle puissant aspire l'air avec fébrilité. Il se doute que quelque chose est là et dégage une odeur étrange dans son univers habituel. Nous sommes statufiés, nous sommes devenus roche, nous nous fondons dans la toundra. Plus rien ne bouge, nous retenons notre respiration, le temps s'étire, nous sommes là dans un face-à-face que nous n'avions même pas imaginé. En guise d'intimidation, le bœuf musqué frappe le sol de quelques coups de sabot, frotte son museau contre ses pattes antérieures. Après ces quelques instants intenses, Ovibos reprend sa route au même rythme, mettant ses pas dans ceux de ses milliers de congénères qui sont passés par là et dans les nôtres, intrus sur cette planète. Rencontre fascinante qui ouvrait la voie à bien d'autres rencontres et certainement à ce livre. Son regard restera gravé à jamais dans ma mémoire, sombre, énergique et profond, comme la Préhistoire qu'il a traversée – rien à voir avec celui d'un bovin domestiqué depuis le Néolithique.

Les oreilles d'Ovibos sont petites et bien emmitouflées dans la fourrure qui les protège du froid. Ses yeux très sombres sont aussi bien adaptés à la lumière éclatante réfléchie par la neige qu'à la pénombre de l'hiver arctique. Au-dessus des yeux, des glandes préorbitaires sont peu visibles, nous en parlerons pour évoquer sa fameuse odeur musquée. Il faut s'attarder sur les cornes en reprenant la description qu'en a faite Robert Gessain[7] :

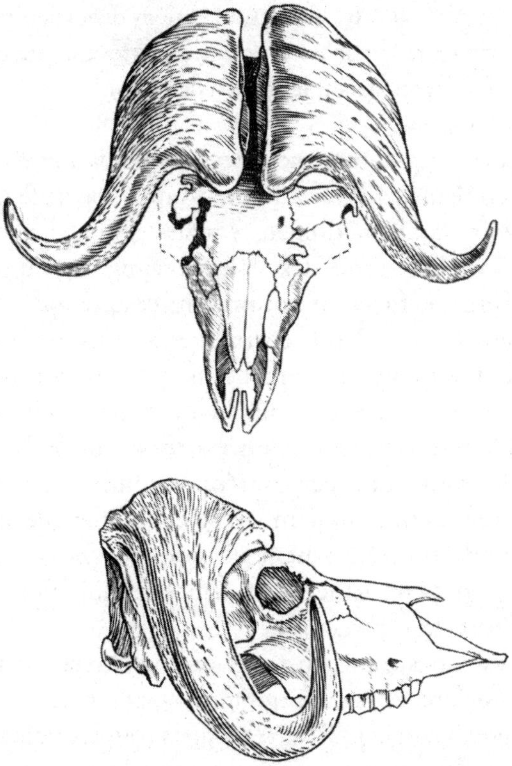

D'après Georges Cuvier, Recherches sur les ossements fossiles de quadrupèdes, *1812, édition de 1823.*

Ces cornes changent de forme et de direction durant leur croissance. Ni chez le fœtus, ni chez le nouveau-né de quelques semaines il n'y a d'ébauche de corne. À six mois apparaît une proéminence sur la partie supérieure des pariétaux. À partir d'un an, le cône osseux recouvert de sa gaine de fibres épidermiques, solides et élastiques, accolées parallèlement, croît de plus d'un centimètre par mois. Jusque vers deux ans, les cornes ont une section arrondie tournée vers le haut. Vers trois ans, le changement de direction vers le bas s'accentue et la section s'aplatit. À quatre ans, à partir de la base, les cornes descendent vers le bas sur les côtés de la tête contre la fourrure, et les extrémités se redressent vers l'avant, en haut et un peu en dehors en pointes noires redoutables. C'est entre quatre et six ans que les cornes atteignent leur plein développement.

Les cornes, comme nos cheveux ou nos ongles, poursuivent leur croissance durant toute la vie de l'animal. De loin, la distinction entre mâles et femelles adultes est aisée. Les cornes des mâles se rejoignent au milieu du front et forment comme un casque épais. Elles mesurent jusqu'à 60 centimètres en suivant la courbure. Les cornes des femelles ne sont pas jointives et une jolie houppe de poils blancs attire l'œil de très loin. Les subadultes ont aussi ce toupet de poils blancs sur le front. Il est par conséquent difficile de faire la différence entre un jeune mâle et une femelle adulte. Recourbées vers le haut et très pointues chez les mâles, ces cornes constituent des armes redoutables contre les loups trop pressants.

Les pattes sont courtes et massives, recouvertes de poils blancs. Les sabots très ronds sont fendus et munis d'ergots vestigiaux. Des coussinets souples permettent au bœuf musqué de progresser avec aisance sur la roche. Ses sabots antérieurs sont plus massifs et très efficaces pour gratter la neige. La femelle possède quatre mamelles

Croissance et développement des cornes chez les deux sexes. Dessin de P. Geraghty in

très courtes enfouies dans la laine, ce qui pose bien des problèmes au nouveau-né qui a beaucoup de mal à les retrouver dans la toison dense du ventre de sa mère. La queue du bœuf musqué est discrète, dissimulée dans les longs poils de l'arrière-train. Samuel Hearne dit qu'elle est aussi petite que celle d'un ours. Encore faut-il avoir vu la queue d'un ours pour effectuer cette comparaison. Donc, je le confirme : la queue est courte, d'environ une dizaine de centimètres. Son utilité est évidente, comme chez l'ours polaire : elle protège les orifices des grands froids.

Qu'en est-il de cette fameuse odeur, que l'on dit "musquée" depuis les premières descriptions du XVIIIe siècle ? Aucune glande à musc n'existe chez Ovibos, il n'y a donc rien de comparable avec le chevrotain porte-musc, le rat musqué ou les civettes. Par contre, en période de rut les mâles dégagent une odeur très caractéristique, comme le bouc. Cette sécrétion provient de la glande préputiale et est répartie sur le pelage de l'abdomen *via* l'urine. L'analyse des extraits de lavage du prépuce a révélé la présence d'acide benzoïque et de p-crésol, ainsi qu'une série d'hydrocarbures saturés[8]. Dans une moindre mesure, les glandes préorbitaires, situées juste sous enles yeux, sécrètent un liquide odorant, moins "fort".

David Gray, The Muskoxen of Polar Bear Pass, *Fitzhenry and Whiteside, 1987.*

Les mâles frottent régulièrement ces glandes sur leurs pattes antérieures pour disperser à chaque pas leur propre odeur. La fréquence de frottement augmente en période d'excitation. David Gray*, qui eut l'opportunité de tester les deux odeurs, décrit l'odeur des glandes préorbitaires comme légèrement sucrée et éthérée, et non perceptible dans la nature. L'analyse de l'extrait de sécrétion des glandes préorbitaires a révélé la présence de cholestérol (non volatil), de benzaldéhyde, d'une série de gamma-lactones saturées et d'une série de gamma-lactones monosaturées.

Nous avons décrit un animal massif et impressionnant, mais sous cette couverture de laine qui lui confère l'allure d'un bœuf des Highlands se cache le corps d'une chèvre. La carcasse d'Ovibos ressemble à celle d'un bouc disproportionné.

Premier regard, début d'une quête, juillet 1998.

CHAPITRE 2

OVIBOS, D'OÙ VIENS-TU ?

Quand je me lève et que je regarde la vallée, je mesure l'effrayante profondeur du temps : me voici, dans ce campement vieux de cent ans, devant une vallée dont les spécialistes expliquent qu'elle n'a jamais été touchée par les glaciations, et dont les Esquimaux modernes racontent qu'elle fut un lieu sacré. Les bœufs musqués broutent comme si je n'avais pas plus d'importance qu'une pierre. Les crânes de leurs ancêtres jonchent le sol, au soleil, à mes pieds, et des vents frais descendent la pente de Kuptana pour effleurer ma tête nue.

BARRY LOPEZ[1]

Petit dernier d'une grande famille

Le bœuf musqué ou plutôt l'ovibos, nous l'avons vu, à la fois ressemble à un bœuf, escalade les pentes comme une chèvre et porte une toison de laine plus épaisse que celle d'un mouton ; il est comme une synthèse, une compilation que l'évolution a engendrée, permettant à cette espèce de traverser les millénaires. Pour citer Barry Lopez : "Les premiers observateurs ne comprenaient pas bien la généalogie du Bœuf musqué. À cause de sa lourde tête et de ses puissantes épaules, Ernest Thompson Seton pensait qu'il appartenait à la famille des Bisons. Stefánsson voyait en lui un cousin des bovins des Highlands d'Europe. Otto Sverdrup*, un explorateur norvégien, l'appelait le « bœuf polaire »[2]." Malgré mes recherches dans de multiples publications scientifiques, le conditionnel reste de mise pour déchiffrer l'évolution qui nous amène à Ovibos.

L'ordre des Artiodactyles, mammifères porteurs de sabots, rassemble 247 espèces distribuées dans 10 familles dont les Bovidae (les ruminants). Ovibos appartient à cette dernière, qui comprend 140 espèces classées en 45 genres. Ils occupent l'essentiel de notre planète et se caractérisent par des cornes pour les mâles et parfois pour les femelles. Ces cornes osseuses sont recouvertes d'un fourreau constitué de kératine (le constituant des ongles et des cheveux), elles sont permanentes et ne sont pas ramifiées comme peuvent l'être les bois des cervidés, qui tombent chaque année.

Les premiers Bovidae identifiés il y a 23 millions d'années (Ma), durant le Miocène inférieur, vont ensuite se scinder en 2 clades vers – 18 Ma : les Bovinae, ou Boodontia, dans lesquels nous retrouvons *Bos taurus* (nos vaches et taureaux) mais aussi les bisons, les gaurs et autres gros ruminants, et les Aegodontia ("à dents de chèvre") à la dispersion foisonnante, regroupant les antilopes, les moutons, les chèvres (Caprinae) dont fait partie Ovibos. La sous-famille des Caprinae commence à être identifiée dès le Miocène moyen (– 11 Ma), avec des animaux qui devaient avoir l'apparence des actuels saros.

Elle se sépare en deux tribus distinctes, celle des Ovibovinés et celle des Caprinés. Certains genres abandonnent les plaines pour rejoindre les zones d'altitude et les milieux extrêmes pour éviter les prédateurs. Les individus isolés dans les archipels des mers Méditerranée et Paratéthys* se sont adaptés aux milieux escarpés et montagneux grâce à la réduction de leurs métacarpes*, qui fut déterminante. Avec des sabots antérieurs plus mobiles, ces espèces peuvent escalader des pentes vertigineuses.

Malgré les analyses génétiques de plus en plus performantes, des ramifications restent imprécises, en particulier au niveau de la diversification entre les groupes des Hippotraginés et des Caprinés. *Pachytragus solignaci*, daté de 10 Ma (Miocène moyen) et trouvé en Tunisie, pourrait être le tout premier représentant des Ovibovinés qui regroupent les bœufs musqués, les saros et les gorals. Le genre *Soergelia* est représenté par plusieurs espèces à partir du Pléistocène* moyen, qui ont été décrites aussi bien en Eurasie qu'en Amérique du Nord. Une corne retrouvée dans le Sud de la Toscane date du Pléistocène inférieur. Les îles de Méditerranée ont pu permettre une spéciation puis une dispersion vers le Moyen-Orient et l'Asie. La chèvre des Baléares *(Myotragus balearicus)*, disparue il y a 3 000 ans, pourrait être l'un des derniers représentants de cette lignée dispersée il y a 5 Ma. *Praeovibos priscus*, appelé "bœuf musqué géant", souvent donné comme l'ancêtre d'Ovibos, est identifiable à partir de – 1,5 million d'années, au Pléistocène supérieur. Il passa en Amérique du Nord il y a 1 million d'années.

Malgré les progrès dans la recherche génétique, démêler avec précision l'écheveau de l'évolution qui a mené à Ovibos reste compliqué. Si le premier pré-Ovibos est identifié dès le Pliocène (– 5 300 à – 2,3 Ma), les pistes se perdent dès le début du Pléistocène. Les espèces migrent, se croisent. Les frontières entre les genres ne semblent pas étanches et les hybridations sont fréquentes. Il faut attendre le Pléistocène supérieur pour retrouver une certaine organisation et des genres clairement isolés vivant côte à côte en Amérique du Nord et en Europe, mais ceux-ci ne sont pas des ancêtres d'Ovibos, seulement des cousins. Les analyses génétiques mitochondriales sur les nombreux fossiles des *Praeovibos* d'Amérique du Nord et d'Europe tendent à démontrer qu'ils ne seraient que des morphotypes* différents de l'ovibos actuel. Par contre, les deux genres *Bootherium* et *Euceratherium* sont bien des espèces distinctes, endémiques d'Amérique du Nord.

Les origines de notre Ovibos contemporain sont à rechercher en Allemagne, il y a 1 million d'années. Le plus vieil ossement a été retrouvé sur une terrasse alluviale. Il est daté de – 640 000 à – 620 000 ans. Robert Gessain relate l'aventure scientifique de ces premières recherches et l'identification de différentes espèces sans l'aide de la génétique, seulement grâce à l'étude et à la comparaison des pièces fossiles.

À la même période, en Amérique du Nord trois espèces de bœufs musqués cohabitent. Outre le bœuf musqué vivant dans la toundra après son passage par le détroit de Béring pour rejoindre le Nord canadien, le bœuf musqué casqué *(Bootherium bombifrons)* et le bœuf des buissons (*Euceratherium collinum* Furlong et Sinclair, 1904) étaient également présents. Vivant dans un paysage vallonné, ce dernier se nourrissait de buissons et d'arbustes ; plus grand que ses deux cousins, il devait peser jusqu'à 600 kilos. Il disparut il y a 10 000 ans.

Bootherium (Leidy, 1852) est un genre de bovidés identifié en Amérique du Nord à partir de – 2 Ma et qui s'éteint lui aussi il y a environ 10 000 ans. Il n'est représenté que par une seule espèce, *Bootherium bombifrons*. Il a aussi été appelé bœuf musqué de Harlan ou bœuf musqué des bois. Le *Bootherium* était l'une des espèces de bœuf musqué les plus largement répandues en Amérique du Nord au cours du Pléistocène. Des fossiles ont été identifiés entre l'Alaska, la Californie, le Texas, le Missouri, l'Oklahoma, la Virginie, la Caroline du Nord et le New Jersey. Un crâne fut découvert en 1809 dans le Kentucky, à Big Bone Lick, par une expédition financée par Thomas Jefferson* et il fut décrit formellement pour la première fois en 1825 par Richard Harlan*. Un autre crâne fut attribué pendant plusieurs décennies à une autre espèce, *Symbos cavifrons*, mais les études ont démontré qu'il s'agissait de la même espèce, mais que c'était une femelle. Grâce à la découverte en 1940 d'une femelle momifiée presque entière dans une mine d'or de la région de Fairbanks (Alaska), une description très complète a pu être réalisée.

Contrairement au bœuf musqué vivant dans la toundra, le *Bootherium* était physiquement adapté à une gamme de climats moins froids et il semble avoir été le seul représentant des Ovibovinés à avoir évolué et à s'être limité au continent nord-américain. Le *Bootherium* était nettement plus grand (environ 1,5 mètre aux épaules) et plus maigre que notre bœuf musqué. On a estimé que le *Bootherium* pesait environ 425 kilos. Les autres différences consistaient en un crâne plus épais et un museau considérablement plus long. Les cornes de *Bootherium* étaient situées haut sur le crâne, avec une courbe descendante, et fusionnées le long de la ligne médiane du crâne, contrairement au bœuf musqué dont les cornes sont séparées par un sillon médial. Son poil était plus court que celui d'Ovibos, avec une queue plus longue.

Les dernières grandes glaciations de la fin du Pléistocène (– 60 000 à – 10 000 ans) ont laissé de grandes plaines libres de glace en Europe, de la France à l'Ukraine, et en Sibérie où des espèces arctiques ont trouvé refuge. À la fin de l'Holocène (de – 12 000 à – 10 000 ans), les glaciers ont commencé à fondre et à se retirer de la périphérie de ces plaines. Le paysage de steppe sèche s'est transformé en tourbière humide, les mammouths ont disparu, mais aussi les bœufs musqués en Scandinavie. L'espèce put se maintenir sur la péninsule de Taïmyr (Nord de la Sibérie) jusqu'à il y a encore 3 000 ans – elle fut décrite dans cette région sous le nom d'*Ovibos palantis*, qui fut remplacé par celui d'*Ovibos moschatus*.

Le bœuf musqué et le bison d'Europe cheminaient vers le nord côte à côte pour tenter de rester dans des zones sèches et riches. Le bison était fréquent, comme l'attestent de nombreuses représentations pariétales, et resta inféodé aux grandes forêts de l'Est de l'Europe.

De gauche à droite : homme (Homo sapiens), *bœuf musqué* (Ovibos moschatus), *goral* (Nemorhaedus goral), *taureau* (Bos taurus), *bison d'Europe* (Bison bison).

Convergence adaptative

Le plus proche cousin encore vivant du bœuf musqué serait le goral (*Nemorhaedus goral* ou *Naemorhedus goral* Hardwick, 1825), qui vit jusqu'à 4 000 mètres d'altitude sur les versants boisés de l'Himalaya, vers le Pakistan. Il est fréquent dans de nombreux pays d'Asie centrale. Les comparaisons morphologiques, paléontologiques et chromosomiques ont confirmé l'existence d'une relation étroite entre ces espèces et leur classification au sein de la tribu des Ovibovinés dans la sous-famille des Caprinae. Un autre représentant de la famille des Caprinae atteint la même taille qu'Ovibos : le takin *(Budorcas taxicolor)*. Le takin vit sur les contreforts de l'Himalaya, en Chine et au Tibet. Les proximités morphologiques et comportementales entre le takin et l'ovibos ont souvent été avancées pour les rapprocher. Des études écologiques menées dans le Shaanxi, en Chine, ont montré que les takins étaient des généralistes pour l'utilisation de l'habitat et du fourrage, mais vivaient dans des habitats denses en groupe, apparemment pour éviter la prédation. De même, les bœufs musqués vivent en groupe et sont des généralistes, mais habitent des paysages ouverts. Les similitudes entre le takin et le bœuf musqué ne sont que des convergences adaptatives, elles ne démontrent pas de proximité génétique. Au cours de sa dispersion depuis l'Europe vers le Groenland, Ovibos a perdu en variabilité génétique mais a

Bootherium bombifrons, Euceratherium collinum, *takin* (Budorcas taxicolor),

résisté alors que d'autres, comme les mammouths, ont disparu. Les îles restées libres de glace au nord de la Sibérie, pendant les glaciations, lui ont offert de nombreux refuges.

Les naturalistes ont longtemps voulu isoler deux sous-espèces distinctes d'Ovibos : la première, le bœuf musqué des Barren Lands, *O. m. moschatus*, dans la partie continentale de l'Amérique du Nord ; la seconde, le bœuf musqué à museau blanc, *O. m. wardi*, au Groenland. La délimitation des sous-espèces de bœuf musqué était une question cruciale en raison du risque de métissage des populations autochtones canadiennes *(O. m. moschatus)* et d'individus originaires du Groenland *(O. m. wardi)*. L'étude de l'ADN de 37 spécimens a démontré que la variabilité entre ces populations était si faible qu'aucune différence ne pouvait être détectée de cette manière et elle a conclu que ni les populations ni les sous-espèces ne peuvent être définies à partir des séquences de régions témoins. Dans le dernier rapport de l'EAZA, l'Association européenne des zoos, la distinction entre les deux sous-espèces a été abandonnée.

Famille de bœufs musqués au Labrador
https://vimeo.com/380471965

Saros du Japon (Capricornis crispus), *femelle et son jeune. Région de Nagano (Japon).*

CHAPITRE 3

OVIBOS, OÙ VIS-TU ?

Pour les gens dépourvus d'imagination, un espace vierge sur une carte représente un désert sans intérêt, alors que pour les autres, c'est sa partie la plus précieuse.

ALDO LEOPOLD[1]

Au-delà de la limite des arbres

20 juillet 1998 : il fait chaud malgré la latitude. À 80 degrés nord, nous suivons la trace caractéristique d'Ovibos, bien marquée dans une terre argileuse grise et tendre ; des traces de loup sont venues s'y mêler. Mais une drôle d'impression s'empare de nous : des touffes de dryades semblent bouger, les rochers amorcent une descente dans la pente, imperceptiblement le paysage se met en mouvement, Nous nous rendons à l'évidence : effectivement, juste à côté de nous le sol s'effondre sur plus d'une centaine de mètres de large et aurait pu nous entraîner et nous ensevelir. Sous l'effet de la chaleur, un phénomène de solifluxion* s'est déclenché. La couche supérieure glisse sur le sol gelé en profondeur. Nous nous rendons compte que nous sommes dans une ancienne et immense coulée de boue, entourés de parois de 2 mètres de haut ! Dans ce paysage *a priori* inerte, ce glissement de terrain au ralenti nous procure une étonnante sensation. Le Haut-Arctique ne laisse apparaître des terres que depuis quelques milliers d'années. En effet, tout était enfoui sous une gangue de glace pendant des millénaires. Ovibos vit dans des paysages neufs. Il ne vit pas dans la forêt boréale mais dans la toundra, tandis que le renne peut passer d'un univers à l'autre. Il ne migre pas, mais se déplace sur quelques kilomètres en fonction des ressources alimentaires. Il restera cantonné toute sa vie aux collines et aux plaines humides qui l'ont vu naître.

Comme en montagne, où les arbres disparaissent au fur et à mesure de l'ascension, dans le Grand Nord les arbres laissent place à la toundra quand on se dirige vers les hautes latitudes. Cette limite entre la forêt et la végétation rase et arbustive de la toundra marque une frontière biologique. À une altitude de 2 500 mètres, c'est comme si vous étiez à 70 degrés de latitude dans le Nord du Canada. Les arbres disparaissent progressivement en se dirigeant vers le nord : quand ils mesurent moins de 1,80 mètre, les scientifiques considèrent qu'on quitte la forêt boréale. La végétation sera ensuite une toundra arbustive, puis seule une végétation rabougrie couvrira le sol : vous êtes alors dans la toundra arctique. "Toundra" est un mot d'origine russe dérivé de la langue same, *tundar*, signifiant "colline". Les facteurs qui rendent impossible l'installation des arbres sont de différents ordres :

– La présence de permafrost (le sol gelé en permanence) empêche le réseau racinaire de s'enfoncer dans le sol.

– L'été, le sol gelé est étanche, l'eau de fonte stagne en surface, les arbres se retrouvent englués dans une terre meuble.

– L'hiver, la quantité de précipitations est équivalente à celle d'un désert chaud, soit inférieure à 250 millimètres par an.

– Les températures moyennes sont largement influencées par les courants marins et les vents froids. L'Arctique est défini par la température moyenne du mois le plus chaud, juillet, qui doit être inférieure à 10 °C.

– La durée du jour, dépendant de la latitude, limite la photosynthèse.

Commençons par visualiser cette ligne des arbres, véritable limite de l'Arctique, en jouant au funambule sur 13 000 kilomètres autour du globe. Selon la latitude, la transition entre la forêt boréale et la toundra peut s'effectuer sur quelques kilomètres à peine ou s'étendre sur une bande d'une centaine de kilomètres de large, qui hésite entre arbres et arbustes. La limite des arbres, cette frontière entre deux mondes, est un paysage neuf, hérité de la fin de la dernière période glaciaire. Sa position est restée assez stable dans l'hémisphère nord depuis 6 000 ans. Mais ce ne fut pas toujours le cas et cela risque d'évoluer encore dans un avenir proche.

Imaginons que ce que nous voyons actuellement se situait bien plus au sud il y a 18 000 ans, lorsque la dernière glaciation atteignait son maximum d'expansion. Londres était sous la glace, le Canada était enfoui sous un inlandsis* de 3 000 mètres d'épaisseur, comme le Groenland actuellement. Les bœufs musqués s'ébattaient dans la steppe qui recouvrait le Sud de la France et les rennes traversaient la Seine à la nage pour brouter sur l'île de la Cité. La forêt boréale ne commençait à être visible qu'au sud de Lyon. Dans le Nord de l'Écosse ou le Sud de l'Alaska, les ours polaires et les ours bruns commençaient à échanger leurs territoires. Cette limite est aussi une limite culturelle. Au nord, dans la toundra, vivent les Inuits que l'on appelait autrefois les Eskimos*, les mangeurs de viande crue. Mais pourquoi mangent-ils cru ? Parce que dans la toundra il n'y a pas de bois, pas de carburant pour se chauffer et faire cuire ou fumer ses aliments. Ce peuple a su apprivoiser l'horizon infini de la toundra et de la banquise sans apport d'énergie. Au sud vivent les Amérindiens, chasseurs-cueilleurs. Le carburant est disponible à profusion, le gibier aussi, alors on le fume pour l'hiver, on fabrique des huttes, des traîneaux, des raquettes pour progresser dans la neige profonde. En Scandinavie, les Sames suivent leurs troupeaux de rennes, l'hiver dans la taïga*, l'été dans la toundra exposée au vent, pour éviter les moustiques. Ces trois grandes cultures arctiques, les chasseurs de la taïga, les chasseurs de la banquise et de la toundra et les éleveurs de rennes, avec la limite des arbres comme frontière pour les uns ou refuge pour les autres, se partagent les plus hautes latitudes de l'hémisphère nord.

Sous les effets du réchauffement climatique, la ligne des arbres continue sa lente remontée vers le nord. Comme si les arbres reprenaient leur route, attirés par l'Étoile polaire. Cette lente expansion butera sur l'océan Arctique, au nord de la Sibérie, et calera devant le manque d'énergie solaire indispensable à la croissance des arbres. Avec le réchauffement climatique, le climat arctique est encore plus sec. Les incendies sont de plus en plus fréquents, leur action accélère par endroits la croissance des arbres en détruisant les buissons et arbustes, et en faisant fondre le permafrost. Ils peuvent aussi favoriser la germination de certaines graines, engendrant ainsi une plus grande diversité végétale, inconnue sous ces latitudes. Entraînées vers le nord, des espèces comme le renard roux ou l'ours brun risquent fort de croiser leurs cousins polaires. Le goupil, notre renard roux, plus massif et trop éloigné de son proche parent, ne pourra pas s'hybrider avec lui, mais il pourra lui voler son territoire, voire détruire ses portées. Par contre, l'ours brun et l'ours polaire sont deux espèces génétiquement très proches et des croisements existent déjà, donnant des hybrides qui sont fertiles. Au Labrador, la limite des arbres se situe très au sud, atteignant 54 degrés nord, soit la latitude de Londres. Les eaux froides du courant du Groenland, reliquat des eaux provenant de l'océan Arctique, se mêlent au courant du Labrador et occasionnent un climat très rude sur cette région. De l'autre côté de l'Atlantique, dans le Nord de la Scandinavie, la ligne des arbres se situe à 70 degrés nord et atteint presque les rivages de la mer de Barents. Le Gulf Stream amène de précieuses calories sous ces latitudes septentrionales qui bénéficient d'un climat beaucoup moins froid qu'à la même latitude en Amérique du Nord.

Dans la forêt boréale, impossible de voir au loin, de prévoir la venue d'un prédateur, mais on est à l'abri des vents mauvais du Grand Nord. La forêt est un havre de paix pour les renards roux, un perchoir pour la chouette lapone, elle procure de la nourriture et un abri au castor, des charognes au glouton, des jeunes pousses et des lacs à l'élan. Les quelques arbres qui forment le dernier rempart face au siège hivernal du Nord ont une croissance très lente. Une épinette noire de quelques centimètres de diamètre peut être vieille de 200 ans. Ces conifères représentent l'exemple même de la survie. Dans les zones de grand vent, à proximité de la mer, ces arbres n'ont des branches que d'un côté du tronc et seulement à leur base, sur les quelques dizaines de centimètres de hauteur qui sont protégés par le manteau neigeux. Plus au nord, en quelques kilomètres les arbres disparaissent peu à peu et laissent place à une toundra arbustive : l'horizon se dégage. Après les derniers îlots d'arbres, l'immensité des plaines arctiques s'ouvre jusqu'à l'océan. Pas ou peu d'abri, mais une végétation riche et nourrissante pour les caribous, les spermophiles* ou écureuils terrestres et, plus au nord, les bœufs musqués.

La limite des arbres marque un changement de paysage, de flore, de faune et de culture. Le paysage est à perte de vue dégagé d'arbres, il n'y a plus aucun repère. Lichens, mousses et plantes rases ont réussi à coloniser ces territoires récemment libérés des glaces. Sous ce tapis moelleux, le sol est gelé en profondeur et ne dégèle que sur 60 centimètres ou 1 mètre d'épaisseur durant l'été : c'est le pergélisol* ou permafrost. Le froid s'est infiltré en profondeur jusqu'à 400 mètres (île de Cornwallis, 74 degrés nord) et même 1 500 mètres en Sibérie, bloquant tout processus de décomposition, stabilisant les sols instables. Les vastes plaines de Sibérie, qui ne furent pas recouvertes de glace lors de la dernière période glaciaire mais bénéficient d'un climat très continental, reposent aussi sur du permafrost.

L'alternance du gel et du dégel est à l'origine de diverses formations typiques : les hummocks*, qui couvrent de vastes zones et vous cassent les chevilles quand vous randonnez, les sols polygonaux* que l'on a du mal à percevoir depuis le sol, avec leurs bordures de galets comme alignés par un jardinier maniaque, et, plus rares, les pingos*, terrils typiques des vastes estuaires. Les roches subissent le gel et se fragmentent, se délitent, c'est la gélifraction. L'eau produite par la fonte de la neige ne pourra pas s'infiltrer dans le sol gelé et va rester en surface, transformant la toundra estivale en une vaste éponge creusée de quelques lacs peu profonds et généralement dépourvus de poissons.

La végétation qui tente de s'implanter devra faire face à plusieurs paramètres défavorables : le froid, qui réduit la croissance, et le vent, qui augmente la déperdition d'énergie en fonction du carré de sa vitesse. Par contre, la neige jouera un rôle protecteur contre les agressions hivernales.

Dans la toundra, le bœuf musqué courbe son encolure massive, comme un pénitent accablé, pour brouter des échantillons de cette vie saupoudrée dans l'immensité. La végétation lilliputienne est délicate malgré son exposition au blizzard et au gel, comme si l'élégance répondait à la rudesse des lieux. Le fin duvet de la pédiculaire hirsute, la modeste clochette de la cassiope tétragone, la transparence d'un pétale de dryade, la petitesse de la fleur de silène : malgré leur délicatesse et leur apparente fragilité, ces plantes sont très résistantes aux morsures du froid et au vent chargé de cristaux de givre. Les arbres, quant à eux, ont développé des formes rampantes, l'écoulement tentaculaire des branches plutôt que l'élévation péremptoire. Quand vous marchez sur ce tapis, vous foulez des ramifications de saules nains qui ont peut-être commencé à pousser alors que Charles Darwin n'était encore qu'un enfant et que Georges Cuvier enseignait l'anatomie comparée au Muséum d'histoire naturelle de Paris. La toundra n'est qu'humilité après le passage des géants de glace qui ont façonné le paysage. L'été, la température à proximité du sol est bien supérieure à celle de l'air, quelques dizaines de centimètres plus haut. La végétation, les roches absorbent de l'énergie, c'est pourquoi la flore se développe essentiellement au ras du sol.

Les glaciers laissent derrière eux des amoncellements de graviers de toutes tailles, des sables les plus grossiers aux plus pulvérulents. La glace qui s'écoule est à la fois une charrue qui creuse les paysages, une meule qui polit les roches les plus dures et érode les plus tendres, un tapis roulant qui entraîne dans sa descente implacable les éléments qu'elle vient d'arracher. Les deltas creusés par l'eau de fonte ont accumulé les alluvions glaciaires pendant des décennies et sont des endroits riches en matières minérales. Les lichens sont les premiers à coloniser les roches. Suivront des mousses, en couche superficielle, qui vont se fixer sur les galets instables et fragiles, et consolider les éboulis. Pour qu'une plante à fleurs s'installe, il lui faudra un abri contre le vent – roche, os massif de bœuf musqué ou de baleine –, un apport de matière organique, même minime – touffe de mousse, cadavre, fientes d'oiseaux, fèces de mammifères – et évidemment une graine qui aura voyagé avec un animal, le vent ou le torrent d'un glacier. Au hasard d'une anfractuosité, on peut découvrir une arnica, un épilobe, un coussinet de saxifrage, élément unique et pionnier, annonciateur d'un renouveau possible de la végétation dans un univers minéral. Les racines restent superficielles, le permafrost empêchant la pénétration du réseau racinaire en profondeur. Souvent, les plantes de la toundra sont également présentes en altitude dans les Alpes. Durant la dernière glaciation, silènes, saxifrages, dryades, cassiopes, arnicas et pédiculaires ont survécu dans des oasis d'altitude, refuges surplombant l'écoulement gigantesque des glaces dans leur glissade incontrôlable vers l'aval.

La faune de la toundra est essentiellement constituée d'insectes, d'oiseaux migrateurs et de mammifères. Les températures très basses ne permettent pas la survie des amphibiens et des reptiles. On peut toutefois noter dans la région de Churchill, juste à la limite méridionale de la toundra, la présence de la grenouille des bois. L'espèce animale la plus commune dans la toundra durant l'été est sans aucun doute le moustique. Les œufs, parfaitement adaptés à une survie hivernale, se transforment en nymphes puis en adultes dès les premières chaleurs. Des nuées de moustiques s'abattent alors sur les caribous, et sur les humains qui s'aventurent dans la toundra.

La toundra attire les oiseaux qui viennent profiter des vingt-quatre heures de jour de l'été et d'une nourriture abondante en insectes et en larves. Le plus petit de tous les représentants de la gent ailée est certainement le premier à s'installer. Le bruant des neiges, minuscule boule de plumes, recherche déjà un endroit pour nicher alors que la neige est encore bien présente et que le thermomètre affiche – 15 °C. Dès le mois de juin, les lacs retentissent du chant caractéristique des hareldes de Miquelon, des roucoulades des eiders à duvet, des plaintes des plongeons arctiques et du miaulement des plongeons catmarins. Ces canards marins nichent au sol, sur de modestes pelouses. Les femelles eiders se plument le poitrail pour tapisser la cavité de leur nid avec le plus fin des duvets. Limicoles, oies et passereaux ne sont pas en reste. Ils débarquent sur les rives des petits lacs comme des vacanciers pressés qui ont échappé aux accidents de la route. Pour eux, le plus gros risque est le chasseur aux gibiers d'eau, espèce qui, au mois de septembre, a l'habitude d'attendre toute la nuit pour qu'un vol de canards ou d'oies venant de passer l'été en Arctique finisse dans son congélateur. Seuls ceux qui réussissent à franchir les lignes passent l'hiver en Europe ou en Afrique, en Amérique du Sud ou en Californie, pataugeant dans les vasières des estuaires, glanant dans les champs immenses. Deux prédateurs à plumes se partagent l'espace arctique : le faucon gerfaut et la chouette harfang, chasseurs de rongeurs. La réussite de leur couvée dépend essentiellement de la quantité de proies disponibles. La chouette niche au sol alors que le faucon construit son nid en falaise. Ils passeront l'hiver dans le Sud de la Scandinavie, du Canada ou de la Russie.

Au printemps, les migrateurs volent sur des milliers de kilomètres vers le nord ; chahutés par les tempêtes, certains s'égarent avant de pouvoir nicher sous le soleil arctique. Les limicoles – pluviers, gravelots, tournepierres, bécasseaux et chevaliers – nichent à même la toundra, entre deux touffes. Leur plumage brun moucheté les camoufle : même vus du ciel, ils disparaissent aux regards des labbes et autres grands corbeaux. Si un prédateur s'approche du nid, l'adulte simule une blessure et part en boitant, une aile pendante, pour éloigner l'intrus. Quand un groupe de bœufs musqués en vadrouille passe à proximité de tous ces oiseaux, l'indifférence est de mise de part et d'autre.

Seules une vingtaine d'espèces de mammifères ont réussi à peupler la toundra. Contrairement aux oiseaux, ils ne peuvent se déplacer que sur des distances limitées et doivent être capables de résister aux rigueurs de l'hiver. Les rongeurs, représentés par deux espèces de lemming (*Lemmus lemmus* et *Dicrostonyx groenlandicus*), sont les plus nombreux, au point que leur densité peut atteindre dix individus par hectare. Les variations de population joueront un rôle important dans celles des carnivores et des rapaces.

"La dynamique des populations du lemming face aux changements climatiques", par Jérôme Moreau, maître de conférences à l'université de Bourgogne (Dijon) et membre actif du Groupe de recherche en écologie arctique (GREA), au colloque organisé par l'association Pôles actions à la Cité des sciences, à Paris, les 12 et 13 avril 2019.

https://vimeo.com/334379221

Les lièvres variables et arctiques se partagent la toundra ; ces derniers vivent plus au nord et restent blancs toute l'année. Les grands herbivores, comme les caribous et les bœufs musqués, se déplacent en fonction de la disponibilité de la végétation. L'hermine poursuit les lemmings dans leurs galeries. Le loup, seul grand carnivore à survivre sous les plus hautes latitudes, suit les herbivores dans leurs déplacements, traque les rongeurs dans leurs galeries, déniche les lagopèdes. Le renard roux est pour l'instant absent mais commence à empiéter sur l'aire de répartition du petit renard polaire, qui n'est guère plus gros qu'un matou bien gras : son poids varie de 2,5 à 9 kilos pour une longueur de 75 à 115 centimètres. Pour faire son terrier, il terrasse un petit surplomb sablonneux, auquel plusieurs tunnels lui facilitent l'accès. Peu organisé dans la gestion de ses stocks, il cache toutes sortes de débris de nourriture – vieux morceaux de peau, carcasses d'oiseaux – et en oublie aussi vite l'emplacement. Peu importe, ses congénères font de même. Le bœuf musqué n'a pas d'interaction avec les mammifères autres que le loup ; le renard polaire n'est pas assez gros pour être un prédateur, il se contente de manger ce que la femelle de bœuf musqué laisse derrière elle après la mise bas, au point de suivre les hardes au printemps pour n'en rien perdre. L'hiver, il sera un charognard efficace pour dévorer les bœufs musqués morts de faim ou de vieillesse, allant jusqu'à ronger leurs os. Le peu que laissera le renard polaire derrière lui – la carcasse d'Ovibos – deviendra une oasis en offrant, dans un périmètre d'environ 2 mètres, des ressources en azote et en carbone, idéales pour la croissance des plantes dans ce milieu très pauvre. La boucle est bouclée : Ovibos a brouté les plantes de la toundra, il viendra l'enrichir à sa mort.

L'été, c'est principalement en fond de vallée humide, près des rivières et des lacs peu profonds, qu'Ovibos se cantonne. Comme il aime l'eau, il peut s'y rafraîchir durant les journées les plus chaudes. En outre, la nourriture y est abondante et variée.

Dans le Nord du Labrador, sur les côtes de la baie d'Ungava où des bœufs musqués ont été introduits, leur population est en plein essor. Le climat y est polaire malgré une latitude relativement peu élevée – aux alentours de 61 degrés nord, soit bien au sud du cercle polaire. Notre guide est un jeune chasseur de Quaqtaq. Son père est québécois d'origine française, sa mère inuk, mais c'est bien le mode de vie de ses ancêtres polaires qu'il veut conserver. Entre le travail à la mine – où ses qualifications ne lui offriraient qu'un poste de manœuvre – ou la chasse pour nourrir sa famille, il a choisi l'option séculaire. C'est lui qui nous guide vers cette petite île où s'ébattent en toute quiétude pas moins de 500 bœufs musqués. Les chasseurs du village gèrent cette population comme on veille sur un cheptel sauvage. Dès qu'un loup ou un ours polaire est aperçu sur l'île, il est abattu. Chaque père de famille vient prélever un bœuf musqué pour remplir le congélateur. Pour moi qui voulais découvrir des bœufs musqués en grande harde, les observations ont dépassé toutes mes espérances. Les pentes verdoyantes, les névés disséminés au milieu de roches brunes et orangées, les petits lacs, tout y était bucolique, à l'exception des milliards de moustiques qui sont venus nous assaillir pendant des heures. Les bœufs musqués peuvent nager et traverser des rivières. Devant l'obstacle, c'est en général le mâle dominant qui devra prendre l'initiative et trouver le meilleur gué. Dans l'eau, ils échappent quelque temps à la myriade de mouches et de moustiques.

Pour se rafraîchir, les bœufs musqués vont prendre des bains dans quelques dizaines de centimètres d'eau fraîche. Mouillés, ils ressemblent à de vieux tapis délavés. Quand on est couché dans la toundra souple et confortable, à proximité de ces animaux paisibles, l'observation est facile et enivrante. Je compte 50 individus dans cette vallée verdoyante. Nous sommes début août et deux mâles commencent déjà à vouloir en découdre. Des touffes de poils sont accrochées à chaque buisson. Des mères suitées de deux jeunes – l'un d'un an et l'autre du printemps dernier – escaladent comme des chamois les roches glissantes. Ovibos est bien un cousin des chèvres. Quand il fait vraiment chaud, les bœufs musqués se couchent dans la neige des derniers névés et ruminent.

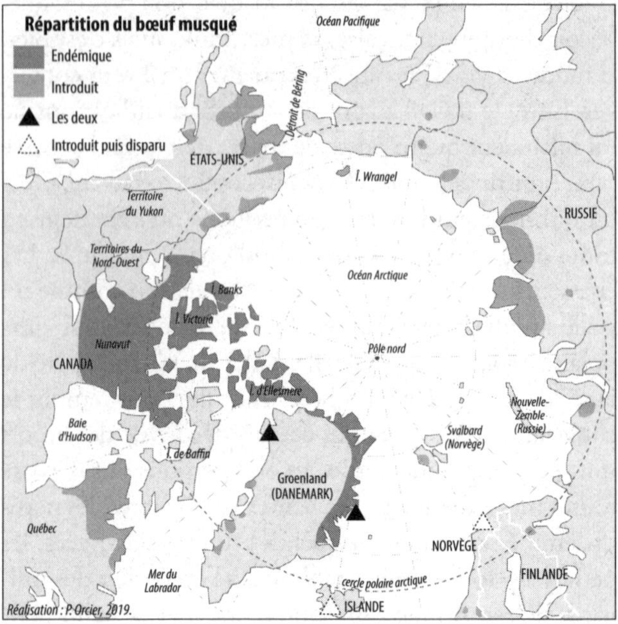

L'aire de répartition des bœufs musqués est celle de la toundra, au nord de la limite des arbres, mais il faut discerner trois types de milieux au climat et à la végétation distincts. Il n'y a pas un Arctique mais des Arctiques :

– Le Haut-Arctique se caractérise par une pluviométrie et des chutes de neige très faibles, une végétation rase qui se cantonne à proximité des zones humides. L'hiver y est froid et sec, la nuit polaire dure plusieurs mois. Le loup arctique est le seul prédateur dans ces régions.

– Dans le Bas-Arctique, la végétation est plus variée et surtout plus dense, avec des arbustes dans les zones protégées. La nuit polaire est de courte durée.

– La région subarctique, zone de transition avant la forêt boréale, semble être favorable aux introductions de bœufs musqués. Ils y trouvent une abondante végétation buissonnante et peu de prédateurs. Il n'y a pas de nuit polaire. Par contre, les chutes de neige sont plus abondantes.

"La végétation arctique : de la limite des arbres aux déserts polaires", par Esther Lévesques, professeur au Centre d'études nordiques, département des sciences de l'environnement, université du Québec à Trois-Rivières (Canada), au colloque organisé par l'association Pôles actions à la Cité des sciences, à Paris, les 12 et 13 avril 2019.
https://vimeo.com/334288261

Au printemps, après s'être hydratés avec de la neige pendant tout l'hiver, les bœufs musqués recherchent du sel, comme cela a pu être filmé dans un des estuaires de la péninsule de Taïmyr (Sibérie). Ils partagent ces différentes zones avec un autre herbivore, le renne ou caribou, *Rangifer tarandus* (voir l'annexe p. 242). Ces deux espèces sont concurrentes dans un milieu pauvre en ressources. Il est intéressant de les comparer : l'une, le caribou, est migratrice et ira se protéger des rigueurs hivernales dans la forêt boréale, et l'autre, le bœuf musqué, sédentaire. Généralement, dans les îles où Ovibos a été réintroduit alors que le caribou était déjà présent, la population de ce dernier diminue quand le nombre de bœufs augmente. Sur l'île d'Ellesmere, le caribou de Peary, *Rangifer tarandus pearyi*, plus petit que ses cousins des latitudes moins exposées, passe tout l'hiver dans la toundra gelée.

Grâce à ses sabots larges et souples fonctionnant comme de véritables raquettes, le caribou est plus rapide qu'Ovibos pour fuir face aux loups dans la neige, et ses longues pattes sont aussi un avantage. Je me rappelle une sortie dans la toundra au sud de Churchill, au mois de février. Il faisait froid, peut-être – 30 °C, l'air était très sec, le ciel très bleu. Un bruit étrange dans cet univers particulièrement figé m'a intrigué. Une espèce de claquement métallique, incongru dans la toundra à cette période de l'année. Un troupeau de caribous de quelques dizaines de têtes trottait avec élégance sur une croûte de neige gelée : c'est le bruit sec émis par leurs tendons à chaque pas qui produisait ce cliquetis. Une mesure est sans équivoque pour comparer l'adaptation des deux espèces à se déplacer sur la neige : la pression sur la neige légère est de 125 grammes par centimètre carré pour un caribou, alors qu'elle est de 570 grammes par centimètre carré pour Ovibos. En cas d'attaque d'un prédateur, le caribou part en courant avec légèreté, alors qu'Ovibos se prépare au combat. En tant que ruminant, le caribou est moins sélectif qu'Ovibos dans son alimentation, il cherche une nourriture riche qu'il pourra transformer rapidement en énergie. Le bœuf musqué montre également une adaptation unique à l'Arctique : l'efficacité de sa digestion durant l'hiver est améliorée grâce à l'augmentation de la durée de rumination. Autre adaptation significative : c'est en hiver que les femelles ont le poids le plus élevé. À la parturition, au printemps, elles en perdent beaucoup, et ce n'est qu'à la fin de l'été qu'elles recommencent à grossir. Chez les caribous, les femelles atteignent leur pic de poids à la fin de l'été, elles ont donc grossi tout en allaitant. Pour terminer cette comparaison des adaptations de ces deux espèces à la vie en Arctique, il apparaît que les femelles ovibos ont la faculté de gérer leur gestation avec un taux de progestérone variable en fonction des ressources alimentaires. Cette adaptation est unique chez les Bovidés.

Ovibos, dispersé sur un vaste territoire

Pour parler de l'aire de répartition des bœufs musqués, il faut évidemment se repérer dans l'espace géographique et écosystémique de l'Arctique, mais aussi dans le temps, en imaginant une carte dynamique de cette répartition.

Il y a 500 000 ans, Ovibos était dispersé de l'Espagne au détroit de Béring. C'est en franchissant l'actuel détroit, qui était une plaine de 1 500 kilomètres de large il y a 90 000 ans, que les premiers individus ont colonisé l'Arctique canadien. Des bœufs musqués ont continué le voyage vers l'est par le Nord du Groenland et se sont répandus sur la côte est du Groenland. Le retrait progressif de la masse de glace située sur l'actuelle baie d'Hudson ne permit pas à Ovibos de rejoindre le Labrador. Pendant ce temps, il disparaissait d'Eurasie, certainement sous les effets conjoints du changement climatique et de la pression humaine. Si Ovibos a résisté à la grande phase d'extinction de la fin de la dernière glaciation, il a bien failli disparaître plus récemment de la main de l'homme dit "moderne". Après des siècles de cohabitation avec le peuple hyperboréen*, sa répartition va se réduire, à la suite d'un abattage massif durant les XVIIIe et XIXe siècles. Puis, grâce à des efforts de réintroduction, voire d'introduction, sa population est de nouveau en plein essor.

Alors, pourquoi dit-on qu'Ovibos est un survivant ? Il est évident que ce n'est pas la seule espèce qui vivait déjà sous sa forme actuelle dans l'hémisphère nord. L'ours polaire, le caribou, le loup étaient déjà présents comme nous les connaissons. Le bœuf musqué est certainement le plus représentatif, pour notre imaginaire, de la grande faune du Pléistocène qui nous fascine : mammouths, rhinocéros laineux, ours des cavernes, tigres à dents de sabre. Il a un aspect primitif, avec sa grande pelisse et ses cornes acérées en forme de crochet qui nourrissent nos fantasmes de cette grande faune à laquelle se sont confrontés les premiers hommes. Sa force fut certainement son adaptabilité aux pires conditions et son opportunisme. Moins spécialisé que les autres grands herbivores, il a pu survivre grâce aux maigres ressources et profiter de la disparition des autres espèces.

Deux théories s'affrontent pour tenter d'expliquer l'extinction massive des grands mammifères : le changement climatique et l'avidité du genre humain à la chasse. Les tenants de chacune des thèses avancent des arguments probants, mais la réponse est certainement une conjonction des deux. Les études génétiques qui tentent de reconstituer l'évolution de la population d'Ovibos apportent de nouvelles pierres pour expliquer la grande extinction de la fin du Pléistocène[2]. Concernant Ovibos, la forte augmentation de la variété génétique laisse présumer une population importante entre – 60 000 et – 47 000 ans, avant de décliner puis de rebondir à nouveau il y a 20 000 ans. Cette diversité se mit à nouveau à décroître avant de se relancer lorsque le bœuf musqué arriva sur la côte du Groenland. Ces différentes phases sont certainement à relier à l'évolution du climat, au-delà de la seule action de l'homme. Nous l'avons vu, Ovibos aime un climat sec et froid. Durant les périodes interglaciaires, il a dû subir des climats plus doux et humides. L'expérience l'a montré récemment, des événements climatiques, avec en particulier une augmentation de l'humidité occasionnant des pluies ou une épaisseur de neige supérieure à la normale, peuvent avoir des effets dévastateurs très rapides sur ses populations.

Par contre, si l'on compare avec le peuplement des rennes qui partageait déjà la toundra du Pléistocène avec Ovibos, on peut mettre en évidence que la main de l'homme n'est pas étrangère à sa disparition, alors que le renne a persisté. Une chasse sélective a dû contribuer au déclin de l'espèce. En tout état de cause, climat et humains ont favorisé la disparition du bœuf musqué au fur et à mesure du retrait des glaciers.

Combien y a-t-il actuellement d'Ovibos ? L'effectif global de l'espèce est très difficile à estimer, en raison de sa dispersion et de la fluctuation rapide de certaines populations.

Dans le Sud de l'île de Banks, la population est estimée à 47 000 individus. Une fourchette large comprise entre 80 000 et 150 000 individus pourrait être donnée pour tout l'Arctique. Nous n'irons pas les compter mais il est évident que, cette espèce étant moins emblématique que ne peut l'être l'ours polaire, les ressources mises en œuvre pour son étude sont moins importantes. Par contre, il faut tenir compte des retours d'observation des populations autochtones vivant en permanence sur le terrain, pour lesquelles la présence, l'absence, la densité des populations de gibiers sont des données importantes qui se transmettent de génération en génération. John Nukik de Baker Lake raconte ainsi : "Durant ma jeunesse, je n'ai jamais vu un bœuf musqué mais nous avons commencé à en voir. Récemment j'ai vu un gros mâle[3]."

Ovibos, animal qui ne peut pas se passer du froid, a poursuivi sa dispersion en se maintenant sous les plus basses températures arctiques. Les hommes l'ont suivi dans sa déambulation pacifique et ont envahi son territoire.

CHAPITRE 4

OVIBOS, COMMENT VIS-TU ?

Vision d'un autre âge. Ces bêtes sauvages et libres, les plus anciens mammifères du monde apparus au Pléistocène, s'enfoncent dans les montagnes et disparaissent dans les neiges du pôle. Je suis revenu en France sans savoir que je portais en moi un virus inguérissable : j'avais été atteint par la magie des contrées polaires ! Et déjà je songeais à y retourner.

ROGER FRISON-ROCHE[1]

Le guerrier du Grand Nord

S'il fallait résumer la vie d'Ovibos, je dirais qu'elle ressemble à celle d'un combattant :

Un guerrier, face au vent épuisant et à la neige aveuglante.

Un guerrier qui fait front devant les loups.

Un guerrier qui a franchi les millénaires et les latitudes.

Un guerrier qui résiste à tout cela grâce à la frugalité et à la solidarité.

La caractéristique principale de cette espèce est certainement de vivre en harde. Le groupe peut être formé de 10 à 80 individus selon les saisons et les ressources alimentaires. La structure est surtout hiérarchique, par sexe et par âge. La harde est très ouverte, ce qui explique ce nombre très variable. En dehors de la période de reproduction, deux troupeaux peuvent se mélanger sans aucun heurt. La hiérarchie reste la même. Les mâles adultes peuvent se mettre front contre front à n'importe quelle période de l'année, pour se jauger ou faire connaissance. Cette harde est comme une hydre, ce monstre à plusieurs têtes. Sa force est de détecter les prédateurs d'où qu'ils viennent et de se regrouper rapidement en cas de danger. Durant la nuit polaire, cette détection est capitale : plus il y a d'yeux et de mufles pour apercevoir ou sentir l'approche d'une meute de loups, mieux c'est. Les hardes se regroupent comme si elles avaient peur de la nuit.

Au premier indice d'un danger potentiel, un individu du groupe renâcle, le dernier à réagir étant le mâle dominant. La première réaction à un dérangement sera de former une ligne de front pour identifier l'intrus. Si la morphologie du terrain le permet, le groupe choisit la fuite en se dirigeant vers le point le plus haut. Tous partent dans un galop échevelé qui s'arrêtera brusquement après avoir parcouru quelques centaines de mètres. Même s'il est toujours regrettable d'en avoir été la cause, voir cette cavalcade au milieu des saules, ces dos arrondis et velus qui s'agitent au même rythme reste un spectacle d'une grande beauté primitive.

Si le danger est multiple, comme une meute de loups ou de chasseurs qui semblent encercler le groupe, une formation circulaire se met en place. Les mâles adultes en première ligne face à l'agresseur, les femelles en couverture sur les côtés et les jeunes à l'arrière. Cette formation peut réagir à tout instant si un élément extérieur vient troubler la quiétude du groupe : un hélicoptère trop bas et trop bruyant, une motoneige, un drone… Les mâles ont une importance capitale dans cette formation et dans la détection des dangers. Des populations dans lesquelles les grands mâles ont été abattus seront fragilisées vis-à-vis des prédateurs.

L'hiver, Ovibos, têtu, reste dans les sites les plus exposés, les plus difficiles à tenir face au blizzard, il ne migre pas, ou si peu. Contre le vent chargé de milliers d'aiguilles de glace, contre le froid meurtrier, le bœuf musqué tient sans faiblir. Son mode d'alimentation hivernal l'oblige à rechercher les zones sans neige où les lichens et de rares dryades brunies par le gel apparaissent encore. Lorsque la neige recouvre intégralement la végétation, il détecte les zones les plus favorables grâce à son odorat. S'il commence à gratter, c'est qu'il est certain de trouver quelque nourriture. Avec ses sabots puissants, il racle le sol gelé et dégage une maigre pitance qu'il broute du bout des dents. L'hiver, il passe plus de temps couché à se reposer, car la nourriture est moins riche et moins accessible, il évite ainsi de se déplacer ou de gratter pour rien. Ovibos s'économise.

Il faut aussi prendre en compte le fait que, dans le Haut-Arctique, Ovibos vit dans l'obscurité pendant plusieurs mois et ne peut se passer de s'alimenter. Les plus vieux individus meurent de faim à cette période. Leurs dents sont usées ou cassées, et la végétation est desséchée, difficile d'accès. Pendant l'hiver, l'organisation de la harde pour profiter des cratères creusés dans la neige est très marquée. Avec leurs gros sabots antérieurs et leur mufle quand la neige n'est pas gelée, les mâles creusent et s'alimentent les premiers, suivis des femelles. Les jeunes et les plus faibles passeront les derniers dans ce cratère. Même si l'essentiel de la nourriture a déjà été brouté, ils pourront profiter du travail des plus solidement armés pour creuser.

Grands mâles dans le Dovrefjell, dans les dernières neiges du printemps.
https://vimeo.com/380456396

Une nouvelle vie dans la toundra

En mai, la neige est encore bien présente dans le Dovrefjell (Norvège), mais c'est la période que Guillaume, mon fils, et moi avions choisie pour aller observer les bœufs musqués. Cette population, introduite dans cette région où elle n'avait jamais vécu, s'est bien développée. Nous enfonçons dans la neige molle avant d'atteindre le plateau. Là-haut, la toundra est brune, la végétation est rare mais accessible, le vent nous saisit. Chanceux, nous découvrons assez vite un petit groupe tranquille : un beau mâle, une jeune femelle, une autre plus âgée. Leurs pelisses volent au vent mauvais comme la chevelure d'une belle brune. Ils broutent sans conviction de rares pousses. Ovibos dégage le plus souvent une impression de placidité, de sérénité, comme si le fait d'avoir survécu aux dernières glaciations faisait que rien ne pouvait le surprendre. Si vous restez calme à bon vent, c'est-à-dire avec vent de face, ce n'est que du bonheur, vous pouvez passer des heures avec eux, vous aurez froid avant eux.

Un bovillon et une vieille femelle dans le Dovrefjell (Norvège).

Quelques jours plus tard, nous apercevons à la jumelle un petit groupe de trois ou quatre Ovibos, formes familières au milieu de quelques buissons, là-haut dans la pente très raide. Nous décidons de grimper. Nous sommes en mai, le vent est froid, la neige à peine fondue. Arc-boutés dans la pente, nous approchons à quatre pattes avec le téléobjectif de 800 millimètres et le trépied. Nous sommes surpris par la tête d'une belle femelle qui nous regarde fixement, pas vraiment détendue à notre approche. Elle disparaît en partie dans les arbustes. Soudain, une petite tête noir charbon apparaît, puis un petit corps tout aussi sombre. Il est vraiment très mignon, ce petit veau, il n'a que quelques jours. Il se glisse sous le ventre de sa mère et tète avec avidité. La maman ne nous quitte pas des yeux, nous sommes en équilibre dans la pente, nous ne voulons pas bouger. Derrière nous, nous entendons comme un bêlement qui arrive rapidement. Brusquement, un magnifique bouvillon apparaît, avec un gros toupet de poils blancs entre ses cornes naissantes. Il est au moins aussi surpris que nous et stoppe net. Nous sommes entre ce jeune et la mère et son veau, sans parler d'une autre femelle à l'œil peu aimable. Nous décidons de ne pas troubler plus longtemps leur tranquillité et, en essayant de contrôler notre glissade, nous nous effaçons.

Petit bœuf musqué en Norvège.
https://vimeo.com/380458658

La gestation dure de huit mois à huit mois et demi, et toutes les naissances doivent intervenir avant début juin, sinon le jeune n'aura pas assez de temps afin de s'armer pour affronter son premier hiver. Dès les beaux jours d'avril et jusqu'à fin mai, les femelles mettent bas un unique veau, très exceptionnellement des jumeaux. On s'y perd avec le bœuf musqué : il fait partie des ovins, mais on appelle les jeunes des veaux et non des agneaux… La femelle s'isole du groupe pour mettre bas, elle le rejoindra rapidement, accompagnée de son rejeton. À la naissance, le jeune bœuf musqué pèse entre 7 et 10 kilos pour une hauteur de 45 à 60 centimètres. Il se dresse presque aussitôt sur ses pattes et, à peine âgé de quelques heures, suit le troupeau. Quand il voit le jour, les températures extérieures peuvent avoisiner – 40 °C et le choc est brutal pour un si petit animal mouillé. Sa couverture de poils duveteux n'est pas assez fournie pour le garder au chaud. La métabolisation de graisses brunes sous-cutanées lui permettra de passer ses premières heures dans la toundra. Toutefois, elle ne lui fournira pas assez d'énergie en cas de vent violent qui pourra lui être fatal. Très vite, le veau emboîte le pas de sa mère. Il va la harceler régulièrement pour téter son lait riche en matières grasses – jusqu'à plus de 10 % suivant les régions. Elle l'allaitera pendant un an, même s'il broute des végétaux dès ses premiers jours. Dans la harde, les petits ovibos sont très joueurs, mimant la plupart des comportements des adultes. Certains se mettent déjà front contre front. Ils sautillent comme des cabris, grimpent sur la moindre proéminence. Je ne résiste pas à la tentation de vous faire partager la poésie de Pierre Perrault* qui a su fixer le bœuf musqué sur la pellicule de ses caméras, mais l'a aussi si bien décrit : "Et dans cette transhumance erratique la présence de la vie. Les adultes dissimulent la vie dans l'immuable, le massif, le morne, le silencieux. Ils ne sourcillent pas. Même leur démarche s'apparente à l'immobilité. Souvent. Ce sont les veaux qui sollicitent notre attention. Ils sont la vie que les autres gardent[2]."

Ovibos est un ruminant, il alterne périodes de broutage et de rumination, d'environ deux heures et demie chacune. Pour ruminer, il se couche, les pattes repliées sous le ventre. Le reste du temps, il se déplace lentement et dort souvent. Il consomme une grande variété de plantes selon la région et la saison. En été, il recherche prioritairement les graminées pour se constituer des réserves de graisse indispensables à la survie hivernale.

Voici une liste non exhaustive des espèces de végétaux consommées sur l'île d'Ellesmere :

Saule arctique *(Salix arctica)* ;
Carex mineur *(Carex stans)* ;
Vulpin boréal *(Alopecurus alpinus)* ;
Fétuque alpine *(Festuca brachyphylla)* ;

Lédon palustre *(Ledum decumbens)* ;
Camarine noire *(Empetrum nigrum)* ;
Myrtille des marais *(Vaccinium uliginosum)* ;
Bouleau glanduleux *(Betula glandulosa)* ;
Des graminées (*Poa* spp., *Puccinellia angustata*).

Ailleurs, d'autres espèces peuvent faire partie du régime alimentaire : *Salix* spp., ou les plantes herbacées *Oxyria digyna*, *Polygonum viviparum*, *Cassiope tetragona.*

Sur l'île Wrangel, 50 % du régime alimentaire est constitué de saules, été comme hiver.

Ovibos est le plus grand herbivore dans les zones de faible végétation de la toundra, l'un des écosystèmes les moins productifs du monde, notamment en raison de la quantité très limitée d'azote disponible[3]. Dès que la neige a fondu, la toundra se transforme en une mosaïque de couleurs où se mêlent le violet des silènes et des saxifrages, le jaune des pavots et des arnicas, le blanc des dryades et des cassiopes. Dans cet univers, Ovibos est un véritable jardinier, certainement comme Monsieur Jourdain qui fait de la prose sans le savoir. Il enrichit le sol qui le nourrit et participe à la diversification des espèces végétales.

Les travaux de recherche réalisés dans le Nord-Est du Groenland, où le bœuf musqué est la seule espèce de grand herbivore, démontrent qu'Ovibos fait transiter des quantités d'azote non négligeables depuis des secteurs relativement riches (marais, prairies) jusqu'à des terrains pauvres des plus hautes altitudes. Il fertilise ainsi ses propres pâturages. L'été, les régions humides produisent une grande quantité de graminées, au point que les bœufs musqués en faible densité (jusqu'à 6 individus par kilomètre carré) n'en consomment que 1 %. En général, du fait de l'extrême lenteur de leur transit intestinal, ces ruminants ne défèquent pas sur les aires de broutage et vont enrichir les environs en nutriments, favorisant la croissance d'autres végétaux, et donc la biodiversité. Durant l'été, ils enrichissent les plants de saules dont ils brouteront les rameaux durant l'hiver. La conclusion de ces études menées sur presque vingt ans montre l'importance des bœufs musqués dans l'écosystème de la toundra.

Quand la toundra commence à se parer des couleurs de l'automne, les bouleaux nains deviennent jaune d'or, les saules sont carmin. Au matin, la végétation craque sous les pas, le givre de la nuit ourle les feuilles miniatures d'un fin liseré de diamants étincelants. L'hiver approche. La durée du jour diminue rapidement. L'air est frais. De mi-août à fin septembre, c'est la période de reproduction, les mâles s'affrontent pour la suprématie sur le groupe de femelles. La toundra résonne des chocs secs et sonores de deux masses lancées au galop. Le combat est ritualisé. Pas d'arbitre, pas de terrain délimité non plus, les belligérants s'écartent en balançant la tête à droite et à gauche. Ils prennent leur élan sur l'aire déjà brunie par les gelées, se ruent l'un vers l'autre dans une course sans limites, comme des chevaliers caparaçonnés dans un tournoi chevaleresque, leurs toisons s'agitent, et clang ! Les plaques frontales épaisses de plusieurs centimètres s'entrechoquent. Un temps d'arrêt comme pour digérer la puissance de l'adversaire, et ils repartent à l'assaut. Les blessures sont rares, le but n'est pas de tuer le rival mais de définir qui sera le "patron". Le plus puissant, le plus rapide sera le vainqueur et pourra transmettre son patrimoine génétique.

Sur la côte est du Groenland, dans King Oscar Fjord, par 72 degrés de latitude nord, l'automne arrive vite. Début septembre, la toundra est flamboyante. Les moustiques ont disparu avec les premières gelées, ils ne nous manquent pas. Le soir, les aurores boréales dansent dans le ciel immense leur sarabande effrénée. Les voiles verts se déploient, ondulent et se regroupent pour former une couronne violacée. Dans la toundra, c'est l'effervescence, la période du rut bat son plein chez les bœufs musqués. Nous les approchons à pas rapides dans une végétation moelleuse et humide. Les mâles sont sur la crête. Ils se jaugent, se reniflent, puis s'écartent de 10 mètres, 20 mètres, 30 mètres. Brutalement, l'un des deux protagonistes se lance au grand galop à l'assaut de son adversaire. Celui-ci démarre instantanément. Des touffes de poils s'envolent. Les autres membres de la troupe sont indifférents et continuent à brouter. Et clang ! Nous sommes encore à quelques centaines de mètres et nous entendons le choc, sourd, sec. Aucun des deux lutteurs ne semble abasourdi. En nous rapprochant, nous commençons à percevoir une différence de taille, l'un des deux mâles est sensiblement plus costaud que l'autre. Et clang, et encore clang, le plus léger, certainement le plus jeune, semble plier l'échine. La fin du combat approche, il tourne le dos et s'éloigne. Il ne sera pas le père de la prochaine génération de veaux de la harde. Nous continuons à progresser pour nous rapprocher à quelques dizaines de mètres. Le vainqueur se frotte le front contre la patte avant pour l'imprégner de l'odeur de la sécrétion de ses glandes préorbitaires. Il sera le mâle dominant pour cet automne.

Beau mâle en septembre dans le Scoresby Sund (Est du Groenland).

Interrogeons-nous quelques instants sur la scène qui s'est déroulée sous nos yeux. Deux mâles reproducteurs de 300 kilos s'élancent l'un vers l'autre à 35 kilomètres-heure. Le choc frontal est équivalent à celui d'une voiture percutant un mur à 70 kilomètres-heure. Normalement, sous la force de l'impact, le cerveau d'Ovibos devrait se fracasser contre sa boîte crânienne. Évidemment, il n'en est rien. Les mâles ont des cornes plus épaisses que les femelles et qui se rejoignent au sommet de la tête, appelé "bosse". L'épaisseur de cette bosse est de 12 centimètres et celle de leur crâne est de 9 centimètres. Un autre facteur qui les protège pendant l'impact est une poche d'air à la base du crâne. Cette poche d'air ralentit l'impact sur la tête et diffuse l'énergie dans le crâne et tout le corps. Cela leur permet de continuer à se charger à maintes reprises sans s'abîmer le cerveau. Des études menées sur l'amortissement du choc ont même permis de transposer cette structure à des casques militaires et surtout à des casques pour les footballeurs américains. On pourrait aussi s'inspirer des bœufs musqués pour la sécurité routière. Rien qu'aux États-Unis, près de 35 000 personnes meurent chaque année en voiture à la suite de chocs à la tête[4].

Les premières neiges vont vite blanchir le paysage. La période implacable commence. La durée du jour diminue rapidement. Les vieux solitaires vont mourir, incapables de gratter seuls la neige gelée et d'affronter des loups affamés. Quand le blizzard souffle, Ovibos devient une statue de marbre blanc. La neige colle à la laine, il lutte mais ne semble pas avoir froid, imperturbable. Il vivra une vingtaine d'années, une vingtaine d'hivers. Devant cet acharnement des bœufs musqués à survivre, il faut s'écarter des données scientifiques et pénétrer leur intimité en écoutant le photographe Vincent Munier en plein hiver dans le Dovrefjell : "Ce ne sont que des mâles, dont un vieux. Tu te dis : Mais qu'est-ce qu'ils mangent ? Et puis cette robustesse, tu te demandes comment ils arrivent à survivre en mangeant si peu. On les voit gratter, il y a un peu de lichens, quelques branches de myrtilles. Je ne sais pas pourquoi cet animal me fascine autant, il a un côté primitif, on est dans une autre époque, et cette robustesse, c'est ça qui est fascinant[5]."

Prédation et mortalité naturelle

Dans l'Arctique, les grands carnivores sont peu nombreux ; seuls le loup, l'ours polaire et l'ours brun peuvent s'attaquer au bœuf musqué.

Les loups *(Canis lupus)* occupent une vaste partie de l'hémisphère nord. Ils vivent aussi bien dans les forêts profondes de feuillus ou la forêt boréale que dans les déserts arides chauds du Moyen-Orient ou au contraire très froids de l'Arctique canadien. Ce carnivore vit en meute, active toute l'année. En fonction des disponibilités alimentaires, la taille de la meute varie de 5 ou 6 individus jusqu'à une vingtaine. Le loup arctique *(Canis lupus arctos)* est plus haut sur pattes. Il est blanc toute l'année ; inutile de changer de pelage, l'été est si court – environ quatre à cinq semaines. Sa proie favorite est le lièvre arctique qui, comme lui, reste blanc dans la toundra brunâtre de l'été polaire, mais il chasse aussi les lemmings quand ils sont abondants. Grâce à la meute, les loups s'attaquent aux bœufs musqués, ce qu'un individu solitaire ne pourrait pas se permettre, sauf rare exception.

Les témoignages de David Mech et de David Gray sont les plus importants pour comprendre les interactions entre loup et bœuf musqué. Ils ont passé des années à observer et étudier les loups arctiques sur Ellesmere ou l'île de Banks. Ils ont suivi des dizaines de meutes, vu des attaques de bœufs musqués, leurs taux de réussite, la coordination de la meute. David Mech, fondateur de l'International Wolf Center, qui passa vingt-deux étés sur l'île d'Ellesmere, a beaucoup étudié le comportement des loups en chasse[6]. David Gray, quant à lui, a pu observer l'attaque d'un bœuf musqué mâle par un loup solitaire et relate les difficultés de la survie dans ces régions polaires[7]. La lutte se résume à un face-à-face, le loup harcelant Ovibos et l'attrapant au museau chaque fois que cela lui est possible. Au bout d'une heure d'intenses interactions, le loup est venu à bout de sa proie.

Loup blanc, lac Hazen (île d'Ellesmere, Canada).

Si les loups doivent être sans cesse à la recherche de gibier, ils doivent aussi conserver les frontières de leur territoire. La lutte territoriale entre les meutes de loups arctiques est terrible, tant les ressources sont limitées dans ces déserts polaires. Une meute peut très bien venir dévorer les louveteaux dans une tanière trop proche à son goût. Oliver Goetzl a filmé ce comportement dans son documentaire *White Wolves, Ghosts of the Arctic (Loups blancs, fantômes de l'Arctique*[8]*)*, qui montre leurs conditions de survie en milieu extrême.

Face aux loups qui tentent de chaparder un veau, les bœufs musqués s'organisent. La cohésion du groupe est capitale. David Mech témoigne : "Pour former un cercle défensif, il faut au moins une vingtaine de bœufs musqués. Lors de mon étude, je n'ai pu les voir former que des lignes ou des demi-cercles. Lorsque deux ou trois bœufs sont menacés, ils ont tendance à se coller l'un à l'autre pour faire face aux loups, bougeant sans cesse pour protéger leur arrière-train, qui est vulnérable[9]." La poursuite peut se dérouler sur des kilomètres et durer des heures. L'explorateur norvégien Otto Sverdrup nous apporte un complément d'information : "Le loup est le seul ennemi que ces animaux pacifiques aient à redouter. En effet, un peu plus bas dans la vallée, nous trouvons le cadavre d'une génisse. À en juger par les traces encore visibles sur le sol, une troupe de ces carnivores ont profité pour l'assaillir de ce que la pauvre bête se trouvait seule[10]."

David Mech, durant ses études sur les loups arctiques d'Ellesmere, put se rendre compte que la chasse aux bœufs musqués n'est pas sans risques. Il a constaté que certains loups boitaient et portaient de profondes blessures, et il a même retrouvé un crâne de loup avec un bout de corne de bœuf musqué. David Mech[11] a également mis en évidence que les loups pouvaient mettre en place différentes stratégies pour s'attaquer à une harde. Ils peuvent attendre à l'affût, dissimulés derrière des ressauts du terrain, ou s'approcher très tranquillement. Il nous le raconte dans son livre qui est devenu une référence : "Deux jours après la mise à mort des veaux, il ne restait ni une esquille d'os ni un poil. La meute avait dévoré ou caché environ 150 kilos de viande, dont une partie était déjà transformée en louveteaux. Pendant plusieurs jours, les loups ont nourri les jeunes à partir des caches et les louveteaux ont grandi et se sont modifiés de façon notable[12]."

David Gray a, de son côté, observé que les loups arctiques utilisent des carcasses de bœufs musqués comme lieux de rendez-vous. Ces lieux, connus chez toutes les meutes de loups, permettent aux adultes de fixer les jeunes quand ils partent en chasse. "Les adultes et les petits ont continué à utiliser l'emplacement où les proies avaient été tuées jusqu'à huit jours après avoir consommé toute la viande[13]." Les louveteaux étaient laissés à eux-mêmes sur ces sites pour des durées allant de huit à cinquante-cinq heures d'affilée. Ils se déplaçaient sans les adultes entre les sites où se trouvaient les carcasses et jusqu'à 5 kilomètres de ces sites. L'étude de David Mech montre que les loups s'attaquent évidemment aux jeunes bœufs musqués, mais presque dans la même proportion à des adultes, et ceci sur une distance allant jusqu'à plus de 30 kilomètres de leur tanière[14].

En parcourant la toundra en bordure du lac Hazen, dans l'Extrême-Nord de l'île d'Ellesmere, j'avais remarqué des crânes d'Ovibos à la mâchoire inférieure toujours décalée vers la droite. Pour tuer un bœuf musqué, le loup doit le mordre à la face et se saisir du mufle du ruminant. Le prédateur pèse de tout son poids, en emprisonnant les naseaux et la bouche pour l'étouffer. Étonnamment, la proie semble anesthésiée et ne se défend plus.

Lors de notre voyage à Ellesmere, nous avons trouvé la carcasse d'un jeune bœuf musqué englué dans la vase d'un petit lac. Il devait être là depuis quelque temps quand les premiers loups sont venus s'y attaquer. Nous sommes restés postés à quelques dizaines de mètres et nous avons vu le dépeçage méthodique du cadavre par au moins quatre individus différents. Les loups s'enfonçaient presque jusqu'au poitrail dans la boue collante. Ils repartaient avec une patte, un morceau de cage thoracique, qu'ils transportaient certainement vers une tanière ou une cache. Ensuite ils faisaient la sieste, tout en gardant un œil sur la dépouille qui disparaissait peu à peu. Nous les avons observés pendant au moins seize heures. Il est certain qu'eux-mêmes nous ont observés pendant bien plus longtemps. Une "nuit" – il faisait grand jour à cette latitude –, nous dormions dans la toundra quand un loup nous a réveillés, au pied de nos sacs de couchage. Curieux, il était venu renifler ces formes incongrues à l'odeur bizarre. À peine avions-nous bougé dans nos sacs qu'il partait, bien plus apeuré par notre présence que nous ne pouvions l'être par la sienne.

Le loup est indiscutablement le prédateur principal d'Ovibos, mais il ne faut pas négliger le comportement des chiens. Utilisés par les explorateurs et les chasseurs d'origine européenne, les chiens de traîneau retrouvent l'atavisme de leurs origines lupines. Quand ils attaquent une harde, comme face à une meute de loups, leurs gibiers se regroupent pour faire front. Leurs maîtres n'ont qu'à tirer : tant qu'un bœuf musqué est debout, les chiens sont excités et harcèlent jusqu'au dernier. Ils peuvent aussi détecter la présence de jeunes. Comme des loups, deux chiens peuvent attirer l'attention des adultes menaçants, pendant que les autres exfiltrent des jeunes pour les isoler du groupe. Souvent, des chiens sont blessés et peuvent être envoyés en l'air par un mâle énervé.

Un témoignage unique vient confirmer ce comportement : le 20 mars 2019, Jimmie Lincoln, habitant dans la région de Toksook Bay sur l'île Nelson, au sud-ouest de l'Alaska, observe un jeune bœuf musqué attaqué par un groupe de chiens sauvages. Cette attaque est étonnante par la coordination dont les chiens ont fait preuve pour harceler ce veau pendant plusieurs heures. Aucun autre témoignage ne mentionne ce type de comportement sur un bœuf musqué. Le veau fut finalement achevé par l'agent local du Fish and Wildlife Service après une nuit d'agonie et un chien abattu, les autres s'étant enfuis[15].

Exceptionnellement, l'ours polaire peut s'attaquer aux bœufs musqués, mais il existe peu de témoignages, même dans la Polar Bear Pass de l'île Bathurst où Ovibos pullule et croise souvent le plantigrade. Récemment, une photographie prise de loin dans la région du Scoresby Sund, sur la côte est du Groenland, montre un très bel ours polaire empoignant par la tête une femelle ovibos adulte, avec son veau en arrière-plan ; observation exceptionnelle dont on pourrait imaginer facilement l'issue, mais il semble bien que le photographe danois soit intervenu et ait chassé l'ours, ce qu'il a regretté après coup. Il faut laisser faire la nature.

La prédation du grizzly est par contre avérée, voire fréquente, dans certaines zones du Nord du Canada continental et de l'Alaska. Dans le Nord du Canada continental, l'aire de répartition des bœufs musqués s'étend actuellement vers l'ouest et se rapproche du Grand Lac des Esclaves. Les rencontres avec les grizzlys risquent d'être de plus en plus fréquentes.

La région du Thelon Game Sanctuary, au nord-ouest de la baie d'Hudson au Canada, est riche en grizzlys de toundra *(Ursus arctos richardsoni)* au comportement carnivore. Les Inuits rapportent des observations assez troublantes d'ours bruns pourchassant des troupeaux de caribous. Un témoignage de scientifiques datant de 1981 explique la stratégie d'un grizzly pour s'attaquer à un mâle caribou isolé. L'analyse des indices sur les lieux a démontré que l'ours a surpris sa proie dans une zone de buissons assez touffus, l'a attrapée au museau et a réussi à la déstabiliser par son poids[16].

Une étude menée de 1982 à 2001 dans le Nord de l'Alaska, où Ovibos a été introduit dans les années 1970, montre que certains grizzlys se spécialisent dans la chasse aux ruminants. Ils s'attaquent souvent aux jeunes et réussissent à s'adapter aux techniques de protection du groupe. Dans certains cas, la prédation de ces ours peut avoir un impact important sur la population de bœufs musqués, comme ce fut le cas entre 2000 et 2006 dans le Nord-Est de l'Alaska. En mai 2007, à Prudhoe Bay, un grizzly a été filmé en train de s'attaquer à une harde. Il a réussi à tuer deux jeunes âgés de quelques jours alors que le reste du troupeau a pris la fuite. À cette période, les populations d'élans et de caribous semblaient être au plus bas, les grizzlys se sont alors intéressés aux ovibos[17]. D'autres causes de mortalité sont difficiles à imaginer. En particulier ce qui se passa durant l'hiver 2011 sur la côte de la mer des Tchouktches, en Alaska, où 52 bœufs musqués se sont retrouvés engloutis sous la glace. Apparemment, c'est un tsunami d'eau gelée qui en était la cause : portées par un vent très violent, des vagues de glace se sont abattues sur la côte où la harde était venue se mettre à l'abri.

Si les bœufs musqués ont peu de prédateurs ou peu de risques d'accident, ils sont très sensibles aux bactéries, virus et parasites. Chez ces animaux grégaires, la moindre infection peut causer des dommages rapides et importants sur les hardes d'un même secteur. La faible diversité génétique des populations de bœufs musqués n'est pas favorable à une adaptation aux changements climatiques ou aux nouveaux stress environnementaux. Plusieurs études menées sur les différentes populations mettent en évidence que, même si la population mondiale est en augmentation et atteint des niveaux qui permettent d'assurer sa pérennité, elle n'en reste pas moins fragile.

Quelque temps après l'introduction d'Ovibos dans le Nord du Labrador, un certain nombre d'individus ont été abattus pour étudier la population locale. La grande majorité des animaux étaient infestés par des douves géantes du foie *(Fascioloides magna)*, vers parasites pouvant générer d'importantes nécroses. Depuis, la population a continué à croître apparemment sans conséquence[18].

En 2012, une épidémie causée par la bactérie *Erysipelothrix rhusiopathiae*, responsable d'infections de type érysipèle, a causé la mort d'une centaine d'individus sur l'île de Banks. C'était la première fois que cette bactérie, connue chez le porc et dans les élevages de poules, atteignait l'Arctique canadien. Sachant qu'elle est transmissible à l'homme, la chasse fut prohibée. Cette épidémie a montré la fragilité d'une espèce sauvage confrontée à de nouveaux agents pathogènes, certainement liés au réchauffement climatique, au développement des activités humaines dans les mines, au tourisme. Un suivi a été mis en place pour les populations de l'Alaska, du Canada et du Groenland. Cette bactérie pourrait décimer des populations de ruminants indispensables à l'alimentation des autochtones. Des vers pulmonaires *(Umingmakstrongylus pallikuukensis)* ont également été détectés récemment dans les îles de l'archipel Arctique canadien, dans la région de Cambridge Bay. Leur prolifération est due à l'élévation de température liée au changement climatique. Même les chasseurs inuits ne consomment plus la viande des bœufs musqués. En Alaska, la population a subi une chute importante. Les causes semblent diverses : plusieurs pathologies ont été identifiées, intestinales, pulmonaires, infections en particulier au niveau des sabots. La population du Dovrefjell a subi une épidémie de pneumonie. L'origine de ces maladies infectieuses récentes doit aussi être recherchée du côté des élevages d'animaux domestiques. Dans le Dovrefjell, les bœufs musqués cohabitent avec des troupeaux de vaches, de bœufs et de moutons.

Pendant des centaines de milliers d'années, le bœuf musqué n'a pas eu de prédateur en dehors du loup. Mais il y a 400 000 ans au moins commence une nouvelle histoire pour l'espèce. Les hommes se sont mis sur sa trace au point de le suivre dans les recoins les plus extrêmes de la planète. C'est cette aventure que j'ai retenue du livre de Robert Gessain. Il relate dans les moindres détails ce cheminement millénaire et, comme il l'écrit, "Ovibos et humains marchent côte à côte depuis un demi-million d'années".

Un souvenir important me revient à l'esprit, avant de donner la parole à Robert Gessain. Lors de notre expédition à Ellesmere, nous avons découvert des ronds de tentes, des caches à viande, des pièges à renard. Ces constructions sommaires, laissées par ceux qui ont poursuivi Ovibos à travers l'Arctique, balisent la fameuse route des Bœufs musqués ou *Muskox Way*. En apercevant des blocs de pierre alignés, ma première réflexion fut qu'ils étaient anachroniques dans ce paysage, qu'ils n'y avaient pas leur place, que c'était une erreur, un oubli. En nous rapprochant, nous avons constaté que c'étaient des murs, au bout de cette vallée plus désertique que les dunes du Sahara, plus lugubre qu'un conte de Grimm. Ces quelques pierres posées les unes sur les autres sont là depuis plus de 4 000 ans, sans qu'une tempête, sans qu'un glissement de terrain soit venu les démolir. Improbable ténacité. Les hommes qui les ont empilées étaient des chasseurs de bœufs musqués. C'étaient de petits groupes familiaux qui suivaient leur gibier dans les confins de l'Arctique et devaient se poster pour lancer leur javelot. Comme aucune aspérité, aucun arbre ne pouvait les dissimuler, ils avaient édifié ces murets qu'ils n'imaginaient certainement pas pouvoir durer aussi longtemps. À la même époque, les grands architectes égyptiens construisaient des mausolées pour protéger pour l'éternité les dépouilles de leurs maîtres.

Nous nous prenons au jeu en nous plaçant derrière les murs, la vue est imprenable sur le fond de la vallée, dans laquelle femmes et enfants devaient rabattre le gibier vers les chasseurs. Nous imaginons les bœufs musqués affolés galopant vers le mur, l'instant crucial pour décocher la flèche ou lancer le javelot. Une histoire de survie !

En juillet 2019, nous visitons la réplique de la grotte de Lascaux et les dimensions des fresques m'impressionnent. Les couleurs aussi. La guide raconte qu'il n'y a pas de bœufs musqués représentés, ou peut-être une esquisse mal définie. Pour justifier l'absence de cette espèce, pourtant connue dans la région à la même époque par les artistes de la grotte, elle nous raconte que le bœuf musqué migre, qu'il est dangereux donc peu chassé, donc pas représenté. On voit bien qu'au XXIe siècle nous avons encore besoin de légendes pour tenter d'expliquer ce que nous ne comprenons pas.

CHAPITRE 5

LA GRANDE AVENTURE DES HOMMES ET DES BŒUFS MUSQUÉS

par Robert Gessain

Robert Gessain est né le 11 avril 1907 à Clermont-Ferrand. Il fut docteur en médecine et docteur ès sciences.

Il fera deux expéditions au Groenland en compagnie de Paul-Émile Victor et de Michel Pérez, en 1934 et 1936. Il étudiera la démographie, la généalogie et l'anthropologie auprès des Inuits de la région d'Ammassalik. Il y apprendra la langue locale. Robert Gessain continuera à s'intéresser aux Inuits de la côte est du Groenland, contrairement à Paul-Émile Victor qui se lancera dans la logistique d'expéditions polaires en Arctique et en Antarctique. Robert Gessain deviendra professeur d'anthropologie au Muséum d'histoire naturelle, vice-président de l'Union internationale des sciences anthropologiques et ethnologiques, puis membre fondateur de la Société des explorateurs français. Il succédera à son maître Paul Rivet en tant que directeur du musée de l'Homme. Celui-ci, fondateur du musée de l'Homme, l'avait envoyé au Mexique dès 1937 pour y étudier les Indiens des Terres Chaudes. En 1947, Robert publiera aux éditions Bourrelier un petit opus de synthèse sur les populations arctiques : *Les Esquimaux du Groenland à l'Alaska*. Ces travaux sur la population de l'Est du Groenland, et en particulier ses recherches durant l'année 1966, l'amèneront à publier un ouvrage de référence : *Ammassalik ou la Civilisation obligatoire*[1]. Photographe de talent, il nous a laissé des milliers de clichés qui sont maintenant des documents ethnographiques de grande valeur et de grande qualité artistique. Ami de Paul-Émile Victor pendant cinquante ans, Robert Gessain participa à la relecture et à l'illustration de ses nombreux ouvrages sur les populations arctiques.

Le jeune Gessain, embarqué en 1934 à bord du *Pourquoi Pas ?* du commandant Charcot pour une expédition ethnographique, découvre ses premiers bœufs musqués en abordant la côte est du Groenland. Commence alors sa longue quête sur les traces de cette espèce. Son intérêt pour le bœuf musqué ne se démentira pas, au point qu'il ira l'observer jusqu'en Terre de Peary*, dans l'Extrême-Nord du Groenland. Il participera à divers colloques internationaux au sujet du bœuf musqué et sera missionné pour inspecter les toutes nouvelles fermes à bœufs musqués d'Alaska et du Québec, afin d'en estimer l'intérêt pour les populations autochtones.

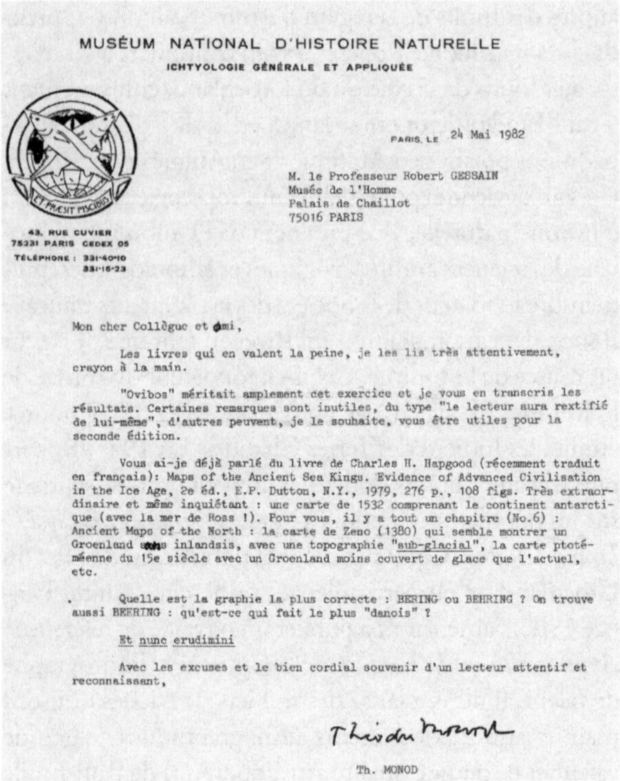

MUSÉUM NATIONAL D'HISTOIRE NATURELLE

ICHTYOLOGIE GÉNÉRALE ET APPLIQUÉE

ET PRÆSIT PISCIBUS

43, RUE CUVIER
75231 PARIS CEDEX 05
TÉLÉPHONE : 331-40-10
331-16-23

PARIS, LE 24 Mai 1982

M. le Professeur Robert GESSAIN
Musée de l'Homme
Palais de Chaillot
75016 PARIS

Mon cher Collègue et ami,

Les livres qui en valent la peine, je les lis très attentivement, crayon à la main.

"Ovibos" méritait amplement cet exercice et je vous en transcris les résultats. Certaines remarques sont inutiles, du type "le lecteur aura rextifié de lui-même", d'autres peuvent, je le souhaite, vous être utiles pour la seconde édition.

Vous ai-je déjà parlé du livre de Charles H. Hapgood (récemment traduit en français): Maps of the Ancient Sea Kings. Evidence of Advanced Civilisation in the Ice Age, 2e éd., E.P. Dutton, N.Y., 1979, 276 p., 108 figs. Très extraordinaire et même inquiétant : une carte de 1532 comprenant le continent antarctique (avec la mer de Ross !). Pour vous, il y a tout un chapitre (No.6) : Ancient Maps of the North : la carte de Zeno (1380) qui semble montrer un Groenland sans inlandsis, avec une topographie "sub-glacial", la carte ptotéméenne du 15e siècle avec un Groenland moins couvert de glace que l'actuel, etc.

Quelle est la graphie la plus correcte : BERING ou BEHRING ? On trouve aussi BEERING : qu'est-ce qui fait le plus "danois" ?

Et nunc erudimini

Avec les excuses et le bien cordial souvenir d'un lecteur attentif et reconnaissant,

Théodore Monod

Th. MONOD

Lettre de Théodore Monod à Robert Gessain, 24 mai 1982 (voir aussi p. 259).

De ses années de recherche, il tira un ouvrage publié en 1981 : *Ovibos, la grande aventure des hommes et des bœufs musqués*[2]. C'est un livre important car il allie une connaissance encyclopédique des migrations inuites à une dimension humaniste et romanesque rare dans ce genre d'ouvrage. Pour citer Jean Raspail après la première relecture du manuscrit d'*Ovibos* : "La légèreté de ton dans l'exactitude et la dimension romanesque dans l'essai scientifique : la quadrature du cercle[3]." *Ovibos* fut l'un des titres de la collection "Livres de voyage et d'exploration" dirigée par Jean Raspail pour la Société des explorateurs français, aux côtés de *Valdivia* (1982) de Peter Baumann et *Patagonia* (1981) de Jean Delaborde. Théodore Monod, ami de Robert Gessain, fera également quelques remarques ou précisera quelques termes tout en rendant hommage au travail accompli.

Robert Gessain lors d'une mission à Ammassalik, au Groenland, en 1966.

Ce chapitre présente au lecteur une sélection d'extraits d'*Ovibos* que j'ai choisis pour leur importance en tant que synthèse anthropologique et naturaliste, mais aussi pour les témoignages de première main qu'ils donnent, comme ceux de Knud Rasmussen* ou d'Eigil Knuth* avec lequel Robert Gessain a traversé la calotte groenlandaise en 1936. Les chapitres ou blocs de texte ne parlant que des populations humaines n'ont pas été conservés. Par respect pour le texte original, aucun terme, aucun élément de langage n'a été modifié. Robert Gessain utilise encore le terme "Eskimo", depuis remplacé par "Inuk" ou "Inuits" au pluriel. L'erratum et les corrections manuscrites de Robert Gessain ont été ajoutés à cette édition. Sa bibliographie a aussi été intégrée à la liste générale d'ouvrages utilisés, p. 268.

Après quelques millions d'années, Ovibos rencontre l'homme

À l'ère tertiaire, il a émergé, dans le groupe des ruminants, avant la séparation des ovinés et des bovinés dont il combine les caractères. Quelques dizaines de millions d'années avant l'homme, il était présent, peu différent d'aujourd'hui. Par une évolution buissonnante dont on a retrouvé les témoins fossiles, il a lentement poursuivi son adaptation au froid des pâtures arctiques.

Dans un premier temps, les voyageurs explorateurs, puis les savants ayant eux-mêmes appris à se déplacer s'appliquèrent à déchiffrer le "livre" de la surface de la Terre, paragraphe par paragraphe ; ils firent le recensement des animaux inconnus, observant leurs formes, les mœurs, le milieu animal, botanique et humain où ils vivaient. Le "livre" de nature est toujours accessible. On peut retourner le lire et y déceler des nouveautés, des changements, des adaptations.

Mais l'archéologie découvrit un "livre" d'une autre sorte ; celui dont les "pages" étaient dans la Terre. Aussi les préhistoriens eurent-ils une tâche, une "lecture" beaucoup plus difficile. Comme H. de Lumley le fait remarquer : "Les sites archéologiques constituent les archives les plus anciennes de l'histoire de l'homme [...], ces archives très précieuses ne peuvent être lues qu'une fois et la fouille les détruit à jamais. [...] Les différents sols d'habitat correspondant aux occupations successives de la grotte par les hommes préhistoriques sont dégagés les uns après les autres."

Les archives se lisent couche par couche, feuillet par feuillet ; pour atteindre la page suivante, le préhistorien doit "décaper" la précédente ; une fois, une seule fois, elle sera apparue aux "lecteurs" dans sa réalité première. "Décaper", c'est "tourner une page" ; cela se fait très lentement avec une attention soutenue, une grande minutie, des précautions extrêmes ; on fouille à la petite cuillère et au pinceau !

Certes, on a appris à faire des "photocopies" de toutes ces précieuses "pages" : couverture photographique de la série des sols, et quand cela est possible moulages plastiques conservant l'apparence des couches successives.

Le "livre" des préhistoriens est, par nature, difficile à déchiffrer, mais il offre une merveilleuse compensation, un espoir immense ; il est à peine entrouvert : des chapitres entiers, innombrables, inattendus, riches de futurs émerveillements, attendent dans la terre leurs "lecteurs".

[...]

Le travail de Blainville en 1816 et la publication de l'ouvrage fondamental de Cuvier *Recherches sur les ossements fossiles de quadrupèdes*, dans ses deux éditions de 1812 et 1823, avaient provoqué un grand intérêt et suscité des recherches. Cuvier fit état de trois crânes de bœufs musqués fossiles découverts en Sibérie.

En 1846, 1852, 1855, on identifia en Allemagne, puis en Angleterre dans la vallée d'un petit affluent de la Tamise, des crânes ou fragments de crânes d'Ovibos dans des terrains où furent mis au jour des ossements d'éléphants, de rennes et d'autres mammifères. Un crâne de bœuf musqué était visible au musée de Berlin dès 1836. En 1859, puis en 1863 dans les alluvions de l'Oise, une molaire d'Ovibos fut trouvée par l'abbé Lambert, ainsi qu'un crâne.

En 1863, un fragment de crâne de bœuf musqué fossile trouvé en Allemagne est décrit sous le nom de *Bos pallasii*, en l'honneur de P.-S. Pallas, naturaliste allemand qui en 1773 fit une communication, en latin, à l'Académie des sciences impériales de Saint-Pétersbourg sur la découverte de deux crânes d'un ruminant fossile en Sibérie du Nord près du fleuve Ob ; il rapprocha ces ossements de "taureau sauvage" du bubale du Cap ou plutôt, dit-il, du bison américain, mais ne sut y reconnaître Ovibos, quoique ce fût cinquante-deux ans après la description de Nicolas Jérémie.

Lartet et Christy, en 1875, ont démontré la présence d'Ovibos à la Madeleine*. Lartet décrivit à Gorge d'Enfer, en Dordogne, une phalange et des os longs d'une patte postérieure, os cassés et fendus intentionnellement, dit cet auteur, qui en conclut que les hommes préhistoriques du Périgord extrayaient la moelle pour se nourrir.

En 1901, E. Harlé, examinant la collection d'un grand nombre d'ossements fossiles divers d'un amateur, reconnut une portion de crâne de bœuf musqué assez importante pour que l'auteur puisse dire qu'il s'agissait d'un animal de taille moyenne plutôt petit… qui n'avait pas encore atteint son complet développement. Du même amateur, Harlé obtint les extrémités inférieures d'un métatarsien et d'un métacarpien qu'il attribua à Ovibos. Ces ossements provenaient d'une petite grotte de la Gorge d'Enfer aux Eyzies (Dordogne). Dans le même terrain, il trouva de très nombreux restes de rennes et une industrie de silex de type magdalénien dont quelques pièces, dit l'auteur, se "rapprochent des racloirs moustériens" : 10 000 à 12 000 ans pour le Magdalénien et quelque 70 000 à 90 000 ans pour le Moustérien.

À mesure que les trouvailles de ruminants fossiles se faisaient nombreuses, identifier chaque os devint une nécessité scientifique. Les zoologistes, anatomistes et paléontologues mirent au point des méthodes comparatives pour établir, sur un seul os, le diagnostic de bœuf musqué ; la découverte de vertèbres, phalanges, phalangines permit, dès lors, de différencier Ovibos des autres ruminants.

Mais, en 1908, Staudinger, paléontologiste suisse, en révisant les collections des bovinés fossiles au musée municipal de Weimar, découvrit un fragment de crâne de bœuf musqué et estima à l'examen qu'il était différent d'*Ovibos moschatus* Zimmerman.

Dans un lit de gravier, près de Frankenhausen, en Allemagne orientale, une équipe d'ouvriers avait mis au jour le squelette brisé d'un ruminant : seuls le fragment de crâne, trois molaires de la mâchoire supérieure, deux premières et deux deuxièmes phalanges avaient été recueillis et donnés au musée de Weimar ; le reste avait été jeté. Staudinger étudia minutieusement ces ossements ; ils étaient complètement minéralisés, ce qui prouvait leur ancienneté ; il fut impossible de déterminer le sexe ; l'espacement entre les bases des cornes plaidait pour une femelle, mais l'aspect massif de l'ensemble, des cônes osseux, des cornes et des apophyses d'insertion musculaire, pour un mâle. La structure du crâne étant différente de celle d'*Ovibos moschatus* Zimmerman, Staudinger établit sa diagnose sur la forme des cônes osseux des cornes. La courbure de leur base, leur largeur égale, à bords parallèles, du début jusqu'à la moitié de leur longueur, la grandeur de leur écartement et leur direction ainsi que les parois des orbites et la forme du front étaient différentes des mêmes régions anatomiques d'*Ovibos moschatus*.

Staudinger, en présence de cet Ovibos particulier, nouveau, le nomma *Praeovibos priscius*, "le prédécesseur ancien". Le même auteur trouva un autre fragment de crâne de bœuf musqué au musée de Berlin et reconnut, *a posteriori*, comme étant *Praeovibos priscius* le crâne décrit par Boyd Dawkins en 1883, trouvé en Angleterre à Trimingham ; l'auteur suisse estima que ces crânes de *Praeovibos* pouvaient être datés l'un de la glaciation de Mindel, l'autre de l'interglaciaire Günz-Mindel. On pense que c'est en ces temps lointains qu'Ovibos arriva en Europe.

Après la description du paléontologue suisse, d'autres éléments osseux de ce fossile furent reconnus dans un petit nombre de gisements en Allemagne, en Pologne, en Tchécoslovaquie, dans le Sud de l'Angleterre et dans une région éloignée du Nord-Est de la Sibérie, habitée aujourd'hui par les Tchouktches dont les uns, à l'intérieur des terres, sont éleveurs de rennes et les autres, sur la côte, chasseurs de mammifères marins, très proches culturellement des Inuits. Tous ces bœufs musqués furent considérés comme *Praeovibos priscius* S.

Mais c'est en France que la découverte la plus importante fut faite par H. de Lumley, professeur au Muséum national d'histoire naturelle (le destin scientifique d'Ovibos continue d'être lié à cette grande maison parisienne). Avec ses collaborateurs, il a mis au jour d'abondants ossements de *Praeovibos priscius* S. et daté sa présence, dans la grotte pyrénéenne dite Caune de l'Arago[4].

Or, fait considérable pour la première et unique fois, dans le même gisement, Ovibos et l'Homme se rencontrent.

Dans les Pyrénées orientales, près du village de Tautavel, à 24 kilomètres de la mer Méditerranée (les limites des terres et des eaux marines étaient différentes en ces temps géologiques très anciens), à 210 mètres d'altitude, à 100 mètres au-dessus du cours actuel d'une rivière s'ouvre une grotte de 35 mètres de longueur sur 10 mètres de large ; les fouilles mirent au jour des restes d'humains fossiles, des quartz et silex taillés, une faune abondante et variée dont *Praeovibos priscius*. Ce gisement de bœufs musqués est le plus méridional d'Europe daté du complexe mindélien du Pléistocène moyen, il a 450 000 ans. Le grand nombre d'ossements a permis de reconstituer crâne, colonne vertébrale, membres. La morphologie d'*Ovibos priscius* diffère quelque peu de celle d'Ovibos actuel. H. de Lumley précise : "Ses cornes moins larges et plus longues surplombaient un front qui devait se détacher plus nettement du museau." Au point de vue écologique, ce bœuf musqué apparaît très différent. Il vivait dans un climat moins froid que l'Arctique de nos jours comme le démontre la palynologie*, science des pollens*. Dans la région de la grotte de l'Arago, il y eut, entre – 500 000 et – 400 000 ans, des oscillations climatiques : périodes froides et sèches puis tempérées et humides se succédèrent en quatre étages alternés.

Les pollens des périodes froides et sèches sont ceux d'une steppe herbeuse avec de rares arbres ; ceux des stades tempérés et chauds témoignent de la présence de pins maritimes, cyprès, chênes, pistachiers, vigne sauvage. Mais à part la période froide et sèche la plus ancienne, les plantes méditerranéennes ne disparaissent jamais du paysage, ce qui semble en contradiction avec la présence de faune de type arctique tel Ovibos ; mais ces animaux étaient alors nécessairement adaptés à des biotopes très différents de ceux où ils vivent actuellement. L'homme de Tautavel fut chasseur à la fois de bœuf musqué, de lion des cavernes et de rhinocéros !

En 1971, on a trouvé dans la Caune de l'Arago les restes osseux de treize humains des deux sexes, étudiés par Henry et Marie-Antoinette de Lumley : la présence des troisièmes molaires, qui poussent vers dix-huit ans, le degré d'usure des dents, les sutures soudées ou non des os frontaux et pariétaux renseignent sur l'âge ; rares étaient les individus qui dépassaient les vingt-cinq ans ! Cependant les hommes de Tautavel étaient robustes. Leurs molaires étaient de grande dimension, leur front fuyant avec un bourrelet sus-orbitaire, leur maxillaire projeté en avant du crâne cérébral (prognathisme), l'absence de menton, leur capacité crânienne relativement faible (environ 1 050 centimètres cubes, homme actuel entre 1 300 et 1 500 centimètres cubes) permettent de les considérer comme *Homo erectus*, premiers habitants de l'Europe, ancêtres des hommes de Néandertal et des hommes modernes.

Leurs outils, archaïques, étaient pour l'essentiel un petit outillage sur débris et sur éclats, quelques galets, aménagés parfois d'encoches clactoniennes*, et de rares bifaces. Ils n'avaient pas encore domestiqué le feu : aucun charbon de bois, aucune cendre, aucun os brûlé n'a été trouvé sur plusieurs centaines de milliers de fragments.

Mangeurs de plantes crues et sans doute de viandes crues ou séchées au soleil et au vent, ils fracturaient les gros os pour en extraire et consommer la moelle.

Il y eut dans cette grotte plusieurs occupations successives durant la première partie du Pléistocène moyen. La Caune de l'Arago était une position centrale de chasse, au milieu de zones écologiques très diverses. Dans les montagnes vivaient le mouflon antique, le thar, chèvre sauvage ; dans la plaine, dominée par la grotte, une steppe herbeuse était lieu de pâture pour de très nombreux chevaux (peu différents de la variété de Mosbach découverte en Allemagne) et pour des bisons, des aurochs, des rhinocéros de prairie, des éléphants antiques et des lièvres siffleurs ; un plateau plus élevé que la Caune, vaste étendue balayée par les vents, était peuplé de bœufs musqués, de rennes, ainsi que de renards *(Vulpes praeglacialis)*, ancêtres des renards polaires, et de loups particuliers : loups étrusques. Des chiens sauvages : *Cuons priscus* ou dholes, venus d'Asie au Pléistocène, y chassaient, en bandes, rennes et bœufs musqués. Dans les forêts, les chasseurs trouvaient des cerfs, quelques daims, des lynx, de rares panthères ; dans la rivière, des castors. Les hommes de Tautavel avaient une abondante variété de gibier ; ils chassaient les gros animaux avec des pieux de bois, ce qui imposait des actions en commun et donc une organisation sociale (H. de Lumley). La grotte servait de lieu de dépeçage. Dans la caverne, des couches superposées d'os de bouquetins, de rhinocéros, de bœufs musqués témoignent qu'*Homo erectus tautavelensis* était à certaines périodes chasseur préférentiel de tel ou tel gibier. L'éléphant antique *(Palaeoloxodon antiquus)* apparut en ces régions dans le même temps qu'Ovibos. Étonnante coexistence, sur notre sol, de faunes qui ne nous semblent pas pouvoir vivre côte à côte tant leurs descendants, de nos jours, sont enclos dans des niches écologiques aux climats opposés. C'est peut-être pendant une oscillation climatique plus froide du Mindélien que *Praeovibos* fut gibier de base des chasseurs de l'Arago. De tous ces contemporains de *Praeovibos priscus*, certains ont disparu, exterminés par les chasseurs ou mal adaptés à de nouvelles conditions climatiques ; d'autres sont toujours présents sur Terre. Ils se sont adaptés aux zones froides et sèches et ont survécu durant tout le Pléistocène ; lentement, ils ont suivi le recul des glaciers après la dernière période de Würm ; ce sont le bœuf musqué, un renard, le renne et un petit rongeur, le lemming, que l'on retrouve de nos jours, ensemble, dans le Haut-Arctique.

Dans la grotte pyrénéenne de Tautavel s'est levé le rideau du premier acte de la grande aventure des bœufs musqués et des hommes. Gibier d'un homme si ancien qu'il différait grandement des hommes actuels, pourtant ses descendants. Gibier tel que ces hommes ne pouvaient le chasser qu'en groupe. *Homo erectus* déjà – *Homo socius* – désignait sûrement Ovibos d'un signe sonore. Parce que l'homme était là, Ovibos était nommé.

Par l'homme, Ovibos fut l'objet de la plus grande révolution terrestre ; il était entré dans l'univers de la parole. L'homme, être de parole, de "parlêtre", dit Jacques Lacan dans un de ses plus brillants raccourcis sémantiques, crée, par la nomination, un monde ordonné à partir de tout ce qui était là avant lui, en attente. Ovibos est entré dans cet ordre il y a un demi-million d'années.

En 1834, la découverte, dans la grotte du Chaffaud*, du premier objet d'art préhistorique gravé de deux biches, d'abord attribué aux Celtes, nos plus anciens ancêtres connus à cette époque, déclenche une explosion de curiosité pour les cavernes.

Boucher de Perthes, fondateur de la Préhistoire, fait admettre en 1846 que des pierres taillées étaient de très anciens outils d'hommes.

L'enthousiasme ne s'embarrassant pas de soucis techniques, ce fut, écrit Leroi-Gourhan (1965), "une tendance irrépressible à fouiller les grottes, tendance qui, avant la fin du XIXe siècle, allait donner à la curiosité des centaines d'œuvres d'art que la science est assez embarrassée, maintenant, pour fixer en une place chronologique précise. Il est impossible de faire reproche aux pionniers qui créaient une science en détruisant le plus clair des documents qui pouvaient l'étayer".

On vit une ruée vers tout orifice naturel par où on pouvait pénétrer dans les entrailles de la Terre, un engouement sauvage en méconnaissance de toute stratigraphie ; on cherchait l'objet, le bel objet, de nos lointains ancêtres, encore inconnus et innommés. Ovibos profita de cet intense courant d'intérêt. Il y eut même une vogue d'Ovibos ; les amateurs "éclairés" s'en mêlèrent. Chacun était tenté de découvrir un Ovibos. On préférait voir Ovibos à Bison…, enthousiasme dont il fallut ramener à bon niveau les excès.

En 1885 à Marsoulas, puis en 1891 à Raymonden (Dordogne), on crut reconnaître Ovibos sur des gravures paléolithiques, mais à meilleur examen il s'agissait de Bison. Cependant un dessin de Font-de-Gaume*, reproduit par Reinach, paraît, par sa corne gauche bien marquée, être un bœuf musqué.

Au siècle dernier, dans la grotte de Bruniquel (Tarn-et-Garonne), on découvrit des sculptures du Magdalénien moyen (– 10 000 avant notre ère), telles que ce célèbre propulseur* dont la poignée représente un cheval bondissant, une des œuvres marquantes de l'art paléolithique.

Une petite gravure sur os représentant une tête animale est plus modeste. Intéressante pour notre sujet car, sur cette vue de profil droit, la corne descendant contre et en dehors de l'œil permet d'y voir un bœuf musqué. La largeur de la corne, sa base non lisse, sa direction vers le bas sont conformes à la réalité anatomique d'Ovibos – sans doute d'une femelle de bœuf musqué car les cornes ne remontent pas en pointes acérées comme chez le mâle. Dans le même site, on trouve des représentations de mammouths. Bœuf musqué et mammouth, cette dyade fit bon chemin jusqu'en Sibérie et en Alaska.

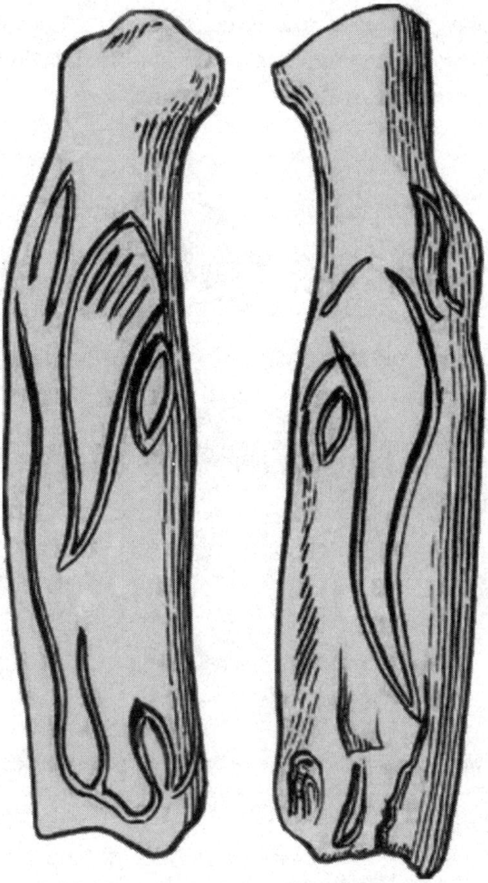

Michel-Alain Garcia, profils d'ovibos gravés sur os d'époque magdalénienne. Grotte de Bruniquel (Tarn-et-Garonne).

Dans le vaste abri sous roche de la Colombière, sur les rives de l'Ain, les fouilles débutèrent vers 1860. En 1913, seulement, une étude systématique fut entreprise par Mayet et Pissot. Neuf galets gravés, dont un représentant un Ovibos, et un os de mammouth gravé furent découverts. Le matériel lithique (700 pièces) était peu abondant ; ceci peut être dû au pillage qui se poursuivit depuis la découverte jusqu'en 1913. La datation fut discutée ; si l'ensemble fut d'abord attribué à la période de la Gravette*, on estime actuellement avec Leroi-Gourhan que gravures et pierres taillées sont magdaléniennes et remontent environ à – 12 000 ans.

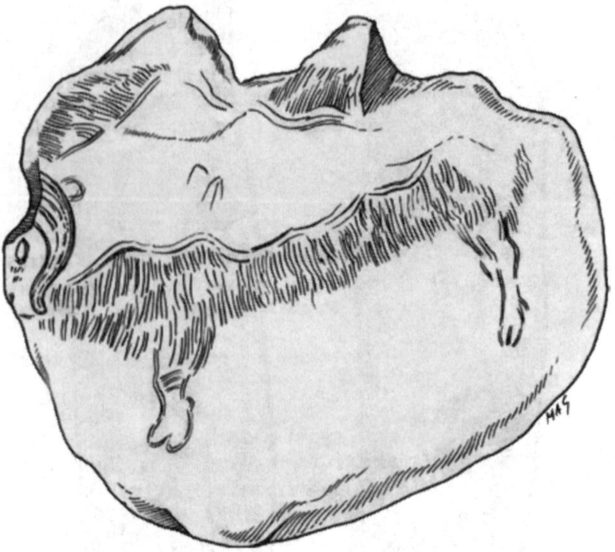

Michel-Alain Garcia, galet en partie brisé représentant un bœuf musqué. Abri de la Colombière (Ain, environ – 12000 avant notre ère).

Tous ces galets étaient répartis sur une seule nappe, recouverte de 8 à 14 mètres de sédiments sablonneux. Le galet Ovibos a été brisé au temps magdalénien ; on a retrouvé le petit fragment dans les sables à 14 mètres de profondeur. Sur ces neuf galets et l'os gravé, le cheval est représenté sur huit pièces, le renne sur huit, le rhinocéros sur quatre, un félin sur trois, un bouquetin sur trois, un ours sur deux et un Ovibos sur un seul. Cette nomenclature montre non pas les fréquences respectives des différents animaux contemporains d'Ovibos, mais l'importance que les artistes-chasseurs leur accordaient. Ovibos vient en queue de fréquence. Est-ce à dire que le bœuf musqué jouait un faible rôle à la fois comme gibier et dans les représentations symboliques des Magdaléniens ? Leroi-Gourhan pense, en effet, que ces galets gravés faisaient partie d'un sanctuaire d'éléments mobiles, de figurations transportables dans les déplacements de ces peuples chasseurs ; ils auraient pu jouer un rôle magique ou religieux.

Des os d'Ovibos ont été découverts dans d'autres sites : abri Castanet*, Laugerie-Haute*, Teyjat (Dordogne), Chaleux (Belgique), en quantités réduites.

En 1874, une découverte fondamentale fut faite à Kesslerloch*, en Suisse, dans le canton de Schaffhouse*. Cette sculpture sur bois de renne fit sensation dans le monde scientifique. C'est une pièce de petites dimensions, 6 centimètres de longueur sur 2 centimètres de hauteur ; travaillée avec grand soin, elle représente un protomé d'Ovibos vu de profil. La tête est encadrée par une corne large à la base, sa pointe descendante se retourne vers l'avant ; la fourrure est traitée par petites incisions en lignes représentant bien les masses de longs poils caractéristiques du bœuf musqué. Seule l'oreille, trop grande à mon sens, échappe à la bonne représentation de la réalité morphologique d'Ovibos. Cette figure sculptée se trouvait dans une couche archéologique d'âge magdalénien.

À Pech Merle (Lot), en 1922, A. David et Dutertre découvrirent une vaste grotte. L'abbé Lemozi fit le relevé de cet ensemble souterrain s'étendant, en plusieurs diverticules, sur plus de 2 kilomètres. Les figurations y sont très nombreuses : on estime qu'elles ont été faites entre le Solutréen et le Magdalénien ancien (± 14 000 ans).

L'abbé Lemozi étudia entre autres des gravures entrelacées, un bœuf musqué et un chasseur superposés, dessinés au doigt sur de l'argile : “Un grand bovidé mesure 2 mètres de long, le museau et les cornes sont formés par un trait continu, le corps ramassé, les deux courbes formant l'épaule et le dos, l'abondance du poil, l'épaisseur des pattes à leur naissance, tout fait penser à un bœuf musqué [...] sous-jacent à une figuration humaine sans tête qui semble représenter un chasseur dans l'attitude de la course. L'unique jambe représentée est si franchement portée en avant qu'elle forme un angle droit avec le corps. Il semble tenir sous son bras, dont le coude déborde en arrière, un instrument de 75 centimètres de long, arc ou épieu formant une légère courbe et complété, en arrière du coude, par deux séries de lignes parallèles [...] incurvées."

[...]

Au Roc-de-Sers (Charente), un abri sous roche au pied d'une falaise livra au docteur Henri-Martin, en 1927, puis à sa fille et à R. Lantier en 1950 des blocs sculptés. Ils furent trouvés face contre terre, et les préhistoriens estiment qu'ils étaient tombés de la paroi avant la fin de l'occupation de cet abri, à l'âge solutréen (± 17 000 ans). Les bas-reliefs pariétaux sont rares dans les grottes préhistoriques : ici l'un d'eux représente un homme poursuivi par un bœuf musqué, ce qui témoigne d'une très grande maîtrise de la technique de la sculpture. L'homme fuit, il porte sur son épaule gauche un objet allongé qui pourrait être une sagaie. Les cornes de l'animal chargeant, tête basse, sont indubitablement celles d'un bœuf musqué ; jointives à leur base, courbées en descente le long de la face, relevées à leurs pointes, leur représentation est fidèle à l'anatomie du modèle. Les sabots antérieurs gauches sont représentés de façon très précise. Il n'y a pas de fourrure sur ce bœuf musqué, ce qui le fit dénommer bison par certains préhistoriens. Mais n'y a-t-il pas eu d'Ovibos adaptés à des climats moins rigoureux ou même plus tempérés que celui de l'Arctique actuel ? *Praeovibos* à Tautavel ne vivait-il pas proche d'une écologie de type méditerranéen ?

Les formes de ce bas-relief méritent les quelques remarques que fait Leroi-Gourhan : "Il s'agit d'un art consommé et d'une exécution de main de maître, c'est le caractère propre de ce style, dont on retrouve des exemples en d'autres lieux [...] à Lascaux [...] à

Pech-Merle, que cette opposition entre le corps et les membres : corps énorme [...] tête et pattes petites [...] animaux tout en ventre."

À Lascaux, sur la paroi sud de l'abside, A. Glory a fait un relevé désigné comme "Ovibos-cheval" où deux silhouettes céphaliques se superposent. Les cornes à pointes relevées évoquent immédiatement celles d'un bœuf musqué. A. Glory conclut prudemment "à la forte probabilité d'avoir à faire à une encornure d'Ovibos".

André Glory, superposition de gravures de têtes de bœuf musqué et de cheval à Lascaux, in *Arlette Leroi-Gourhan et Jacques Allain,* Lascaux inconnu, *éditions du CNRS, 1979.*

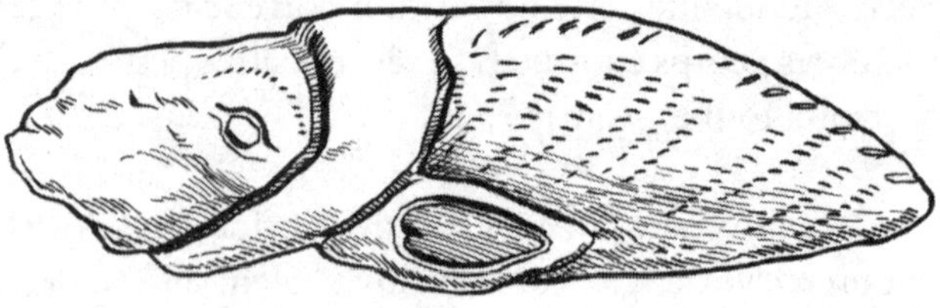

Avant-corps de bœuf musqué sculpté sur bois de renne trouvé à Kesslerloch, Suisse ; longueur 6 cm, environ 12 000 ans avant notre ère. D'après Johanna Mestorf, 1876.

Après la découverte d'un avant-corps de bœuf musqué, sculpté sur os de renne à Kesslerloch, on fouilla ces lieux avec minutie et on découvrit divers restes d'Ovibos : une phalange, puis près de Schaffhouse une partie postérieure de crâne, enfin dans une région plus vaste mais toujours dans le bassin rhénan apparurent une vertèbre cervicale datée de la fin du Würm, une autre vertèbre cervicale, un atlas en même temps que des ossements de rennes, de bouquetins et de rhinocéros laineux, le tout sur une basse terrasse de l'Aar* datée de la première phase interglaciaire du Würm (± 70 000 à 60 000 ans).

F. Koby (1954) fait au sujet de ces pièces une remarque fort pertinente, éclairant les rapports d'Ovibos et des hommes de ces temps. Toutes les pièces trouvées dans cette région suisse près de l'Allemagne appartiennent à la fin de la dernière période glaciaire, et furent trouvées dans des alluvions fluvio-glaciaires. Ce sont des ossements isolés les uns des autres et roulés ; ils ont donc été transportés loin du lieu d'habitat des Ovibos qui se trouvaient, logiquement, en amont dans les toundras périglaciaires.

Une remarque est digne d'intérêt : dans toute la Suisse, sept sites archéologiques n'ont fourni que sept petits os isolés d'Ovibos, un par gisement : deux fragments de crânes, quatre vertèbres, une phalange. Ces maigres documents, rassemblés par la persévérance des préhistoriens, identifiés par leur compétence, élevés ainsi au rang de faits scientifiques, permettent d'affirmer la présence de notre animal dans plus de soixante-quinze sites préhistoriques d'Europe. Mais le très petit nombre des ossements pose une question, surtout si on compare cette pauvreté (qui dépasse largement le territoire suisse et s'applique à la quasi-totalité des sites eurasiatiques) à l'abondance des ossements de *Praeovibos* à la Caune de l'Arago. Le bœuf musqué n'a-t-il donc joué un rôle important dans l'économie des chasseurs du Pléistocène qu'en des lieux et des temps exceptionnels, comme à Tautavel ? Plusieurs auteurs ont voulu conclure qu'Ovibos était trop difficile à chasser sans chien ; opinion difficile à retenir alors que les hommes de la Préhistoire s'attaquaient au mammouth et au rhinocéros laineux, contemporains des bœufs musqués, dans les régions périglaciaires ! Les hommes de Tautavel, sans chien et armés de pieux, n'ont-ils pas vécu longtemps d'Ovibos comme gibier de base ?

Si l'on ne trouve d'ossements d'Ovibos qu'épars et isolés, c'est que les régions habitées par les hommes et les Ovibos ne se recoupaient pas. Les bœufs musqués, sans doute, vivaient en des régions éloignées des campements des hommes ; tués au cours de migrations ou de longues randonnées de chasse, ils étaient dépouillés et consommés sur place. Il n'y avait pas de lieu habituel de dépeçage provoquant des amas d'ossements (comme à Tautavel). Ces os d'animaux isolés ont été déplacés, charriés, roulés, au cours de l'évolution géologique, par les mouvements des terrains et des eaux, et dispersés loin des zones où vivaient les bœufs musqués ; de plus, il était bien plus facile, pour le chasseur, d'attendre à l'affût les migrations des très nombreux rennes à des points où ils revenaient chaque année (par exemple des gués) que de rechercher des bœufs musqués errant, par nature, en des lieux imprévisibles.

[…]

Les profils de la grotte d'Enlène

Dans les archives de Robert Gessain, j'ai retrouvé une photo avec un calque dessiné au crayon. Cette représentation, que Robert Gessain a identifiée comme étant celle d'un profil de bœuf musqué, provient de la grotte d'Enlène, l'une des trois principales grottes du Volp, dans le Nord de l'Ariège, sur la commune de Montesquieu-Avantès. Robert Gessain avait été consulté par Jean Clottes, directeur des Antiquités préhistoriques de la région Midi-Pyrénées, en janvier 1986, durant ses travaux en compagnie de Robert Bégouën, concernant l'approfondissement des fouilles identifiées comme magdaléniennes et datées de – 14 000 à – 13 500. La forme de ce morceau de calcaire provenant d'une plaque stalagmitique concave correspond bien à celle de la tête de l'animal. Le trait de la corne est caractéristique, l'œil et le museau sont bien visibles. Un double trait semble signifier l'épaisseur de la toison sous le cou.

Dans cet ensemble mobilier très riche, une autre gravure est identifiée par Robert Gessain comme étant celle d'un bœuf musqué sur bois de renne. Robert Gessain pense qu'au revers du portrait d'Ovibos, une représentation de bison est figurée. Ce qui montre que l'artiste a bien voulu faire ressortir les différences entre les deux espèces tout en les associant.

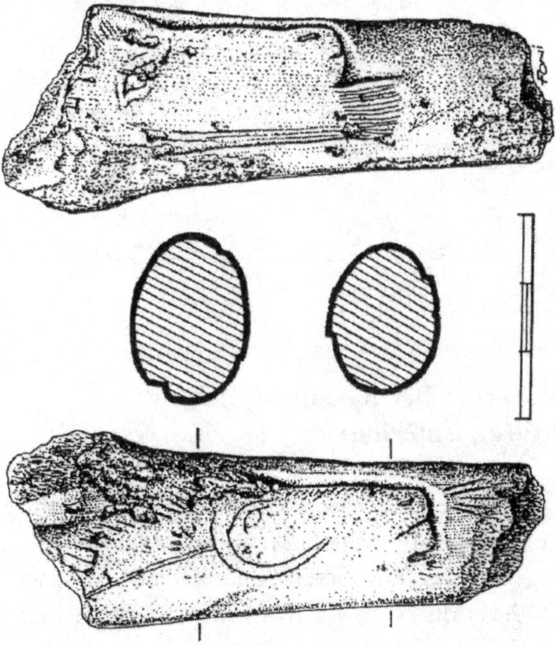

Morceau de bois de renne gravé, avec en haut certainement un bison et en bas un bœuf musqué. Photographie de Robert Bégouën, relevé de François Briois. Musée Bégouën, Association Louis Bégouën, numéro d'inventaire 290.

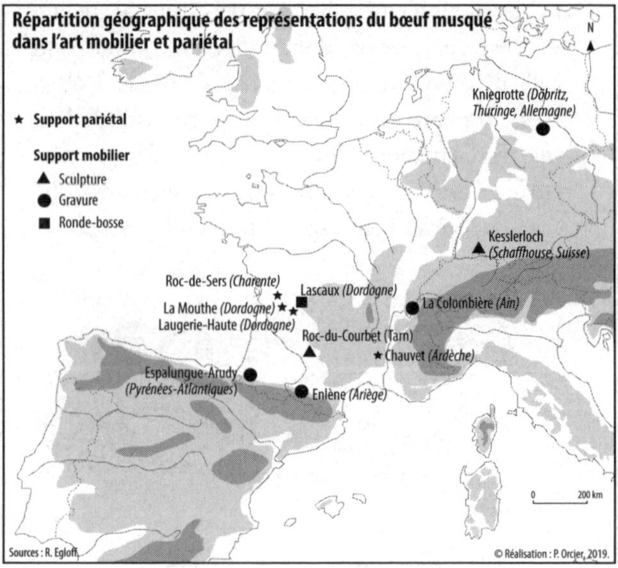

À travers la Béringie ou à pied, d'Asie en Amérique

À la suite de leur gibier, les chasseurs paléolithiques d'Eurasie se sont avancés vers l'est et le nord, prenant possession des terres libérées par le recul des glaciers ; en Sibérie du Nord où il n'y eut jamais de grandes calottes glaciaires, ils trouvèrent de vastes territoires, peuplés d'animaux, dont Ovibos.

Leur progression était discontinue : une suite d'établissements plus ou moins durables et d'avancées plus ou moins lointaines. Deux ordres de fait éclairent cette question : la chasse et la démographie.

Les peuples chasseurs-cueilleurs sont prédateurs et jamais producteurs (comme le seront, plus tard, les agriculteurs), ils puisent dans les ressources locales et ne les renouvellent pas. Ainsi la raréfaction des animaux sur le terrain de leur établissement les oblige-t-elle à aller chercher des régions plus favorables.

Les chasseurs paléolithiques vivaient par nécessité en petits groupes pour être en équilibre de nombre avec la densité de leur gibier. Les groupes de chasseurs-cueilleurs que l'on a pu observer avant qu'ils ne disparaissent (Eskimos, Bushmen, Indiens amazoniens ou guyanais...) comptaient tous entre deux cents et cinq cents personnes selon la richesse de leur territoire en gibier et en produits de cueillette. Les limites numériques (la fourchette, comme l'on dit) de ces petites populations étaient données par deux impératifs : ne pas être trop nombreux sur un territoire de chasse donné, être assez nombreux pour trouver sans difficulté un conjoint dans la cohorte d'âge souhaitée. Deux actions d'égale nécessité vitale : la chasse, le mariage.

Les généticiens des populations estiment qu'un groupe humain ne doit pas descendre au-dessous de deux cents personnes pour avoir un effectif de mariables qui lui permette de se perpétuer normalement. Ces petites populations, dans des conditions favorables, croissaient en nombre ; se produisait alors dans la zone de chasse une rupture de l'équilibre écologique entre prédateurs et proies, rennes et Ovibos se raréfiaient, il devenait nécessaire que le surplus des humains quitte le groupe mère et aille coloniser de nouveaux territoires de chasse. C'est par les répétitions fréquentes de tels processus que l'homme prit possession de la Terre dans les temps paléolithiques. Cette progression, par essaimage de petits groupes, se perpétua jusqu'à l'approche des temps historiques, ainsi en fut-il des dernières migrations eskimos, de Sibérie jusqu'au Groenland.

Dans les temps préhistoriques, il y eut donc en Eurasie de nombreuses petites populations de chasseurs disséminées dans des régions variées : forêts, steppes, toundras.

Nehring, il y a déjà longtemps, a montré qu'en Allemagne, à la fin de la dernière époque glaciaire (et ceci s'applique nécessairement à d'autres régions), il y avait, après le retrait des glaciers, deux zones écologiques différentes, étagées en latitude : une toundra plus proche du front glaciaire où vivaient bœufs musqués, lemmings, lagopèdes, renards blancs, et une steppe plus éloignée des glaciers où se trouvaient rhinocéros laineux, mammouths, chevaux sauvages, gerboises…

Dans ces immenses espaces et pendant une longue durée, les peuples chasseurs se déplaçant ne restèrent pas isolés les uns des autres. Les chemins, au cours des siècles, pouvaient se croiser, créant des contacts, des rencontres entre groupes dissemblables porteurs de techniques et de traits culturels divers. Des relations paisibles pouvaient s'ensuivre ou, à l'inverse, des hostilités ; mais on sait que les luttes n'excluent pas les échanges ; les vaincus transmettent souvent à leur vainqueur leurs expériences, leurs techniques, des termes de leurs langues et souvent leurs gènes par les femmes captives.

Vers 10 000 ans avant notre ère, des populations vivaient autour du lac Baïkal où de nos jours on chasse encore le phoque. Sans doute d'autres groupes venus de l'ouest atteignirent ces régions vers les mêmes époques. De là certains chasseurs avancèrent vers l'est, d'autres progressèrent vers le nord en descendant le cours des fleuves qui se jettent dans l'océan Arctique, telle la Léna. Ils s'adaptèrent à l'écologie plus froide de la toundra, tout comme certains Ovibos, et, atteignant la mer polaire, développèrent le mode de vie et les techniques eskimos.

La toundra arctique, qui couvrait au Pléistocène de vastes étendues de l'Europe et de l'Asie, coïncide assez bien dans son extension avec l'isotherme de température + 10 °C en été. La faune n'y comporte aucun serpent et aucun batracien, et compte en été une vingtaine de mammifères, lemmings, renards, lièvres, hermines, musaraignes, campagnols, spermophiles, tous petits, à l'exception du renne, de l'ours blanc et du bœuf musqué.

Le renne émigre dans la taïga en hiver ; cinq espèces de mammifères vivent en permanence dans la toundra, deux variétés de lemmings, le renard bleu, l'ours blanc et le bœuf musqué. L'étude de la faune fossile de Sibérie et d'Alaska révèle que la faune actuelle de la toundra remonte à quelques millions d'années. Les plus anciens ancêtres d'Ovibos se trouvent dans la steppe asiatique. Récemment, on a découvert en Chine, au Pliocène (époque terminale de l'ère tertiaire ; de – 5 à – 3 millions d'années), un ruminant fossile : *Boopsis*, animal de steppe, dont, pense-t-on, Ovibos pourrait dériver.

Avant – 22 000 à – 25 000 ans, pendant une phase de la dernière glaciation, celle de Würm en Europe, nommée *Valdaï* par les Russes, les groupes humains arrivèrent dans le Nord de la Sibérie, les uns par les forêts, les autres par les steppes, et les plus septentrionaux par la toundra, domaine d'*Ovibos moschatus* qui s'y est merveilleusement adapté.

Les géologues affirment que, durant la période finale de la dernière glaciation, un passage entre monts et océan Glacial était libre de glaces. Ce fut très certainement par une telle voie que des chasseurs bien adaptés aux conditions de l'Arctique, ancêtres des Eskimos, trouvèrent un chemin vers l'extrême est du Nord de la Sibérie.

Sur cette longue route migratoire que suivirent pendant des millénaires de petits groupes de chasseurs, l'archéologie n'a, jusqu'à présent, pas mis au jour de gisements. À ceci, plusieurs raisons plausibles : les conditions de climat rendent les fouilles très difficiles, la terre est gelée à 20 centimètres sous la surface, le pergélisol lui donne une densité difficilement creusable ; l'activité archéologique des Russes est grande, mais leur territoire est d'une telle immensité que la recherche s'oriente d'abord vers les régions du Sud, plus prometteuses de trésors ; enfin, la plupart des sites habités de cette lointaine époque ont été engloutis par la montée des eaux. Cependant les très nombreux restes de mammouths, parfois fossilisés en leur entier, laissent espérer qu'un jour des recherches archéologiques plus actives permettront de retrouver les restes techniques et peut-être corporels de chasseurs de mammouths et de bœufs musqués.

Les chasseurs des steppes et ceux des toundras atteignirent, par petits groupes, il y a plus de 25 000 ans, les rives du Pacifique et ne purent plus progresser. Ils avaient touché les limites de l'Asie.

Mais la surface de la Terre change ; au cours des temps géologiques, ce qui était eau devient terre puis peut redevenir eau. Ainsi en fut-il entre la Sibérie et l'Alaska, durant les vingt-cinq derniers millénaires. Les oscillations climatiques et thermiques, assez intenses pour amonceler sur terre d'énormes masses de glace ou les faire fondre, ont une influence considérable sur les rivages des mers. Lorsque le froid augmente, les précipitations ne se font plus sous forme de pluie mais de neige. L'eau ruisselle, forme rivières et fleuves, et s'écoule dans les mers. À l'inverse la neige s'accumule, forme des névés ; sous l'effet de nouvelles chutes de neige, la densité des couches profondes s'accroît : elles se transforment en glace.

Pendant les phases de froid durable, les glaciers s'accroissent, gardent dans leurs masses en extension toutes les précipitations, les fleuves maigrissent ou même se tarissent, la mer ne recevant plus d'eau voit son niveau descendre ; des terres jadis sous-marines émergent. D'autres phénomènes plus complexes peuvent parfois s'associer à cet abaissement du niveau des mers. Mais l'explication précédente donne une image exacte de ce que fut la réalité pendant le sommet du froid de la dernière glaciation, il y a quelque deux cents siècles.

[…]

Entre Sibérie et Amérique, dans ce qui est actuellement le détroit de Béring par où l'océan Glacial Arctique et le Pacifique nord communiquent, l'abaissement du niveau des mers créa un pont terrestre : la Béringie*. Cette émergence des terres se produisit au moins deux fois durant la dernière glaciation, dite, en ces régions, de Wisconsin. D'abord aux alentours de – 25 000 ans ; le maximum de cette glaciation se situant vers – 20 000 à – 18 000 ans. Une phase de réchauffement fit remonter le niveau des mers, puis à nouveau les terres émergèrent : ce fut la dernière Béringie entre – 12 000 et – 9 000 ans. Ovibos est passé par la Béringie.

Depuis – 8 000 ans, la montée des eaux marines consécutives à la fonte des glaciers a submergé les terres ; la Béringie a été engloutie sous la mer avec tous ses sites archéologiques ; le pont terrestre d'un temps est redevenu détroit. Les hommes et les animaux avaient cependant pu passer à pied et suivaient désormais leur destin américain. De nos jours, le détroit est trop large, malgré les îles intermédiaires – les deux Diomède –, les courants trop forts pour que des glaces marines permettent le passage ; il n'y a pas de banquise solide dans le détroit de Béring.

La Béringie était très étendue, le terme "pont" donne une mauvaise image de ce que fut ce vaste territoire émergé (plus de 1 500 kilomètres du nord au sud) englobant au nord ce qui est actuellement l'île Wrangel, au sud des îles Saint-Laurent et Nunivak, et atteignant la plus occidentale des îles Aléoutiennes : Unimak.

Cette terre émergée reliant le Nord de l'Asie et de l'Amérique a paru très certainement aux chasseurs préhistoriques comme un prolongement naturel de leurs terrains de chasse sibériens. Ils n'eurent pas, dès l'abord, l'impression de pénétrer dans un nouveau monde, car ils continuaient à rencontrer et à chasser, sur la Béringie, les mêmes animaux, leur gibier bien connu de la longue route eurasiatique, entre autres les bœufs musqués.

Le retrait des eaux s'effectua lentement ; les chasseurs n'ont pas utilisé la Béringie comme une route mais bien comme une terre où ils s'établirent en agglomérations permanentes ; des populations de chasseurs différant par les traditions, les techniques et par l'écologie habitèrent la Béringie durant des siècles ; ils progressèrent lentement par étapes vers l'est. Les ancêtres des Amérindiens et des Eskimos eurent, pense-t-on, des habitats et des chemins de migration différents.

[…]

8 000 ans avant notre ère, la communication terrestre entre Sibérie et Amérique fut définitivement coupée. Les Eskaleuts avaient atteint l'Alaska. C'est alors que, lentement au cours des siècles, Aleuts et Eskimos se séparèrent. Les premiers allèrent vers l'ouest et occupèrent toute la chaîne des îles Aléoutiennes auxquelles ils donnèrent leur nom, les seconds vers l'est puis, lorsque les rives actuelles prirent leur contour à la fin de la dernière glaciation, vers le nord pour occuper toute la côte de la mer de Béring.

Enfin, suivant les côtes de l'océan Glacial où vivaient les bœufs musqués, ils occupèrent par petits groupes toutes les rives de ce qui aujourd'hui se nomme Alaska, Canada, Labrador et Groenland, créant ainsi une chaîne d'isolats humains.

Les Eskaleuts avaient jadis, estime-t-on, une seule langue, reconstituée de nos jours par les linguistes. Puis, Aleuts et Eskimos se séparant, leur langue se diversifie. La glottochronologie, technique linguistique, permet, par des comptages des mots différents dans les deux langues, d'apprécier depuis combien de temps des peuples ayant eu une langue commune se sont séparés. Pour Aleuts et Eskimos, l'estimation est de 3 000 à 3 500 ans.

II y eut dans la dernière glaciation des interstades où la température s'éleva ; selon les stades purent passer par le pont des animaux des steppes ou des animaux de toundra. Plus de vingt espèces de mammifères passèrent de Sibérie en Amérique par la Béringie, pour la plupart animaux de plaine découverte ou de lisière de forêts, comprenant entre autres le bœuf musqué et ses compagnons habituels des toundras arctiques : caribous, renards polaires, lièvres et lemmings.

[...]

Ovibos va de l'avant, il est tué à l'arrière

Pour l'avant-garde des Ovibos, venue d'Asie à travers la Béringie, le Nord de l'Alaska était une terre sans hommes, une terre de paix.

Puis les hommes, à leur tour, arrivèrent, et avec eux le temps des dangers pour Ovibos : là où il y a une certaine densité de chasseurs, il n'y a plus d'Ovibos.

De ces chasses par les premiers Américains préhistoriques, il ne reste que peu de documents. Mais on peut concevoir plusieurs étapes, en ordre de danger croissant pour Ovibos : celle du chasseur sans chien avec épieu, celle du chasseur sans chien avec lance puis avec arc ; enfin l'arrivée de l'auxiliaire canin rendit la position d'Ovibos bien plus périlleuse.

Les relations des prédateurs humains vis-à-vis de leur proie sont diverses. Hors de la mesure, il n'y a que la description qui ne satisfait pas les esprits scientifiques.

Inventant des échelles d'estimation, Paul Wilkinson distingue quatre niveaux dans les rapports de chasseur à gibier ; il les nomme en anglais *staple*, *critical*, *emergency* et *casual*.

Le premier niveau est celui où tel gibier est la ressource alimentaire principale, gibier intensément et régulièrement exploité par les chasseurs du groupe. La chasse du deuxième niveau intervient dans les situations critiques ; le gibier en question n'est pas poursuivi régulièrement mais seulement dans certaines périodes au lieu d'un autre animal préféré, qui temporairement fait défaut, c'est alors une chasse de remplacement.

Le troisième niveau est celui de l'urgence de survie ; la situation est grave, la disette est proche, il faut trouver absolument une nourriture avant que la famine ne s'installe (dont on a malheureusement de déchirants exemples dans la sévérité de l'Arctique). Les chasseurs encore valides tentent une expédition pour atteindre par exemple des bœufs musqués éloignés dont normalement personne n'a cure.

Enfin le quatrième est plutôt celui de la rencontre fortuite ou du désir de changement culinaire ou autre. Par hasard on rencontre quelques Ovibos et on en tue. Ou bien, dans la maison, une demande inhabituelle surgit, exprimée, selon la tradition eskimo, impersonnellement, comme à la cantonade et à l'interrogatif-négatif : "Quelqu'un ne pourrait-il pas penser qu'une corne d'un gros *umimmak* pourrait faire une bonne louche ?"

Ou encore : "N'est-on pas dans le mois où les futurs petits veaux d'*umimmak* ont déjà dans le ventre de leur mère une si jolie petite fourrure ?" Le chasseur a compris que la femme désire avoir une peau de fœtus de bœuf musqué, on pourrait dire d'astrakan d'Ovibos, pour découper et coudre un vêtement doux et chaud pour un de ses enfants. Il ira donc, fin avril, avec un ou plusieurs compagnons, à la recherche d'une femelle gravide.

[…]

Du comportement des tribus eskimos vis-à-vis d'Ovibos, des usages qu'elles en faisaient et surtout de cette destruction des Ovibos par les hommes dans le Nord de l'Amérique, nous ne connaissons que ce qu'ont rapporté les voyageurs à partir du XVIIIe siècle, car les hommes blancs écrivent…

À cette époque, les bœufs musqués étaient encore nombreux entre l'océan Glacial, au nord, la mer de Béring à l'ouest et la baie d'Hudson à l'est. "À quelque 9 milles du fort Prince of Wales, nous vîmes des traces de bœufs musqués, dit Hearne vers 1770, puis, à 100 milles de ce fort, un très grand nombre de ces animaux [...]. On les trouve en quantités considérables dans les parties septentrionales de l'Ouest de la baie d'Hudson, vers la baie de Wager et plus encore au-delà du cercle polaire.

"Dans ces hautes latitudes, j'ai très souvent vu en une seule journée plusieurs troupeaux qui ne comprenaient, chacun, pas moins de 80 à 100 têtes. Le nombre des taureaux est très petit par rapport à celui des vaches ; il est rare de voir plus de deux ou trois taureaux adultes dans ces grands troupeaux. Au nombre des cadavres de taureaux rencontrés, les Indiens pensent qu'ils se tuent en se battant pour la conquête des femelles. Les bœufs musqués se plaisent dans les parties rocheuses et montagneuses de la toundra."

Entre la rivière Mackenzie et la mer de Béring, les bœufs musqués avaient été nombreux, rapporte Franck Russell (1898), "comme il est évident à la vue de leurs restes osseux dans toute la toundra". À cette date, les plus vieux Eskimos de Point Barrow disaient que leurs pères chassaient les bœufs musqués et qu'ils étaient abondants aux environs de 1830-1840. Il semble que le dernier Ovibos abattu en Alaska le fut en 1876. Cependant certains pensent qu'en 1886 il y avait encore quelques bœufs musqués isolés entre les monts de Romanzof et l'Ouest arctique, rares survivants des massacres précédents.

Chaque groupe humain avait son gibier de prédilection, et ceci pour des raisons diverses : techniques de chasse, tradition (on fait comme les ancêtres), goût culinaire, facilité d'approche, prédilection ou aversion des couturières pour telle ou telle peau, etc.

Les Eskimos de l'île de Banks avaient pour gibier de base l'ours, dit Stefánsson (1911), et ne chassaient pas les bœufs musqués vivant à l'intérieur des terres. De nos jours, il existe encore des bœufs musqués dans l'île de Banks.

Pour les Eskimos du Cuivre – ainsi nommés non qu'ils fussent blonds (on l'a écrit !), mais parce qu'ils utilisaient pour leurs armes du cuivre natif de leur région – et pour la majeure partie des Igloolimiut, Ovibos n'était pas une source importante de viande ; ils le chassaient peu, à l'occasion, ou en période de difficile soudure alimentaire. Cependant, une partie des Eskimos Igloolimiut, près de la baie de Wager, chassaient en été le morse et en hiver les bœufs musqués à l'intérieur des terres : cette double morphologie saisonnière est à l'inverse de celle des Umingmaktôrmiut, tels que K. Rasmussen les a décrits, chassant Ovibos en été à l'intérieur des terres, et le phoque en hiver, conjointement à une petite population eskimo côtière.

Les Arviligjuarmiut, à la fin du XIXe siècle, étaient primordialement chasseurs d'Ovibos.

Les Netsilik étaient divisés en plusieurs groupes : pour ceux de l'Est, les bœufs musqués étaient jadis une ressource importante ; leur territoire était riche en Ovibos. Ceux du Pôle magnétique, avant l'introduction du fusil, se nourrissaient de phoques, de saumons ou de truites de lac, mais les caribous et les bœufs musqués entraient dans leur alimentation pour une part non négligeable (Balikci, 1964). Les cornes des bœufs musqués servaient à différents usages : cuillères, louches, gobelets, pilons ; elles étaient très appréciées par la facilité de façonnage, la malléabilité, la souplesse ; avant d'être fendues, les cornes étaient chauffées dans l'eau chaude ou au-dessus des lampes. Pour faire de grandes armes telles que harpons, lances et arcs, il fallait assembler plusieurs morceaux de bois de caribou ou de cornes d'Ovibos ; ces joints se faisaient en rivant des pièces taillées en biseau et se chevauchant, la solidité était accrue par une ligature serrée, en tendons ou en lanières de cuir. Les cornes d'Ovibos étaient considérées comme meilleures que les bois de renne, car plus malléables.

Les Netsilik se servaient de peaux d'Ovibos comme de matelas et couvertures, mais préféraient pour leurs vêtements les peaux de caribou aux poils drus et courts, quoique les anciens voyageurs aient décrit des familles entières habillées de vêtements de peaux de bœuf musqué. Mais cela est, semble-t-il, peu fréquent ; la fourrure des Ovibos est longue et lourde, et on utilisait surtout les très jeunes veaux ou les peaux de fœtus pour les vêtements.

Les bœufs musqués apportaient leur contribution à la coquetterie féminine : "Une ancienne pointe de harpon suspendue autour du cou de la jeune Iblikûk" et encore "une dent de bœuf musqué dans une natte de cheveux d'une jeune femme", c'est ce que Lyon* a noté, et aussi "que les dents de devant des bœufs musqués sont considérées comme des bijoux tandis que les molaires, une ou deux réunies, sont très estimées pour mettre au bout des lanières pour attacher le pantalon des femmes".

Déjà Parry*, durant son hivernage, en 1821, sur la côte est de la péninsule de Melville, près des Eskimos Igloolik, avait remarqué que l'ornement le plus courant chez les femmes consiste en dents, quelquefois plusieurs centaines, attachées à la ceinture ou à la partie inférieure de la jaquette comme une frange. Il ajoute : "La plupart de ces dents sont de renards, de loups, mais quelques-unes proviennent de bœufs musqués."

[…]

Arcs et flèches

Ces mêmes explorateurs, grâce à qui on peut mieux connaître la répartition des Ovibos et leur progressive disparition, nous ont apporté des témoignages précieux sur les techniques de chasse qu'ils ont vu utiliser par les Indiens et les Eskimos, avant l'usage du fusil.

À cette époque de la chasse aux flèches et aux lances, Ovibos et l'homme étaient dans un rapport de forces où l'animal avait une chance. C'était pour le chasseur une lutte non sans danger, un combat risqué.

Il arrive que de nombreux chasseurs sans chien surprennent des bœufs musqués au pâturage. Ils avancent très lentement, en ordre dispersé, au milieu d'eux. Les Ovibos n'ont ni le temps de fuir ni celui de se former en cercle de défense lorsque soudain, à un signal, les chasseurs attaquent à la lance, parfois à l'arc, de tous côtés.

Une autre technique de chasse sans chien, observée par le capitaine Lyon en 1822 dans l'île de Melville, mérite d'être rapportée.

Les Eskimos tirent rennes et Ovibos à l'arc à quelque douze pas ; ils préfèrent un terrain où se trouvent quelques rochers pour se dissimuler. "Quand deux hommes chassent de compagnie, parfois ils se montrent volontairement à un caribou ou à un bœuf musqué isolé et, quand ils ont retenu son attention, ils s'éloignent lentement de lui, l'un devant l'autre. Le caribou suit et, quand les chasseurs arrivent près d'un rocher, le premier se jette derrière et prépare son arc tandis que son compagnon continue d'avancer régulièrement. Le caribou continue à suivre et passe ainsi devant l'homme qui prend son temps pour viser et tuer l'animal. Les bœufs musqués sont tués de la même manière que les rennes, dans les deux cas il faut, à cause de la finesse de leur odorat, avancer contre le vent." L'adresse des chasseurs eskimos rend leurs flèches "aussi effectives que des fusils européens" (fusils de 1820 !).

Les Eskimos du Cuivre ont raconté à Jenness qu'un chasseur de l'intérieur des terres, nommé Kernet, courut derrière un bœuf musqué, sauta sur son dos et ouvrit son flanc avec un couteau.

Les bœufs musqués blessés par une flèche ou une lance pénétrant leur corps se roulent à terre pour briser cette arme. Un taureau isolé fonce s'adosser à un rocher pour préserver ses arrières et faire face. Les taureaux sont spécialement dangereux en période de rut. Devant la difficulté de tuer les bœufs musqués par flèches et lances, les Eskimos mettaient à profit des occasions favorables. Parfois des Ovibos surpris et pas assez nombreux pour former leur défense en cercle fuient ; poursuivis de près, ils n'hésitent pas à se jeter dans des ravins profonds aux pentes fortes. Les Eskimos parlent d'occasions où ils purent ainsi obtenir les bœufs musqués sans lutter en les trouvant morts au pied d'un précipice. Plusieurs explorateurs ou ethnologues ont observé ou recueilli de tels faits. Ainsi, un fait accidentel put devenir méthode de chasse : poursuite des bœufs musqués sur un terrain favorable, au sommet d'une colline par rabattage, les femmes poussant des cris semblables aux hurlements des loups jusqu'à ce que les animaux se précipitent dans le ravin et se tuent en tombant.

Cette sorte de chasse rappelle les chasseurs solutréens (il y a quelque 22 000 ans) qui poursuivaient ainsi les chevaux sauvages vers une falaise au pied de laquelle les corps étaient dépecés. On a retrouvé les amas d'ossements des animaux tués en tombant, à Solutré, en Saône-et-Loire[5].

Parry (en 1821), chez les Eskimos Igloolik, voulut mesurer l'adresse des archers et la force des arcs “en les faisant tirer sur un but, pour un prix, quoique leurs arcs fussent en mauvais état à cause du gel et du fait qu'ils avaient froid aux mains. Le but était deux lances plantées droites dans la neige, séparées par 3,5 *inches* (8,9 centimètres). À 20 *yards* (18,25 mètres), ils gagnèrent à tout coup ; à 30 *yards* (27,4 mètres), ils envoyèrent leurs flèches à 1 ou 2 *inches* du but ; et à 40 ou 45 *yards* (36,5 et 41 mètres), je pense qu'ils auraient atteint un faon debout immobile. Ces armes sont peut-être suffisantes pour infliger une blessure mortelle d'un peu plus loin que cette distance, mais un arc puissant est nécessaire. Les animaux qu'ils tuent avec ces arcs et flèches sont principalement les bœufs musqués et les rennes, et moins fréquemment les ours, loups, renards, lièvres et quelques plus petites bêtes”.

Dès que le chasseur dispose de chiens, la chasse en est grandement facilitée, mais laisse encore de la place à d'extraordinaires exploits et inventions techniques.

Qipingajuk, vieil homme de Pelly Bay, d'après Amundsen, avait l'habitude de chasser les bœufs musqués entourés par les chiens avec une lance à ours ; tout d'abord, il piquait le museau jusqu'à ce que l'animal relève la tête, exposant sa gorge, immédiatement frappée.

"Après quelques minutes d'attention portée aux attaques mutuelles des chiens et des bœufs musqués formés en cercle, relate Hall, un vieux chasseur, portant une lance attachée à une courroie qu'il pouvait retirer vers lui, s'avança à quelque 3 mètres d'un grand taureau. Au second coup, le taureau blessé et furieux fit une terrible charge..." Le danger est grand car Ovibos ne charge pas droit comme les bovidés mais peut virer à angle droit pour atteindre son adversaire. Les chasseurs avaient l'habitude d'aiguillonner l'animal en lui tirant des flèches et de le rendre enragé, jusqu'à ce qu'il charge ; ils le tuaient alors avec une grande lance.

[...]

Paléo-Eskimos du Haut-Arctique groenlandais

De Sibérie, Ovibos a passé à pied en Alaska par la Béringie. Adapté aux rigueurs de l'Arctique, il va peu à peu vers l'est, suivant le *Muskox Way*, à travers l'archipel Arctique et la Terre d'Ellesmere vers l'extrême septentrion groenlandais. Ovibos, en Amérique du Nord, a échappé au massacre car il n'a pas pris le chemin que suivaient les premiers chasseurs vers le sud, il est parti vers l'est, sur une terre froide où il devançait l'homme de plusieurs siècles ou de plusieurs millénaires.

Dans l'Extrême-Nord du Groenland, à plus de 80 degrés de latitude nord, à moins de 20 degrés du Pôle, existe une terre désolée, battue par les tempêtes, la plus septentrionale des terres du monde. Aucune calotte glaciaire ne la recouvre, l'inlandsis groenlandais la borde au sud-ouest. Terre pauvre, terre sèche, la neige elle-même y est peu abondante ; on l'a tenue pour le plus inhospitalier de tous les déserts arctiques. La violence des vents balaie la neige rare de l'hiver et laisse un sol parsemé de bandes de pierre. À cette terre de désolation on a donné le nom de celui qui, par sa ténacité, finit par atteindre le pôle Nord, Terre de Peary, Peary Land.

Telle est l'image que l'on avait, au début de notre siècle, de ce monde hyperboréen : hostile, dangereux, inhumain. Cependant, quelques géologues, pratiquant leur métier, y aperçurent des blocs de pierre posés en rond, traces d'habitations humaines ! On en conclut que quelques Eskimos récents de la culture de Thulé*, venant du sud, avaient poussé une migration d'été jusqu'à ces hautes latitudes et avaient dressé leurs tentes retenues à leur base, comme il est classique, par de gros cailloux. Puis la Terre de Peary avait été classée inhabitable.

Mais arriva Eigil Knuth qui, ayant lu les écrits du visionnaire Steensby*, en fut frappé, y crut et décida d'aller voir sur place.

Eigil, comte Knuth (jadis un roi de Danemark s'appelait Knuth), n'eut plus qu'une idée : Peary Land. En lui coulait un sang indomptable, il vainquit tous les obstacles dont les moindres ne furent pas d'arriver à communiquer son enthousiasme aux très positifs, très raisonnables administrateurs danois des crédits de science. Je cite ce qui fut écrit à la suite d'une réunion discutant en 1946 de l'opportunité d'envoyer une expédition faire des recherches archéologiques en Terre de Peary : “Il serait naturellement intéressant, disaient les sages fonctionnaires, de trouver des restes d'habitations humaines, y compris des maisons d'hiver, particulièrement, mais il est très douteux que l'on trouve quelque chose et l'on doit considérer comme très probable que rien de neuf ne sera découvert.”

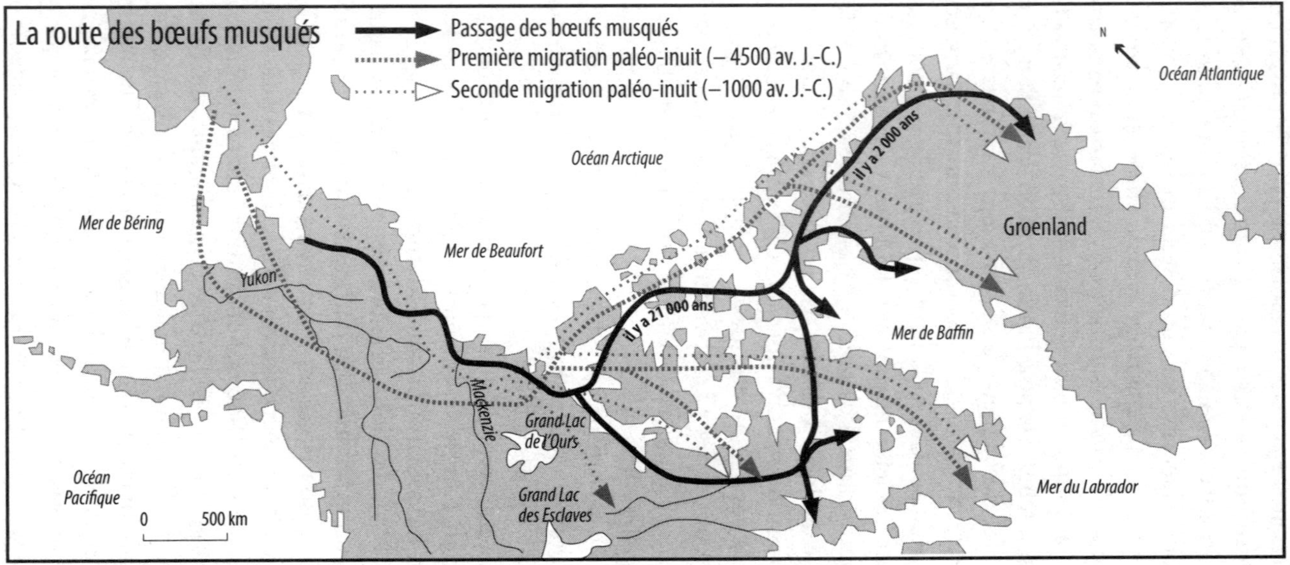
La route des bœufs musqués
Passage des bœufs musqués
Première migration paléo-inuit (– 4500 av. J.-C.)
Seconde migration paléo-inuit (–1000 av. J.-C.)
N
Océan Atlantique
Océan Arctique
Mer de Béring
Mer de Beaufort
Groenland
Yukon
il y a 2 000 ans
il y a 21 000 ans
Mer de Baffin
Mackenzie
Grand Lac de l'Ours
Océan Pacifique
Grand Lac des Esclaves
Mer du Labrador
0
500 km

Le Danemark est un pays généreux où il y a heureusement des mécènes ; les découvertes d'Eigil Knuth sont sans doute les plus importantes de tout l'Arctique. Eigil est un ami ; il me décrit avec enthousiasme la Terre de Peary, terre de son cœur : l'éclosion de l'été, le soleil sans fin, qui quatre mois tourne sans se coucher ; en juillet je l'ai vu à minuit à plus de 20 degrés au-dessus de l'horizon, non point soleil de minuit rougeoyant, mais un vrai soleil d'été au milieu de la "nuit". En quelques jours, la neige peu épaisse de l'hiver laisse place à des herbes noyant les cailloux, la toundra se couvre de fleurs. Les plantes adaptées au court été semblent savoir qu'il faut très vite assurer la pérennité de la vie, elles bousculent les étapes normales ; voici l'éclosion, puis les fleurs et bientôt les graines. Les fleurs se succèdent, tapis multicolore, avec rapidité. Merveilleuse adaptation de la vie ! Beauté exaltante. "Viens avec moi à Peary Land, dit Eigil, viens habiter ma maison, regarde la clef (il la porte en collier), je te promets la beauté, les lièvres, les perdrix, les bœufs musqués, la lumière douce qui ne heurte pas, les longues ombres du soleil de la nuit, la chaleur de midi, adossé à un rocher les bains de soleil, aussi chaud qu'une plage d'Italie. Viens avec moi, c'est le pays de beauté… et puis il y a les ruines…"

Les ruines ! C'est vrai ! Là où personne n'avait rien vu, ou aperçu sans comprendre, Eigil a trouvé des ruines, des ruines d'habitations d'un type nouveau… Et maintenant on sait qu'il y eut des hommes dans cette soi-disant terre de désolation, terre de vie et de contraste, terre de longues nuits et terre de longs jours ; par deux fois des chasseurs de bœufs musqués vécurent dans cet extrême septentrion, pays du Pôle proche ; d'abord il y a 4 000 ans puis à nouveau il y a 2 000 ans. C'est cette histoire étonnante, cette révélation, qui parut incroyable, que je vais, suivant les découvertes d'Eigil Knuth, conter ici.

Les modalités du premier peuplement par les peuples eskimos furent un sujet d'intérêt, de discussions et de recherches dès la redécouverte de cette grande île [le Groenland] en 1721 par Hans Egede, pasteur missionnaire.

Rink, dès 1886, publia le premier que la côte est du Groenland avait été peuplée par le nord et que très longtemps avant le Christ avait pu exister, dans le Nord du Groenland, une population à l'intérieur des terres.

Solberg, étudiant en 1907 les objets découverts sur la côte ouest par les Eskimos au cours de leurs voyages, avait émis l'idée d'un "vieil âge de la pierre" précédant la culture de Thulé. Mais c'est un Danois ethnologue, Steensby, qui, faisant, dans sa thèse, une revue très approfondie de tous les outils, armes, méthodes de chasse, coutumes, du langage et de tout ce qu'on savait sur les tribus eskimos à cette date, émit l'idée d'une population ancienne de chasseurs de l'intérieur des terres. En 1916, Steensby précisa sa pensée, en nommant deux niveaux de culture eskimo : les Néo-Eskimos, bien connus, chasseurs de mammifères marins, se déplaçant en *umiak*, bateaux de peaux tendues sur cadre de bois ; les Paléo-Eskimos, population plus ancienne, encore hypothétique en ce temps-là, chasseurs de bœufs musqués ou de rennes à l'intérieur des terres. Venant du Nord du Canada, ces derniers auraient atteint le Groenland par le nord-ouest et par la Terre d'Ellesmere : ceci donnait consistance à la description de Solberg d'un "vieil âge de la pierre".

C'est l'entrée des Ovibos dans le contexte d'une civilisation humaine au Groenland. Ces chasseurs poursuivaient les bœufs musqués et Steensby les concevait originaires du Canada central. Il voyait ces Paléo-Eskimos suivre un chemin très septentrional à travers l'île d'Ellesmere jusqu'au Nord du Groenland, en passant sur les glaces du détroit de Robeson Channel, atteignant le Groenland au niveau de la Terre de Hall, audelà de 81 degrés de latitude nord.

À cette vague migratoire la plus ancienne succéda, selon Steensby, une population plus récente de chasseurs de rennes qui pénétrèrent au Groenland plus au sud, en traversant vers le 75e degré de latitude nord la partie sud, étroite, du détroit de Smith, pour atteindre, en suivant leur gibier, la Terre d'Inglefield, puis la région de Thulé et enfin progressant au sud le long de la côte ouest.

Ainsi donc, dès l'origine de la pénétration des premiers hommes au Groenland, on pense qu'il y eut deux voies de peuplement distinctes, l'une vers la côte ouest, l'autre vers le nord. Deux populations eskimos arrivèrent par la Terre d'Ellesmere, chacune suivant son gibier préférentiel. Les chasseurs de rennes par la voie du sud descendirent le long de la côte ouest, les autres suivirent les bœufs musqués vers le Nord du Groenland.

Les Ovibos, s'éloignant toujours des zones humides, restèrent dans le climat sec et froid du Nord. Steensby les imagine progressant dans le Haut-Arctique groenlandais. Ainsi cet anthropologue prophétique décrivit-il un long chemin de migrations du Canada à travers l'archipel Arctique, la Terre d'Ellesmere, traversant tout le Nord du Groenland en suivant vallées et fjords, pour aboutir au nord de la côte est, face à l'Atlantique nord.

Steensby proposa de nommer cette longue voie migratoire “route des Bœufs musqués”, *Muskox Way*, suivie d'après lui par les Ovibos et leurs chasseurs il y a des millénaires.

C'est à Eigil Knuth qu'il appartenait de démontrer la réalité de cet aperçu visionnaire.

Quelles sont donc ces ruines qu'Eigil découvrit dès 1948-1950 en marchant sur les rives immenses des grands fjords qui entament profondément les côtes de la Terre de Peary, ruines que personne n'avait remarquées ou auxquelles personne n'avait porté une attention suffisante ?

Elles se trouvent tout le long d'une suite de vallées et de fjords qui forment un long passage naturel d'ouest en est. En 1921 l'éminent géologue danois Lauge Koch* découvrit un fragment d'arc au bord d'un fjord qu'il nomma du nom d'un Eskimo mort dans le Nord du Groenland au cours d'une expédition danoise ; c'est le fjord de Jørgen Brønlund. Inuitseq, compagnon eskimo de Lauge Koch, vit de loin un grand lac de forme allongée, emplissant une vallée ; c'est désormais Midsummer Lake, le lac de la Mi-Été, vallée très favorable à la vie animale.

Les rares explorateurs ayant traversé le Haut-Arctique, K. Rasmussen et Lauge Koch, avaient recherché des habitations eskimos classiques dans le fond des vallées, sur les rives des fjords et des lacs. Ils ne prêtèrent qu'une attention fugitive aux arrangements lithiques de surface classés, sans examen, "cercles de tentes", bien connus dans tout le domaine eskimo actuel.

Pour ces premiers explorateurs, pas de maisons d'hiver rappelant celles des Eskimos actuels, donc pas d'occupation humaine durable ; les ronds de pierres n'étaient, comme chacun le savait, que témoins de quelques passages d'été. Les idées préconçues gênent l'observation.

Ce fut le mérite d'Eigil Knuth de prêter attention à ces soi-disant "cercles de pierres" de tentes, de les rechercher et de les découvrir espacés sur de longues distances. Il allait bientôt démontrer que, sur plus de 500 kilomètres, une série de fjords, de vallées et de lacs était jalonnée de sites archéologiques attestant la coexistence dans ces lieux des hommes et des bœufs musqués.

[...]

Les remarquables travaux archéologiques d'Eigil Knuth en Terre de Peary et dans les vallées et les fjords de l'Extrême-Nord du Groenland allaient démontrer que ce chemin des bœufs musqués, route de migrations animales et humaines très anciennes, était plus qu'un lieu de passage de quelques rares chasseurs récents venus ici à la belle saison.

Les Paléo-Eskimos de Steensby prenaient réellement vie ; à nouveau Ovibos et l'homme se rencontraient.

Le 4 juillet 1904, Peary et son compagnon aperçurent dans le lointain un grand fjord. En l'honneur de la fête nationale, Independence Day, dont c'était l'anniversaire, il nomma ce qu'il voyait Independence Fjord.

C'est ainsi qu'E. Knuth, dont les découvertes bouleversaient toutes les connaissances sur le premier peuplement du Groenland, nomma les deux populations de chasseurs dont il a découvert l'existence : Indépendance I la plus ancienne, – 4 000 ans (2000 avant J.-C.), et Indépendance II la plus récente, – 2 000 ans (début de l'ère chrétienne).

Pour ne pas répéter à longueur de pages "les chasseurs de bœufs musqués d'Indépendance I et ceux d'Indépendance II", je prends la hardiesse de forger un néologisme. "Ovibochasseurs" peut venir à l'esprit, en partie latin, en partie français ; son manque de rigueur grammaticale sonne mal ; j'ai choisi "Ovibocapteurs", dérivant en tous ses termes du latin (capteur, de *captare* : prendre, chasser), et j'écrirai "Ovibocapteurs I et II".

"Ovibocapteurs" a, ici, le sens de chasseurs à très forte prédominance de bœufs musqués ; ce terme s'oppose aux chasseurs qui, adaptés à un autre gibier, ne tuaient de bœufs musqués qu'occasionnellement.

Pour les Ovibocapteurs, le bœuf musqué est le gibier de base ; cela implique que non seulement cet animal essentiel était pourvoyeur alimentaire, mais qu'il fournissait aussi des éléments indispensables des techniques (habitat, vêtements, outils, etc.). De plus, cet animal privilégié apparaissait dans la vie intellectuelle sous forme de motif des chants, des poésies, ainsi qu'on le voit par exemple chez certains Eskimos canadiens que Knud Rasmussen, explorateur danois, rencontra dans les années 1920 lors de son périple en traîneau du Groenland au Pacifique.

Ce terme a donc, aussi, une signification sociologique et culturelle ; chaque fois qu'il y a Ovibocapteurs on peut parler de "civilisation du bœuf musqué" ; comme on a écrit "civilisation du renne", comme on pourrait écrire l'histoire d'Ammassalik, depuis le milieu du XIXe siècle, sous le terme de "civilisation du phoque".

La plus ancienne civilisation du bœuf musqué est une phase de l'évolution des populations d'*Homo erectus* dans la grotte pyrénéenne d'Arago où, pendant un laps de temps non négligeable, l'homme de Tautavel fut Ovibocapteur. Il y en eut d'autres, de plus ou moins longue durée, dont deux dans le septentrion groenlandais.

Ovibocapteurs I, Gens du Silex

Les sites archéologiques de la Terre de Peary ne sont pas aisément visibles. Il fallut des années au petit nombre d'archéologues (parfois E. Knuth avec un ou deux étudiants) pour mettre au jour ce qui va être dit en quelques pages.

116 ruines de maisons, sur les 157 d'Indépendance I découvertes, ont été fouillées ; toutes sur la terrasse haute entre 9,30 et 13,90 mètres au-dessus du niveau actuel de la mer ; parfois éloignées de plus de 1 kilomètre à l'intérieur des terres.

Plus l'archéologue monte haut, plus il rencontre de fossiles, ossements de phoques et de baleines et une grande abondance de bois de flottage.

Cependant, il importe de ne pas attribuer à une époque ancienne une ruine par le seul fait qu'elle est sur un emplacement haut situé ; un groupe humain arrivant à une époque plus tardive peut s'installer sur une terrasse supérieure pour des raisons de convenance : meilleur emplacement pour l'habitation, conditions climatiques, point de vue facilitant la recherche de gibier, etc. C'est dire l'importance des méthodes de datation qui prennent pour base d'une part les bois de flottage, d'autre part les cendres de bois.

En fouillant avec grand soin (les archéologues travaillent avec pinceaux, petites cuillères, brosses à dents, petits tamis, etc.), on recueille de petits objets de silex, des aiguilles d'os, et on découvre au milieu d'un passage une structure quadrangulaire délimitée par des dalles placées de chant, c'est le foyer contenant des cendres.

Grâce aux méthodes physiques de radiométrie, telles que le carbone 14, on peut savoir la date de la mort de matières organiques telles que le bois.

Les bois, pour l'archéologue de la Terre de Peary, étaient de deux sortes ; d'une part les bois de flottage des hautes terrasses, arbres morts lorsque les torrents sibériens les arrachèrent à leurs rives ; d'autre part, dans les foyers, des débris de saule arctique carbonisés, rameaux morts au moment où ils ont été cueillis par la main des chasseurs d'Indépendance I, Gens du Silex.

9 échantillons de saule arctique et 2 de bois de flottage fournirent par le C14 les âges de 3 975 ans pour les bois et 3 925 ans pour les cendres de saule.

On peut donc conclure que bois de flottage et saule arctique étaient morts, tous les deux, à la même date : il y a 4 000 ans.

Eigil Knuth dit clairement ce qu'il déduit des résultats des datations par le C14 : "Les hautes terrasses appartiennent à une période de réchauffement climatique donc de glaces moins abondantes dans le bassin polaire, si bien que les troncs d'arbres arrachés par les torrents sibériens pouvaient dériver facilement et en quantité jusqu'à la Terre de Peary et s'amonceler sur les plages. Il faut de deux à cinq ans de flottaison entre la Sibérie du Nord et le Nord de la côte est du Groenland."

Le même climat plus doux qui causa les amas de bois flotté fut aussi à l'origine de l'arrivée des bœufs musqués dans la Terre de Peary. Les Ovibos quittèrent des régions du Sud devenues humides par adoucissement du climat pour monter plus au nord, et les chasseurs suivirent leurs traces.

Le radoucissement du climat au Groenland il y a quelque 4 000 ans est confirmé par des observations botaniques. La palynologie a démontré l'apparition à cette date de l'aulne *(Alnus viridis)* sur les lacs de la région de Godthaab-Nuuk (côte ouest du Groenland, 65 degrés de latitude nord) et du mille-feuille aquatique

(Myriophyllum alterniflorum), plantes qui avaient une répartition plus méridionale aux époques plus anciennes.

Les hommes choisissent leurs matériaux dans l'ensemble offert par leur milieu naturel.

Près de 2 000 objets de silex ont été mis au jour parmi quelque 10 000 éclats, débris de taille récoltés.

Tous ces silex, armes des hommes, outils des femmes, sont de petite taille, de 3 à 5 centimètres, apparentés par là à d'autres niveaux culturels anciens de l'Arctique : Alaska et Sibérie ont en commun une tradition de petit outillage lithique.

Les Ovibocapteurs d'Indépendance I méritent le nom de Gens du Silex.

Ces chasseurs d'Ovibos sont arrivés en Terre de Peary porteurs d'une tradition de taille de la pierre. Sur place, ils choisirent le silex ; sans doute était-ce la pierre qu'ils avaient appris antérieurement à connaître. Par frappe, ils façonnaient des pointes, détachaient des éclats, créaient des burins aigus ; ils savaient aussi "retoucher" pour les rendre plus coupantes certaines lames de leurs armes et outils de silex en détachant, par pression, de petits éclats à l'aide d'os façonnés à cet usage ; c'est le *flint flaker* des Anglo-Saxons.

Ces silex par leurs petites dimensions et leurs types disent que les Ovibocapteurs d'il y a 4 000 ans avaient été en contact, ou peut-être même étaient issus de populations possédant les mêmes techniques.

Les pointes de silex taillées indiquent que ces chasseurs disposaient de deux armes : des lances et des arcs. Un fragment d'arc a été trouvé, dès 1921, par Lauge Koch, pendant une de ses missions géologiques en Terre de Peary.

Pour fabriquer des arcs, le choix était grand dans l'abondance des bois de flottage. Quel type d'arc avaient-ils ? Arc à simple courbure, ou plus complexe ? Arc renforcé ? Le fragment retrouvé ne permet pas de préciser.

Par seules flèches on ne pouvait tuer un Ovibos ; la densité de la fourrure et l'épaisseur de la peau étaient des obstacles résistants : même pour le blesser il fallait des arcs puissants. Les cornes de bœuf musqué sont un matériau qui permet de faire des arcs d'une grande force en redressant à la chaleur des lames de corne et en les ligaturant ensemble. Mais les Ovibocapteurs I possédaient-ils cette technique ? Les tendons des animaux leur permettaient, sans difficulté, de faire des cordes résistantes pour leurs arcs.

La description très précise d'un arc observé par Parry, en 1822, chez des Eskimos dans l'Est de la péninsule de Melville (vers 80 degrés de longitude ouest et 65 degrés de latitude nord) témoigne de l'ingéniosité et de l'habileté à construire, avec les seuls matériaux disponibles, une arme très efficace apte à chasser bœufs musqués, rennes et ours.

> Un de leurs meilleurs arcs est fait d'une seule pièce de bois de 4 pieds, 8 *inches* de long (1,42 mètre), plat du côté interne, arrondi de l'autre avec 5 *inches* (12,70 centimètres) de tour à la partie moyenne, renforcée, de plus, du côté concave, par une pièce d'os de 10 *inches* de long (25,40 centimètres) solidement fixée par des chevilles d'os. À chaque extrémité de l'arc, un bouton d'os ou parfois de bois recouvert de cuir et une profonde encoche reçoivent la corde. Le seul bois à leur disposition n'ayant pas suffisamment d'élasticité et de force, ils y remédient ingénieusement en garnissant le dos de l'arc, d'un bout à l'autre, par une quantité de petits liens, chacun composé d'une tresse de tendons. Le nombre de ces "liens" s'étendant d'une extrémité à l'autre est généralement de trente. De plus, plusieurs autres sont fixés par des nœuds autour de l'arc, par paires, tous les 8 *inches* à partir d'une extrémité, de telle sorte que le nombre total de liens au milieu de l'arc atteint parfois soixante. Étant fixés

sur l'arc, quelque peu courbé en sens inverse, cela produit une résistance si grande qu'il faut une force considérable et un tour de main pour le bander et donner à la flèche la vélocité désirée. L'arc est complété par une rousture* en son milieu, avec un coin ou deux, ici et là, enfoncés dedans pour la resserrer ; un arc d'une seule pièce est très rare.

Les flèches varient de longueur de 20 à 30 *inches* (50 à 76 centimètres) selon le matériel. Les deux tiers environ de la longueur totale sont en bois arrondi, et le reste emmanché, par emboîture dans le bois, avec une pointe de fer ou plus souvent de schiste, fixée dans une fente par deux chevilles. À l'extrémité opposée de la flèche, deux plumes sont liées.

La corde de l'arc est faite de douze à dix-huit petits fils de tendons tressés, réunis en torsade lâche, avec une boucle de même taille passant sur les boutons à chaque extrémité de l'arc.

Lances et flèches étaient donc leurs seules armes contre les Ovibos. Un chasseur seul, sans chien, rencontrait-il un animal isolé, il pouvait avec courage engager le combat. Mais l'affrontement avec un groupe d'Ovibos devait imposer une action collective.

Les pointes de silex d'Indépendance I, comparées à celles d'autres civilisations du silex du Groenland de l'Ouest et de l'Alaska, sont remarquables par leurs proportions massives et les encoches à leur partie inférieure, permettant de fortes ligatures, deux caractères en relation avec les particularités de la chasse aux Ovibos.

Des couteaux faits d'une seule lame complétaient la panoplie, peu étendue, il faut bien le remarquer, des armes masculines. Des herminettes servaient au travail du bois et de la corne, outil toujours en usage dans tout le domaine eskimo actuel où l'acier a remplacé la lame de silex.

Plus caractéristiques des Ovibocapteurs I sont des silex de petites dimensions : burins où la frappe crée un angle aigu servant, entre autres, à "graver", et burins sur éclats ne mesurant que 2 ou 3 centimètres de longueur et 0,5 centimètre de largeur ; ces lamelles acérées servaient, pense-t-on, aux femmes couturières.

Des micro-lames allongées, coupantes d'un seul côté, étaient sans doute insérées côte à côte dans des supports de bois formant des couteaux à lame composite, d'une grande efficacité de coupe.

Les fouilles ont permis de rassembler 1 841 silex taillés par les Ovibocapteurs I ; 64 % sont constitués par des burins (dont 20 % de burins sur éclats) et 36 % de micro-lames. Ces pourcentages placent ces chasseurs de bœufs musqués, de façon frappante, parmi les tenants de la tradition arctique du petit outillage.

Tous ces outils et armes étaient utilisés emmanchés. Mais aucun manche ou poignée n'a été retrouvé, le bois ou la corne ont été détruits par les siècles.

Les manches des outils eskimos historiquement connus sont façonnés de telle sorte, caractéristique très remarquable, que la paume et les doigts y ont des emplacements préparés ; ils y trouvent naturellement leur logement, ce mode de saisie obligatoire correspond à la meilleure position d'utilisation. Mais comment étaient les manches il y a – 4 000 ans ?

[…]

Démographie et poésie dans la nuit

Comment s'établissaient les rapports des humains avec les populations animales qui les entouraient et la plus importante de toutes, leur gibier de base, fournisseur privilégié de matières premières, viande, os, cornes, peaux : les bœufs musqués ?

Dans cette Terre de Peary, il y a 4 000 ans, comment vivaient les hommes, de quoi se nourrissaient-ils ? Quel était leur rythme de vie au cours des mois ?

Quel pouvait être leur nombre ? Les mêmes questions se posent à propos des bœufs musqués.

La zone la plus riche en découvertes archéologiques et la plus peuplée par les Ovibocapteurs I a moins de 100 kilomètres de long ; elle est située sur la partie moyenne de la route des Bœufs musqués, le long du lac de la Mi-Été, de la rivière et du fjord où, en été, on atteignait à l'est les rivages et le gibier marin.

L'équidistance entre les maisons est frappante ; la moyenne de 15 kilomètres n'est pas fortuite. Correspond-elle à des territoires de pacage de hardes de bœufs musqués ?

Sur quelle surface chassaient les hommes ? Quel était le contingent de bœufs musqués normalement atteignable à partir de leur maison ? Si l'on admet qu'à partir de l'axe de cette route, où s'échelonnent leurs maisons, les chasseurs pouvaient couvrir, dans leurs expéditions, quelque 50 kilomètres vers le nord et vers le sud, leur terrain de chasse, délimité selon cette convention, aurait eu quelque 15 000 kilomètres carrés.

Certes, cette surface n'était pas une belle prairie uniforme ! Des falaises, des zones mal drainées, des déserts de pierre, des pentes mal orientées diminuaient le territoire de pâture. Dans le Haut-Arctique, pas plus de 15 à 20 % de la surface n'est pâturable : c'est donc approximativement 3 000 kilomètres carrés de ressources alimentaires pour les Ovibos – non pour l'ensemble de la Terre de Peary, mais pour des lieux normalement accessibles par les chasseurs à partir de leur demeure.

La densité moyenne des bœufs musqués est d'un animal au kilomètre carré. Il y a 4 000 ans, estiment les botanistes, la végétation était plus abondante, en Terre de Peary, que de nos jours : environ 3 000 bœufs musqués étaient la masse giboyeuse aisément accessible pour les Ovibocapteurs ; avec, dans l'arrière-pays, plus éloigné des habitations, une réserve animale importante :

en effet, on peut avancer pour l'ensemble des Ovibos de la Terre de Peary 2 000 ans avant notre ère le chiffre de 6 000 à 7 000 têtes. C'est là une estimation des plus grossières mais, à mon sens, elle ne pèche pas par optimisme.

Le comportement du gibier influence le chasseur qui en vit. Les bœufs musqués sont attachés à un vaste territoire où ils se déplacent librement, sans route traditionnelle, choisissant au gré de l'animal conducteur, poussé sans doute par les conditions climatiques du moment, telle vallée, telle pente de colline ; il faut aller les chercher, en découvrant et en suivant leurs traces.

Ainsi les chasseurs d'Indépendance étaient-ils dans la nécessité de changer d'habitat lorsque les troupeaux d'Ovibos étaient partis trop loin de leur maison, du fait de l'épuisement des pâturages alentour.

Les populations de chasseurs qu'il a été donné d'observer en autarcie présentaient dans le cours d'une année deux mouvements : un premier de dispersion en petites bandes de chasse, un deuxième de concentration pendant une durée plus ou moins longue, regroupement favorable à la cohésion sociale, parfois temps de rituels laïques ou religieux, en tout cas rassemblement facilitant le choix des conjoints. Les peuples d'Indépendance n'échappaient pas à cette double nécessité.

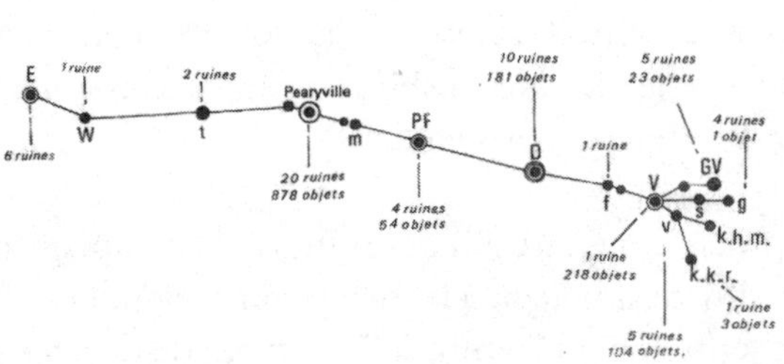

D'après Eigil Knuth, Archeology of the Muskox Way, *École pratique des hautes études, Paris, 1967, p. 61.*

La répartition même des ruines sur le terrain fournit des arguments. Au kilomètre 35 du schéma, un lieu nommé par E. Knuth Pearyville* présente une concentration de demeures où fut récolté de beaucoup le plus grand nombre d'objets archéologiques (878) ; il faut interpréter cette donnée comme un regroupement de la majorité de la population en ces lieux pendant la période sombre de l'hiver.

Une vingtaine de ruines y ont été mises au jour. Même si, pendant la période hivernale de concentration, toutes n'étaient pas occupées, le nombre d'habitants de l'ensemble des maisons pouvait être d'environ cent cinquante, chiffre plausible pour une population de chasseurs paléolithiques.

L'analyse des ossements d'animaux trouvés dans les ruines témoigne de chasses saisonnières d'hiver et d'été.

De beaucoup, les plus nombreux sont les os d'Ovibos, parmi lesquels un pourcentage assez élevé d'os de veaux. Les rennes sont absents. Ou bien il n'y avait pas de caribous en ces temps-là, ou bien les chasseurs d'Ovibos ne s'intéressaient pas aux caribous qui, migrateurs, ont des lieux de pâturage et un mode d'occupation du terrain très différents des bœufs musqués. On sait qu'avant 1862, les Eskimos de Thulé vivaient dans un district peuplé de caribous sans les chasser, adaptés qu'ils étaient à d'autres activités. Lièvres, renards, perdrix étaient gibier de toute saison. Aucun piège à renard n'a été retrouvé, on en voit fréquemment, en pierre, chez les Néo-Eskimos. Oiseaux migrateurs et poissons étaient pris en été.

Ainsi, la répartition des ruines et le comptage des os d'animaux amènent à la même conclusion. Les Ovibocapteurs étaient soumis à deux types de déplacement. Les uns pendant la majorité de l'année sans rythme préétabli, à l'intérieur des terres, imposés par les changements de pâture des Ovibos. Les autres, saisonniers, vers les rivages des rivières et des fjords, pendant les jours sans nuit de l'été. Ce n'était pas des expéditions de chasse plus ou moins lointaines à partir d'une maison permanente mais, dans les deux cas, hiver comme été, des changements de maisons souvent à distance relativement courte.

Les observations bien connues de migrations des familles eskimos, dans la toundra canadienne, permettent d'imaginer les chasseurs d'Ovibos se déplaçant dans la toundra du Haut-Arctique groenlandais il y a 4 000 ans.

Ils marchaient à pied, en groupe familial, chargés chacun selon sa force et sa taille : piquets de la charpente, rouleaux de peaux pour le toit, habits de rechange, bottes doublées, moufles, récipients, provisions de viande séchée, les femmes avec de petits sacs de cuir ou des étuis de bois pour le matériel de couture, aiguilles d'os, perçoirs de silex, tendons, le dernier-né dans le dos. Les hommes avec des fardeaux égaux et leurs armes – lances, arcs et flèches. Les déplacements se faisaient de préférence dans la lumière mais si nécessaire, en cas de disette par exemple, en toute saison, sauf pendant la période la plus sombre de l'hiver (deux mois et demi) où on vivait replié sur soi, consommant les réserves de nourriture.

Un seul petit fragment de traîneau a été trouvé, engin vraiment exceptionnel ; de plus, il n'y avait pas de chiens. Cependant, dans la toundra canadienne, on a observé des migrations familiales où les humains eux-mêmes s'attachaient aux traîneaux lorsque les chiens venaient à manquer.

Grande est l'ingéniosité des Eskimos à tirer parti de leurs matériaux : Knud Rasmussen, chez les Eskimos du golfe de Boothia (Nord canadien), a vu des traîneaux fabriqués à partir de peaux de bœuf musqué trempées dans l'eau, mises en forme et gelées. Ceci ne semble pas pouvoir s'appliquer à nos chasseurs ; cependant, de semblables traîneaux auraient pu faciliter leurs déplacements sur la neige.

La longueur de leur marche dépendait de la rencontre de troupeaux de bœufs musqués. Cette base alimentaire étant acquise, il fallait trouver du combustible – bois de flottage et arbustes rampants – à proximité d'une structure permanente d'habitat – muret de pourtour, foyer central, dans un passage (éléments en attente qui, complétés par ce que l'on transportait avec soi – piquets, arceaux et peaux –, formaient rapidement une maison étanche et chaude). La neige fournissait l'eau de boisson.

Souvent, ces migrants trouvaient en arrivant quelques réserves de nourriture, conservées dans le froid, placées entre les dalles du foyer, protégées contre les carnivores errants sous un amoncellement de pierres prélevées dans le cercle de pierres du pourtour. En quelques heures, tout était remis en ordre, et la vie de tous les jours reprenait son cours.

Pendant novembre, décembre et jusqu'à la mi-janvier, la nuit était telle que toute activité extérieure devait être très limitée. Dans le froid souvent intense, les gens d'Indépendance devaient vivre groupés autour du foyer en puisant dans leurs réserves. Souvent, devant ces maisons d'hiver existe une "cache à viande", fosse de dimensions variables, garnie de pierres, où dans le froid se conservait la viande des animaux abattus à la bonne saison.

Sans doute, pour cette population de chasseurs, l'inactivité de chasse imposée par le climat et la haute latitude était-elle un temps de relations sociales accrues, le temps des conteurs de mythes et de légendes, de récits de chasse et d'autres faits de l'"histoire" mémorisée.

Revenir aux exemples eskimos se justifie, même si nous ignorons quelle était l'appartenance raciale des Ovibocapteurs de la Terre de Peary : tous chasseurs, tous dans des climats et des écologies comparables.

Les Eskimos actuels sont, de l'avis de tous ceux qui ont eu la chance de les entendre et de les voir, des conteurs exceptionnels. Ils joignent aux belles sonorités de leur langue, si évocatrices d'images, si riches en allitérations poétiques, les gestes qui illustrent par une mimique des doigts, des mains, l'animal qui fuit ou fait face, la solitude du héros ou le groupe qu'il rencontre, la rapidité des déplacements, la joie ou la tristesse… Peut-être quelques récits traditionnels recueillis dans les dernières populations découvertes, avant que l'exportation des machines parlantes de l'Occident n'ait détruit toute tradition orale, avaient-ils quelques racines remontant jusqu'à ces chasseurs du Haut-Arctique groenlandais.

Pour illustrer les activités qui peuplaient la longue nuit hivernale de la Terre de Peary, je citerai des poésies recueillies chez les Eskimos du Canada, terre que traversèrent, dans leurs lointaines migrations, les ancêtres des chasseurs d'Ovibos des hautes latitudes.

Mammouth et Ovibos
Une fois, Kiliguak le mammouth
Et Umimmak le bœuf musqué
Se mirent d'accord pour échanger leurs armes,
Cornes contre défenses.
Ovibos essaya ses nouvelles défenses
Et les brisa contre une pierre.
Ils échangèrent de nouveau
Et se retrouvèrent comme avant.

(Recueilli en 1913 par D. Jenness.)

Peut-on tirer un enseignement de cette courte poésie ? Évocation d'un temps où la liberté des êtres était grande… Elle est propre à ouvrir l'esprit des auditeurs vers un monde libérateur du quotidien. Il est différents noms eskimos et sibériens pour le mammouth : *kiliguak*, *kiligabuk* dérivent de la même racine ; au Labrador, au

Groenland, où il n'y eut jamais de mammouths mais où la mémoire des conteurs a gardé le souvenir des animaux des lointaines migrations ancestrales, il se nomme *kilivfak*, *kilipak* : ce qui se laisse traduire par "difficile à couper car gelé dur".

En effet, les restes de mammouth pléistocène, si nombreux en Sibérie, sont retrouvés dans le sol gelé, le pergélisol, qui a étonnamment conservé tout aussi bien les tissus de leur corps que leur crâne. Les Sibériens, les Eskimos de l'île Saint-Laurent (jadis haut point de la Béringie), ceux de l'Alaska cherchent et trouvent en fouillant de l'ivoire fossile de mammouth ou de mastodonte. Ils s'en servaient dans la Préhistoire et encore de nos jours pour leurs sculptures.

Narval et Ovibos
Grand-Barbu, dit-on,
Donna ses cornes à Longue-Dent
Et se munit de sa défense.
Mais Grand-Barbu, dit-on,
Dès la première fois
La brisa en pièces
Et la rendit à Longue-Dent.

(Raconté par Netsit, en 1922, à K. Rasmussen.)

C'est une variante de la poésie précédente ; le mouvement est le même : échange des armes, essai malencontreux dans les deux cas par Ovibos, retour au statu quo antérieur. Mais un acteur a changé : un animal marin actuel a remplacé un animal fossile.

Ce petit conte dit dans une population eskimo où la stricte dichotomie terre-mer est respectée, où rien ne doit être mélangé du monde terrestre et du monde marin, prend une signification neuve. Si le narval peut remplacer le mammouth, ne faut-il pas comprendre que le mammouth n'est pas considéré comme animal terrestre ? Il n'est pas animal de la surface de la Terre, toujours retrouvé enfoui ; il appartient au monde souterrain, invisible. Ces deux variantes s'éclairent l'une l'autre, leur confrontation ouvre un chemin vers une meilleure compréhension de l'univers symbolique des Eskimos.

[...]

Offrande
Il y a longtemps, très longtemps,
Un bœuf musqué apparut à un chasseur.
Ce bœuf musqué était seul,
Il n'était pas effrayé par le chasseur,
Il savait qu'il devait être tué,
Par la flèche de l'arc de l'homme.
Son corps était nécessaire à l'homme pour vivre,
Et l'homme lui rendrait assez.

(Dit par Aupilardjuk, femme inuite de l'Ouest de la baie d'Hudson, et transmis par le frère Volant de la congrégation des pères oblats de Marie-Immaculée à Churchill.)

Dans l'ordre cosmique, tel qu'il est conçu par les Eskimos, un rapport de réciprocité lie le gibier et le chasseur. L'animal accepte la mort de son corps et l'offre pour la vie des humains ; en retour, l'homme doit prendre soin de l'âme immortelle de l'animal ; en lui témoignant respect et reconnaissance, il permettra que s'accomplisse le cycle naturel de la vie, que cette âme animale se revête à nouveau de chair et puisse, si elle a été bien traitée, revenir au même chasseur réoffrir son corps. "Nous sommes des chasseurs d'âmes", parole profonde recueillie de la bouche d'un shaman-prêtre eskimo. Dans certaines sociétés eskimos, les remerciements à l'animal tué sont chantés et dansés par la femme du chasseur.

Cette conception cosmique, où les relations entre prédateurs et proies se posent en termes de bons rapports entre esprits humains et animaux manifestés dans ce poème, est toujours vivante chez les Eskimos chasseurs.

Si la spiritualité, les croyances religieuses, la conception du monde des populations préhistoriques d'Ovibocapteurs restent à jamais inconnues, on peut cependant peut-être penser que des conceptions analogues liaient les Paléo-Ovibocapteurs à leur gibier de base.

[...]

Quels étaient les gibiers de l'été ? L'archéologie répond : parmi les os qui ont été retrouvés dans ou près des demeures, les phoques étaient en petit nombre. Les Ovibocapteurs I étaient des chasseurs tournés vers les animaux terrestres, ils n'avaient pas de harpon à pointe détachable, l'arme par excellence de la chasse aux phoques. D'autres témoins osseux racontent les poursuites des animaux de l'été : des oiseaux en grand nombre, deux espèces d'oies, la plus fréquente étant la bernache *(Branta bernicla)*, deux espèces de mouettes, des petits échassiers tels que bécasseaux maubèches ou canuts *(Calidris canutus)*, deux sortes de canards dont l'eider *(Somateria spectabilis)*, qui donne un si beau duvet (*eider down*, dont nous avons fait notre édredon !). Les perdrix des neiges ou lagopèdes sont gibier d'été et d'hiver. On a retrouvé aussi de grandes quantités de restes de poissons pêchés dans les rivières et les lacs : saumons et truites *(Salvelinus alpinus)*. Les Ovibocapteurs en faisaient une grande consommation. On trouve aussi des os de renards et de lièvres polaires, les premiers peut-être non consommés mais fournisseurs comme les seconds d'os fins pour fabriquer des aiguilles. Les restes de squelettes d'oies appartiennent, en majorité, à de jeunes oiseaux. Sans doute une zone de nidification se trouvait-elle à proximité des habitats, les femmes et les enfants y ramassaient les œufs et capturaient les oisillons. Des vêtements chauds étaient sans doute confectionnés en cousant des peaux d'oiseaux non déplumés, comme le font encore les Eskimos, de nos jours.

Pour la viande et les peaux, les jeunes animaux étaient appréciés, car les os des petites perdrix, des levrauts et lièvreteaux sont nombreux dans les sites habités, comme ceux des veaux d'Ovibos. Dès mars, quelques femelles gravides étaient abattues pour fournir des fourrures de fœtus. C'est en mai que les vaches mettent bas. En ces jours de grande lumière, les hommes n'abandonnaient pas la chasse des bœufs musqués ; les déplacements vers la mer et la prise des animaux marins allaient de pair avec la poursuite de la chasse terrestre. Est-ce que déjà était respectée la séparation des activités de chasse terrestres et marines ? Comment pourrait-on le savoir ? Si l'éparpillement des maisons d'été à l'est vers les rivages marins témoigne clairement d'une dispersion estivale, on voit non moins nettement que les Gens du Silex du Haut-Arctique restaient en toute saison chasseurs de bœufs musqués.

Gens de la Calcédoine (Ovibocapteurs II)

Sur le théâtre de la Terre de Peary, où s'est joué un acte de notre longue épopée, un de nos deux acteurs, l'homme, disparaît il y a 3 600 ans, précision du carbone 14. Pendant 350 à 400 ans, une civilisation de bœufs musqués s'y était développée.

On retrouve les traces d'une deuxième vague de chasseurs d'Ovibos il y a 2 500 ans – vers 600 ans avant notre ère, un siècle et demi après la fondation de Rome. Entre ces deux populations, la Terre de Peary fut-elle vide d'hommes pendant plus d'un millénaire ? Est-ce à nouveau terre sans hommes et paix pour Ovibos ? Ne lui reste-t-il d'ennemis que d'autres carnassiers, les loups, combien moins dangereux que les hommes ? L'archéologue hésite. Peut-être quelques traces de ruines pourraient-elles être attribuées à des chasseurs rares et temporaires ? Peut-être y eut-il deux vagues migratoires des gens d'Indépendance II à quelques siècles d'intervalle ?

Les Ovibocapteurs II arrivèrent par la même route, cheminèrent d'ouest en est, installèrent des habitats similaires à ceux des anciens chasseurs. Mais entre-temps le paysage avait changé. Dans tout l'hémisphère nord, le froid s'était accentué, retenant plus de neige sur les glaciers ; la mer avait baissé, un nouveau rivage s'était formé, les nouveaux venus s'y installèrent ; 12 mètres au-dessus de leur plage, une terrasse était garnie de bois de flottage millénaire.

Ils choisirent de tailler leurs outils et les pointes de leurs armes dans la calcédoine*, variété fibreuse de silice, plus colorée ; ce choix ne peut pas avoir été déterminé par les ressources minérales locales, équivalentes dans les deux cas. Continuaient-ils une tradition ancestrale ? Préféraient-ils ce matériau pour des raisons techniques ? On ne sait.

Ils étaient moins nombreux que leurs devanciers, comme on le déduit des données archéologiques : 31 habitations dont 21 fouillées ont fourni 346 objets contre, pour un millénaire plus tôt, 157 habitations dont 116 fouillées, ayant livré 1 841 objets.

Mais le nombre n'est pas seul à différencier les deux populations ; les Gens de la Calcédoine et les Gens du Silex s'opposent sur bien des points. Les derniers venus vivent au bord des fjords ou dans des îles : le climat est plus froid, une banquise s'est reformée, il y a peu ou pas de bois de flottage, ils vont se fournir en bois sur la terrasse supérieure. Les ossements de phoques sont plus nombreux, ceux de renards moins fréquents dans les ruines, les Gens de la Calcédoine sont plus tournés vers la mer, mais restent chasseurs de bœufs musqués.

[...]

Qu'est-il advenu de ces populations de chasseurs de bœufs musqués ? Ils ont disparu sans laisser la moindre trace corporelle, aucun ossement humain n'a été retrouvé.

Ces chasseurs du sommet de la Terre, où sont-ils partis ? Vers l'ouest en rebroussant chemin ? Rien ne permet de supposer un tel retour en arrière ; derrière eux il n'y avait plus assez de gibier.

Pourquoi ont-ils abandonné ce terrain de chasse qui était la terre de leurs pères ? Les rapports d'homme-chasseur à Ovibos-gibier nous apprennent la fragilité de notre animal à la pression de chasse, même avec des armes préhistoriques. Parfois s'y ajoutent quelques phases climatiques défavorables qui, faisant périr un grand nombre de petits veaux, rendent aléatoire le remplacement des adultes abattus ; la raréfaction du gibier impose alors aux hommes le départ… En Terre de Peary comme ailleurs, les civilisations basées sur les bœufs musqués sont courtes.

C'est vers l'est et le sud qu'ils continuèrent leur avance ancestrale à la recherche des Ovibos, qui dans cette longue marche millénaire ont toujours précédé les chasseurs. Ils atteignirent ainsi la rive atlantique du Groenland, puis progressèrent le long de la côte est, entre calotte glaciaire et banquise, dans la frange de terre et de pâturage où ils retrouvaient des caribous et des bœufs musqués.

Déjà les Gens de la Calcédoine avaient, en Terre de Peary, ajouté à la chasse terrestre une technique de capture des phoques sur la glace. Face à la banquise atlantique, ils développèrent sûrement cette activité marine. Mille ans plus tard, lorsque les chasseurs de baleines de la culture de Thulé arrivent du nord en *umiak*, trouvèrent-ils les descendants des chasseurs de bœufs musqués ? On ne sait. C'est une hypothèse plausible à laquelle la recherche archéologique en ces régions, encore insuffisamment étudiées, apportera peut-être un jour une réponse.

D'où venaient ces Paléo-Eskimos qui par deux fois vécurent en Terre de Peary ? L'archéologie ne fournit actuellement aucune réponse évidente et toute nouvelle découverte peut changer les données du problème ; et il reste d'immenses données à retrouver dans le grand livre dont les pages sont enfouies dans la terre. Toutefois, il est légitime de relier les faits connus, à ce jour, pour donner vie aux outils de silex et d'os, et tenter de voir vivre les hommes qui les firent de leurs mains et s'en servirent quotidiennement.

D'où venaient ces chasseurs de la route des Bœufs musqués, ces hommes les plus septentrionaux du monde ? De l'ouest indubitablement. Question primordiale : trouve-t-on à l'ouest, sur la côte du Groenland, non loin de la route des Bœufs musqués, les témoins archéologiques d'une population de même technicité, se rattachant à une tradition de petit outillage arctique ? Population d'une certaine importance numérique, stable, dont les chasseurs d'Ovibos seraient des émigrants temporaires, partant en expédition de chasse vers ce gibier facile pour quelques années, cédant la place à d'autres groupes de chasseurs issus de la même population ?

On pourrait, si une telle population était connue, imaginer il y a 4 000 et 2 000 ans une série de migrations assurant un peuplement renouvelé, continu ou quasi continu, dans la Terre de Peary. On a découvert deux populations anciennes du Nord-Ouest du Groenland non loin de la route des Bœufs musqués. L'une est Sarqaq, l'autre Nugdlit.

Sarqaq, quant aux Gens du Silex, doit être d'emblée mis hors de cause pour raison de jeunesse ! Sarqaq est né 600 ans après Indépendance I. Cette antique population eskimo côtière apparaît un peu avant les Gens de la Calcédoine ; mais à Sarqaq, il y a des lampes et pas de micro-lames !

Plus à l'ouest dans l'archipel Arctique, des fouilles ont révélé une population de chasseurs dite pré-Dorset, vers 850 ans avant notre ère, qui, comme les Gens de la Calcédoine, n'avait ni chien, ni arc, ni flèche, ni drille, mais des gouges, un harpon à pointe détachable et des petits outils de silex noir et de calcédoine. Le rapprochement se fait de lui-même ; on ne peut, actuellement, en dire plus.

Le site de Nugdlit (76° 42' de latitude nord) est plus complexe que Sarqaq. Holtved, en 1947, y reconnut trois niveaux culturels : néo-, méso-, paléo-eskimo.

62 maisons de Néo-Eskimos de Thulé à quelques mètres au-dessus de la mer actuelle, des sites plus anciens à 7 mètres de hauteur et enfin, de 9 à 11 mètres, les ruines des Paléo-Eskimos, datant de 4500 avant nos jours, l'âge de Pearyville ; les silex taillés sont très semblables à ceux d'Indépendance I, burins sur éclats, micro-lames.

Serait-ce donc l'habitat permanent d'où viendraient les Ovibocapteurs d'Indépendance, chasseurs temporaires intermittents sur la Terre de Peary ?

Mais, si Nugdlit l'Ancien a le même âge et un outillage de même famille, des différences importantes le séparent des Gens d'Indépendance.

L'habitat était du type maison-tente, sans foyer central, avec plusieurs foyers dans la maison et à l'extérieur. Le caractère robuste des pointes de silex fait défaut et enfin les Gens de Nugdlit l'Ancien ne chassaient pas les bœufs musqués mais les caribous.

[...]

À ce point de notre route, remontant le temps, arrivés aux rives américaines de la mer de Béring, à nouveau la question se pose : d'où venaient-ils, nos chasseurs d'Ovibos ? Il faut encore répondre : de l'ouest indubitablement. L'ouest, c'est la Sibérie, l'Asie, l'Eurasie et finalement l'Europe.

Mais qu'a-t-on trouvé dans cette immense étendue de l'Eurasie qui apporte quelque lumière à notre question ?

Un préhistorien suisse, Bandi, a rassemblé de très intéressantes données et propose une hypothèse. Cet auteur est convaincu qu'un rapport existe entre l'outillage du Paléolithique supérieur européen, et particulièrement en France, et celui de certains sites archéologiques découverts en Asie et jusque dans l'Arctique américain. Il a remarqué que le gisement de la Gravette, en Dordogne, du Paléolithique supérieur (± 24 000 ans), présente un faciès culturel où l'on remarque une abondance de petites pointes, de micro-lames, de petits burins obtenus par frappe (nommés "vrais burins" par opposition au pseudo-burin fabriqué par meulage). Bandi a forgé le terme *épi-gravettien* pour définir une tradition technique lithique présentant des éléments existant à la Gravette que l'on retrouve loin de la Dordogne vers l'est ; il nomme *gravettoïdes* les ensembles de petits silex rappelant par leur forme ceux des gisements de Dordogne, et appelle "peuples *épi-gravettiens*" les porteurs du complexe burins, petites pointes et micro-lames de silex. On retrouve cet ensemble de silex taillés chez certains peuples paléo-asiatiques. Bandi souligne qu'il y eut au Paléolithique supérieur une infiltration d'éléments gravettoïdes dans le Nord-Est de l'Asie, entre – 15 000 et – 20 000 ans, jusque dans la région du lac Baïkal. Plus à l'est, cette infiltration s'étend progressivement jusqu'à atteindre le pont terrestre de la Béringie, reliant ce que sont actuellement la Sibérie et l'Amérique. C'est là, d'après Bandi, l'origine des vrais burins et du petit outillage lithique que l'on retrouve à l'intérieur de l'Alaska, dans des sites tels que ceux de College (8 400 ans avant nos jours), près de l'université de l'Alaska à Fairbanks, et sur la côte au gisement du Complexe du Silex de Denbigh (6 800 ans).

L'hypothèse de Bandi est cohérente, elle a l'intérêt de présenter une vue générale synthétique, de rassembler et de donner un nom neuf à ce que de nombreux auteurs avaient partiellement remarqué, à savoir des ressemblances techniques entre des sites du Paléolithique eurasien et des gisements plus tardifs du Nord américain.

Il ne faut certes pas penser que Bandi, en soulignant la parenté technique des silex de petite taille de la Gravette et de ceux de gisements eurasiens et américains, ait voulu signifier que des descendants des hommes de la Gravette aient migré, porteurs de leurs techniques, jusqu'en Amérique ; cet auteur prend soin d'utiliser des termes comme "épi-gravettien" et "gravettoïde" pour mettre l'accent sur la diffusion technique. Ce n'est pas un des moindres intérêts de cette hypothèse que d'attirer l'attention sur les contacts entre de nombreux peuples préhistoriques, cheminant sur une terre peu peuplée, sur leurs rencontres, leurs échanges créant des emprunts techniques et culturels propices à l'évolution des civilisations. La complexité des rapports entre les différentes cultures humaines de la Préhistoire n'est pas moins grande que celle des temps historiques, mais elle manque du soutien des textes écrits pour aider à débrouiller l'écheveau des influences réciproques.

Ce vaste chemin de diffusion technique, à travers l'Eurasie, reconstituable jusqu'en Amérique est aussi celui du bœuf musqué ; depuis les Pyrénées, au Paléolithique moyen à Tautavel, il y a 500 000 ans, on retrouve les restes squelettiques d'Ovibos, rarement nombreux mais chaque fois démonstratifs, sur un long parcours dessinant sur la carte une voie allant vers l'est et le nord, zone de toundras abandonnées par les glaciers quaternaires, pour atteindre il y a 25 000 ans la Béringie où, de pâturages glacés en pâturages glacés, il atteignit par lente progression l'Amérique puis le Nord-Groenland.

Des hommes et des bœufs musqués ont été en rapport tout au long de cette longue traversée du plus grand continent terrestre, comme en témoignent pour les uns les outils façonnés de leurs mains, pour les autres des restes osseux.

Les bœufs musqués étaient très voisins dans leur morphologie de ceux de nos jours. Pour les hommes, la réalité est sans doute plus complexe.

Quoi qu'il en soit, hommes évoluant dans leur diversité mais porteurs d'outils et d'armes analogues, et bœufs musqués, presque immuables dans leurs caractères, sont sur le même trajet depuis près d'un demi-million d'années. Leurs rapports sont toujours les mêmes, ceux de chasseur à gibier. Ovibos n'avait nul besoin de l'homme, mais l'homme avait reconnu cet animal comme utile, en conséquence il s'efforçait de le tuer… pour le consommer.

Umingmaktôrmiut, le Peuple des Nombreux Bœufs Musqués

Knud Rasmussen, explorateur danois, né au Groenland et pour qui l'eskimo était langue maternelle, fut un ethnologue de premier plan. Il mourut en 1933, dans la force de l'âge, pour avoir, dit-on, trop mangé de viande de phoque fortement faisandée, grand régal des Groenlandais. Son action la plus spectaculaire fut un voyage en traîneau à chiens du Groenland au Pacifique de 1921 à 1923.

Formé dès l'enfance à la rude vie de l'Arctique (à huit ans, il reçut de ses parents des chiens et un traîneau, puis un fusil), il parcourut avec ses compagnons eskimos, un Groenlandais de la côte ouest et sa femme, pendant deux ans, cette très longue route de neige et de glaces, visitant en route grand nombre de tribus. Il dirigea ensuite dans tout l'Arctique américain des équipes de recherches de savants danois qui publièrent avec lui ce qui reste une des œuvres les plus marquantes de la recherche anthropologique internationale.

Pendant la deuxième année de sa randonnée, en hiver 1923, dans l'Arctique canadien, cherchant à séjourner parmi un groupe eskimo, il choisit une tribu qui n'avait jamais été décrite avant lui : Umingmaktôrmiut, “le peuple chez qui il y a beaucoup de bœufs musqués”. Ils vivaient, lorsque K. Rasmussen leur rendit visite, entre 66 et 67 degrés de latitude nord, vers 109 degrés de longitude ouest, dans le Sud de la presqu'île de Kent. C'était un peuple essentiellement de l'intérieur des terres où, dans un pays de hauts plateaux, du printemps à l'automne, ils chassaient les bœufs musqués jadis très abondants. En hiver, ils descendaient vers la mer où, en étroit contact avec une population eskimo côtière, ils harponnaient les phoques à travers la glace au trou respiratoire. Cette double morphologie d'activité de chasse, à l'intérieur des terres et sur la côte, est digne d'être remarquée, on la retrouve chez d'autres chasseurs de bœufs musqués de la lointaine Préhistoire.

C'est le 22 novembre 1923 que K. Rasmussen arriva chez les Umingmaktôrmiut. Lui et ses compagnons eurent beaucoup de peine, au milieu d'une terrible tempête de neige, par – 40 °C, à trouver les igloos ; ils furent guidés, dans les bourrasques de poudrerie aveuglante, par les cris de chiens se répondant, les leurs et ceux du village ; il fallut un certain temps avant que les gens du village puissent les discerner à travers les vagues de neige soulevées par l'ouragan déferlant sur leurs traîneaux.

Dès leur arrivée, les hommes se mirent à l'ouvrage et, une heure plus tard, les visiteurs s'installaient dans une grande et confortable maison de neige.

Aussitôt leur nouvelle demeure fut envahie par des femmes apportant des cadeaux de nourriture : viande, saumon, graisse… dons de bienvenue. "En toute modestie je protestais, dit K. Rasmussen, contre toute cette nourriture qui graduellement s'amoncelait en un tas énorme sur la plate-forme, mais en vain ; nul ne désirait rompre la coutume de bon accueil vis-à-vis de l'arrivant. Cette cordialité, ce désir d'aider – fruit de leur grand sens inné de l'hospitalité – ne tarit pas durant tout le temps où je fus parmi eux."

C'était la première visite d'un homme blanc à cette population. "Ils forment une tribu où tous se connaissent et souvent se rencontrent", définition de K. Rasmussen de la tribu qui s'applique parfaitement à tout ce qui fut le domaine eskimo.

Comme ils trouvent que le Danois n'est pas à l'unisson de leur jovialité et de leur rire toujours prêt à éclater, une femme, le prenant par les épaules, le regardant bien droit dans les yeux, l'apostrophe : "Dis donc, l'étranger, es-tu homme à savoir sourire à une femme ?"

Sous l'attaque inattendue, le Danois fait un grand sourire, tout aussitôt couvert par une tempête d'éclats de rire. Voilà des situations dans la plus parfaite tradition eskimo.

Rasmussen souligne les différences entre le Peuple des Bœufs Musqués et les autres Eskimos voisins ; ce sont des esprits brillants, pleins de gaieté et d'assurance en eux-mêmes, d'une extrême liberté de manières ; la vitalité rayonne de leur personne ; ils ont un grand esprit d'initiative, leur élégance est remarquable, les costumes de fourrure de caribou témoignant de la grande habileté des couturières. Ils s'étonnent de la venue d'un Blanc chez eux : "Je suis venu pour vous voir et pour savoir ce que vous êtes", et tous de rire. Un homme âgé répond bien dans le style eskimo marqué par l'humilité de soi : "Ici tu verras des gens de toute sorte. Quelques-uns sont beaux, mais la plupart sont laids et tu n'auras pas grand plaisir à les regarder."

Ces Eskimos, comme d'autres, ont une maison communautaire de réunions et de danse. Seuls parmi leurs voisins, ils ont des vêtements de fête pour ces assemblées. "J'ai trouvé dans le Peuple des Bœufs Musqués, dit Rasmussen, de splendides collaborateurs qui possédaient une très riche connaissance des traditions de leur tribu… Comme chanteurs et conteurs, ils sont réellement exceptionnels, comme poètes sans doute les plus doués et plus inspirés de tous les Eskimos…"

Les quelques exemples suivants illustrent les modes poétiques de ce peuple, je ne citerai que ceux concernant Ovibos. J'ai quelque peu hésité à les transcrire, craignant de trahir ces poètes de l'Arctique. Toute traduction fait perdre la beauté spécifique de la langue eskimo : ce parler, par la liberté du jeu combinatoire des racines et des nombreux infixes, peut, beaucoup mieux qu'aucune langue indo-européenne, rendre la subtilité des émotions, la force ou la délicatesse des sentiments.

Ces poèmes sont chantés dans la maison de cérémonie, immense igloo de neige. Le Danois, y pénétrant, en est enthousiasmé : "Dans la coupole sont taillées des niches où brûlent des lampes à huile qui répandent une lumière féerique."

Un homme, debout, genoux fléchis, tient dans sa main gauche le court manche d'un immense tambour ; il frappe, en rythmes changeants, le cadre de bois de la baguette de sa main droite. Ce soliste est tout à la fois tambourinaire, danseur et chanteur. En cercle autour de lui, hommes et femmes lui répondent en chœur. Le chant, tantôt accéléré, tantôt ralenti, la belle sonorité des voix dans la coupole de neige, l'alternance de la voix unique et des reprises en groupe, la beauté et la force irradiant de l'ensemble créèrent chez le Danois un souvenir émerveillé dont il rend témoignage dans ses écrits.

Chaque homme et une majorité de femmes ont leurs propres chants, hérités ou créés par eux ; chacun chante, en solo repris par le chœur, la poésie qui est la sienne.

Les costumes de fourrure sont remarquables ; les femmes, exceptionnelles couturières, dépassent en habileté toutes celles des tribus voisines par l'élaboration savante des patrons, les découpes délicates des peaux de différentes teintes et leurs ajustements. Des empiècements de fourrure blanche à demi rasée dessinent des galons sur le capuchon, le dos et les épaules ; l'anorak à deux pans ornés et la longue queue-de-pie arrière donnent à leur costume cérémoniel une note très élégante. Sur les fourrures des hommes flottent des queues d'hermine blanche, les bottes sont ornées avec grand soin.

Ils chantent la joie de vivre, la beauté de la nature :
La joie m'emplit en entier
Quand le jour commence à luire
Quand le disque rouge lentement
Apparaît au bord du ciel.

Ils chantent aussi les chasses, les désirs et les craintes, les paroles du temps mythique, l'avenir et l'espoir, les réussites dans la lutte de la vie, la liberté de rire et de plaisanter de soi-même et des autres.

La grande maison de neige dédiée aux cérémonies, le luxe des habits, la beauté des chants, la haute qualité technique des armes, arcs et flèches (soulignée par K. Rasmussen), témoignent du haut niveau culturel où vivait le Peuple des Nombreux Bœufs Musqués.

Tout cela n'excluait pas la nécessaire combativité des chasseurs, la force agressive animant ceux qui, pour vivre, doivent vaincre la peur d'affronter les animaux puissants, la charge terrifiante et les cornes mortelles des Ovibos. Parfois ces violences du corps et du cœur s'en prennent à d'autres hommes : un incident peut déboucher sur un combat toujours aux limites de la mort. Mais rancune n'est pas de chez eux et lutte sévère n'empêche pas de rester bons amis.

Que l'on se garde de juger les violents aux normes occidentales. L'ethnologue danois en témoigne : “Ce sont les meilleurs hommes de la tribu et très souvent les piliers les plus solides de la petite communauté”, et j'ajoute sans doute les meilleurs chasseurs.

Pendant la nuit de l'hiver, dans les maisons, c'est le temps de la parole et du chant. Les Eskimos sont de merveilleux conteurs. Les belles sonorités de leur langue, la vivacité de leur esprit, le rythme des allitérations s'ajoutent au jeu mimique de leurs mains, de leurs doigts, évocateurs de l'attitude de chaque personnage, de chaque mouvement ; on est sous le charme, le répertoire très riche fait durer la soirée qui paraît courte.

Il était une fois, dit-on,
Des bœufs musqués et des morses
En ce temps-là ils n'étaient pas satisfaits
Les bœufs musqués avaient des défenses
Quand ils devaient brouter au milieu des pierres

Les défenses les gênaient
En hiver elles étaient douloureuses de froid
De leurs défenses si mécontents
Qu'ils désiraient les échanger.
En ce temps-là les morses avaient des cornes
Ils en faisaient bon usage contre les kayaks
Les bœufs musqués faisaient bon usage de leurs défenses
Contre les chiens et contre les hommes pour les tuer.
La fin de tout cela fut qu'ils troquèrent
Les bœufs musqués eurent les cornes
Et les morses les défenses
Alors du kayak on put chasser les morses
Car moins facile pour eux de renverser le kayak
Moins dangereux les bœufs musqués
Quand ils eurent les cornes
Maintenant on réussit à en abattre quelques-uns.

(Recueilli en 1923 par Knud Rasmussen
de la bouche d'Ialuardjuk.)

Une nouvelle variante de ces poèmes où on a vu Ovibos échanger ses cornes tour à tour avec Mammouth et Narval à l'insatisfaction de tous et revenir à l'état antérieur. Ici il en est autrement, le troc a lieu et reste durable, à la satisfaction des hommes.

Ce conte illustre aussi la liberté de choix si manifeste dans tous les actes de la vie personnelle des Eskimos. Il y eut un temps mythique où tout pouvait changer, où rien n'était fixé… où les êtres avaient pouvoir de se transformer… Ce temps mythique n'est-il pas quotidien ? J'ai si souvent entendu dire, à Ammassalik : "Ne sais-tu pas que les ours sont des hommes, lorsqu'ils rentrent chez eux ils quittent leur peau et vivent dans leur maison comme nous, nous vivons."

Quel plaisir quand les gros noirs là-bas en bas
Commencent à s'assembler en bandes
Les petits chiens face à eux aux abois les tiennent

Quand ils commencent à s'assembler en rond
Quel plaisir ils nous donnent
Ya... Yaiya... Ya

Quel plaisir quand les femmes là-bas en bas
En petites bandes vont en visite
Et les hommes là-bas en bas
Tout soudain désirent jouer à l'homme
Ya... Yaiya... Ya

(*In* K. Rasmussen, 1923.)

Les deux strophes de ce poème s'équilibrent par la composition, le rythme et le rappel phonétique de mots identiques : c'est, en langue eskimo, une très belle réussite poétique.

Très significatif est le rapprochement des Ovibos et des femmes. D'autres textes explicites témoignent qu'existe, dans la pensée eskimo, une assimilation entre la conquête de la femme et la réussite de la chasse ; les animaux-gibiers sont connus comme êtres féminins que le harpon pénètre. La lutte finale à laquelle la proie succombe a son répondant dans le traditionnel mariage par rapt.

Nanuk umimmalo oqartut (L'ours et le bœuf musqué se parlent)
Ours. – Ceux qui vivent à la surface de la Terre ne sont pas difficiles à abattre avec un coup de patte si seulement on arrive par-derrière.
Ovibos. – Ce n'est pas bien d'exercer sa force contre ceux qui vivent à la surface de la Terre, ceux qui ont les rapides avec eux les lancent sur nous et ont des armes qui jaillissent de leurs mains.

(Dit par Kibkajuk, Eskimo Caribou,
à Knud Rasmussen, 1923.)

C'est le dialogue d'un carnivore et d'un herbivore, d'un chasseur agressif par nature et nécessité, et d'un paisible qui se défend mais n'attaque jamais en premier. Comme toujours dans la littérature eskimo, tout est dit par périphrases évocatrices et par images. Ce sont les hommes qui vivent à la surface de la Terre et les rapides sont leurs chiens.

Ses deux yeux – de celui-là, là – étaient terrifiants
Courbée la corne acérée comme harpon
Peut-être bien, cela n'a pas d'importance
Plein de terreur j'étais les dents serrées
Là-bas, loin, dans la solitude
Ma langue ne chante qu'un seul chant
Il n'a qu'une petite bouche
Mais n'était-il donc pas dangereux ?
Arqué comme membrure d'un kayak
Courbé vers le bas – tête baissée.

(*In* K. Rasmussen, 1922.)

Le chasseur était si près ! Il voyait l'expression des yeux d'Ovibos et ses cornes aiguës qui le terrifiaient. Il n'ose pas attaquer.

La troisième ligne est parole d'atténuation. Ce que l'on ne peut, ou n'ose pas, réaliser, il ne faut pas y attacher d'importance. Le chasseur se sent seul, loin des siens, loin de toute aide.

La sixième ligne connote que seule sa peur l'habite bien qu'il tente de se rassurer : la bouche d'Ovibos n'est pas dangereuse comme celle de l'ours qui mord et tue, mais il y a les armes de la tête baissée… !

Tout ce chant dit l'impuissance d'un homme à qui le courage manque pour regrouper ses forces. Ce qui peut paraître étonnant aux Occidentaux, c'est qu'un chasseur chante sa propre frayeur !

Là-bas en bas, Ya… Yaiya… Ya
Celui-là devient glacé de peur
Les bêtes qui généralement fuient
Le grand blanc et le gros noir
Ces bêtes-là qui généralement fuient
Là-bas en bas où donc ? Je me demande
Ceux-là en bas, Ya… Yaiya… Ya
Ces bêtes qui ne fuient devant rien.

Comme dans la poésie précédente, un chasseur chante sa peur. C'est une particularité, courante et bien frappante, de la mentalité eskimo que de se tourner soi-même en dérision, de se présenter comme petit, inhabile. Les animaux, ours blanc ou bœuf musqué, qui font face et se préparent au combat, c'est l'effroi du chasseur.

Là où le soleil a fait fondre la neige
Je guette patiemment
Celui-là… qui viendra
Pourrais-je le blesser à mort ?
Quel qu'il soit, cet errant, celui-là le nez au vent
Celui-là qui sur la glace
Avance à l'aventure
L'attendait un gros blanc sans tache
C'est un grand noir qui avance à l'aventure
Mon chien n'était pas effrayé par lui.

(Chanté par Netsit, Eskimo du Cuivre, 1922.)

Le chasseur à l'affût dit sa surprise, il attendait un ours et c'est un bœuf musqué qui arrive à sa portée. La dernière ligne caractérise bien l'Ovibos ; en effet, le comportement des chiens est très différent devant un ours qui les attaque de la gueule et des griffes dès qu'ils s'approchent, et un bœuf musqué qui ne charge que si les chiens l'attaquent à répétition.

Quelle joie ! Lorsque le gros noir
Approcha de moi, quelle joie !
Il en était vraiment ainsi
Il descendait vers moi, quelle joie !
Et moi, avec ma chère petite flèche,
Je le fis couler goutte à goutte
Ya… Yaiya… Ya… Quelle joie !

(Recueilli par K. Rasmussen en 1922.)

Le chasseur aux aguets derrière un rocher se réjouit de voir qu'un Ovibos, masse sombre dans le lointain, s'approche en paissant du lieu où il se tient caché. Les troisième et quatrième lignes (qui donnent une impression de longueur intentionnelle, en langue eskimo, ailleurs toujours si concise, au sens si condensé) évoquent la lenteur du déplacement de l'animal, son avance de-ci de-là, démarche d'allure errante de celui qui broute. "Va-t-il vraiment venir jusqu'à moi ?" C'est la question non dite ici, mais évoquée en ces deux vers, qui se pose maintes fois à l'esprit du guetteur. Le chasseur-poète n'exprime que le sentiment le plus important, son contentement de voir sa proie future arriver à portée de son arme.

Il a réussi à le blesser. L'animal perd son sang. Peu à peu, affaibli, il va devenir une proie plus facile. Le parler eskimo préfère toujours l'image – "le gros noir" – à la désignation nominale.

Un homme qui chassait, un jour entendit un bœuf musqué parlant à un autre bœuf musqué : "Regarde, il y a une moitié arrivant avec son chien. Sauvons-nous vite sur le sommet de cette colline là-bas."
Et ils coururent jusqu'au sommet de la colline.

(*In* K. Rasmussen, 1923.)

En ce temps-là… les animaux discouraient entre eux et les hommes comprenaient leur langage.

Ovibos, évidemment, juge qu'un individu complet doit marcher avec quatre jambes, et que celui qui n'en a que deux est une moitié d'être. La meilleure traduction du texte serait sans doute "demi-portion".

[…]

Ce florilège de chants et de jeux a permis de pénétrer un peu plus avant dans les richesses, les beautés, la spiritualité de ce qu'était la civilisation eskimo ; et encore n'a-t-il été fait mention ici que de ce qui concerne Ovibos ! De telles qualités culturelles, littéraires et ludiques ne peuvent naître et se développer que dans une société en harmonie avec son milieu, en équilibre avec ses ressources, dans une société en bonne entente qui a la sagesse de ne pas amasser et de s'accorder de larges temps de loisirs.

Les Umingmaktôrmiut surent, entre la montagne et la mer, dans ces déplacements saisonniers répétitifs, conserver leur brillant héritage culturel, et sans doute l'accroître, tant qu'ils vivaient en accord avec les rythmes de la nature.

La migration annuelle, saisonnière, vers la mer, de ce petit groupe de chasseurs de l'intérieur des terres trouvait, peut-on penser, une double motivation ; d'une part alimentaire et technique (diversification nutritive, fournitures tirées de la faune marine), complétant la viande et les peaux d'Ovibos, d'autre part sociale. En effet, une centaine de personnes a des difficultés à trouver, en son sein, des conjoints d'âge souhaité.

Les Umingmaktôrmiut vivaient en contact étroit, spécifie K. Rasmussen, avec un peuple eskimo côtier ; leurs terrains de chasse marine étaient communs. Sans doute étaient-ils liés par alliances matrimoniales. Ces deux groupes constituaient, alors, une seule ethnie endogame. Ils réalisaient, à eux deux, les mouvements de dispersion et de rassemblement saisonniers, observables, sous diverses formes, chez la grande majorité des peuples eskimos.

Les animaux terrestres et les animaux marins, dans la cosmogonie des Eskimos, dépendent de deux principes spirituels différents. Il importe donc de tenir toutes les activités liées à la terre et à la mer très séparées ; car il ne faut pas courir le risque d'irriter les Puissances… Ici, comme dans toute société humaine, les rites établissent et réaffirment par leur observance les bons rapports entre les hommes et les forces supérieures.

Aussi n'est-il pas douteux que le Peuple des Nombreux Bœufs Musqués observait les tabous, présents dans toute société eskimo où ce double faciès terre-mer entre en jeu. Le contenu des rites varie selon les lieux de la Terre, simple adaptation locale, mais les mouvements de respect, les attitudes de déférence, l'acceptation des interdits sont de toute la Terre, car du cœur des hommes.

Pour que reste séparé ce qui doit le rester, aucune femme ne coud de peaux de mammifères terrestres, Ovibos ou caribou, dans le temps où les hommes sont à la chasse des mammifères marins.

Quand l'ethnologue danois arrive en 1923 chez le Peuple des Bœufs Musqués, il n'y trouve plus aucun bœuf musqué. Mais si les Ovibos avaient physiquement disparu, ils étaient toujours culturellement vivants ; ils continuaient à tenir un rôle dans la littérature orale des Umingmaktôrmiut et dans ces exercices où fils de tendons et doigts agiles créent des figures pouvant, à mon sens, être considérées comme un véritable élément culturel "fossile" d'un temps où ces jeux de ficelle avaient valeur rituelle ; peut-être avant que la religion shamanique ne s'étende à tous les Eskimos.

Lorsque le Peuple des Bœufs Musqués méritait son nom, des rennes vivaient sur le même territoire que les Ovibos, chacun de ces mammifères se nourrissant de plantes différentes. Les Umingmaktôrmiut choisissaient entre les deux gibiers, ils avaient une préférence ; les techniques de chasse des Ovibos et des rennes sont différentes. Dans d'autres régions, par exemple le Nord de la côte ouest du Groenland, les mêmes faits ont été observés. Telle population qui vit dans un territoire où Ovibos et rennes coexistent ne chasse qu'un animal.

En 1923, les bœufs musqués avaient disparu. Pourtant, dans ce pays montagneux avec plateaux et vallées aux pentes souvent bien orientées, les Ovibos trouvent à cette latitude (67 degrés de latitude nord) une végétation plus abondante que dans le Haut-Arctique. De plus ce pays est vaste : quelque 100 kilomètres d'est en ouest et autant du nord au sud, de la place pour plusieurs milliers de bœufs musqués.

Tous les Ovibos tués ? Le Peuple des Bœufs Musqués ne chasse plus que le renne. Comment comprendre cela chez un peuple qui est désigné par tous ses voisins comme Peuple des Bœufs Musqués, c'est-à-dire traditionnellement connu de tous comme chasseur à l'intérieur des terres de ces animaux ? Les bœufs étaient nombreux et les hommes en petit nombre. K. Rasmussen, sans en avoir fait le comptage démographique, l'estime à une centaine, chiffre sans doute un peu trop bas. Une centaine ou une centaine et demie de personnes pour plusieurs milliers de bœufs musqués, cela permet un prélèvement annuel d'animaux pour la consommation humaine qui laisse le cheptel de ce gibier en bon équilibre numérique ; d'autant plus que la chasse aux phoques fournit la subsistance hivernale.

On peut donc faire l'hypothèse suivante : le Peuple des Bœufs Musqués a bien mérité son nom car il a vécu en équilibre écologique avec son gibier pendant longtemps. Il était nommé comme tel parce qu'il a duré comme tel. Chassant avec les armes traditionnelles, arcs et flèches, il abattait son gibier de base selon ses besoins alimentaires et techniques.

Mais une rupture s'est produite, et Rasmussen le dit expressément. L'ouverture du poste de commerce de Kent, éloigné de quelques journées de voyage, la possibilité d'acquérir des armes à feu et des munitions, en échange de peaux d'Ovibos ou de renne, fut le début d'un changement grave dans les modes de chasse. La facilité technique extermina les Ovibos. Le fusil, progrès technique, apparaît chez certains peuples comme le pire des contre-progrès. Il apporte avec lui le carnage, la mort et la disparition d'un équilibre centenaire. Il n'y a plus de bœufs musqués chez ce peuple dont cet animal fut la caractéristique pendant des générations, et qu'adviendra-t-il des rennes ? Écoutons le meilleur témoin de ces faits, K. Rasmussen (1923) : "Jadis, le nombre de rennes était si énorme qu'il fallait à un seul troupeau trois jours pour traverser une rivière à gué, bien que la marche ne s'arrêtât jamais [...] ce fourmillement d'animaux, se chiffrant par centaines de milliers, ne s'est pas produit l'an dernier (en 1922) dans la région des Umingmaktôrmiut."

Les rennes ont été chassés, depuis l'arrivée des fusils, avec une telle énergie qu'ils n'osent plus suivre les anciens chemins de migrations. Et avec l'explorateur danois, il faut conclure par une question grave... Après la disparition des bœufs musqués, si les rennes viennent à manquer dans cette région qui n'a pas d'autres ressources, que vont devenir les hommes ?

L'arme à feu casse un équilibre bien accordé entre besoins et ressources, brise une harmonie heureuse et durable entre hommes et animaux, créatrice de sécurité, de paix et de richesse culturelle, technique et littéraire. L'arrivée de l'arme à feu agit comme une drogue, elle intoxique l'homme, le rend fou, fou du plaisir de tuer sans besoin, elle le conduit au manque et à la pauvreté. Il faut alors à ces populations chercher péniblement d'autres ressources, un nouvel équilibre de vie, ou disparaître.

Progrès technique sans progrès moral : danger.

Michel-Alain Garcia, masque de danse à deux bouches avec une chevelure en fourrure de bœuf musqué. D'après une photographie de Robert Gessain à Ammassalik, 1935.

Ovibos dans l'art inuit, avec la galerie Art Inuit Paris.
https://vimeo.com/383115549

CHAPITRE 6

OVIBOS À L'ANTHROPOCÈNE

À mon arrivée ici, je découvris que le massacre de ces animaux (bœufs musqués) pour le commerce de leur peau était beaucoup plus important que je ne l'avais supposé… Ces animaux deviennent un peu plus rares chaque année, et même les baleiniers s'accordent pour dire qu'au rythme actuel du massacre, ils seront bientôt éteints sur la côte ouest de la baie d'Hudson.

WILLIAM T. VOLLMANN[1]

L'exploitation des bœufs musqués par les marchands et les explorateurs

Les hommes et les bœufs musqués ont cohabité pendant des millénaires. Les premiers ont trouvé en Ovibos une ressource pour se nourrir, se protéger du froid et, d'après les données archéologiques, le bœuf musqué a toujours été un gibier occasionnel et saisonnier. Ovibos pouvait continuer sa longue randonnée à travers l'Arctique à la recherche de quelques plantes à brouter en suivant le retrait des glaciers. Mais, partout dans le monde, tout a été sacrifié sur l'autel du profit et de l'appropriation dès la fin du XVIIe siècle. Ovibos va périr sous les assauts sans retenue, sans stratégie aucune, des explorateurs et des marchands toujours avides d'un profit à court terme.

D'après les récits des explorateurs, il est évident que le bœuf musqué était présent en grand nombre dans la partie nord-est du Canada, au nord-ouest de la baie d'Hudson et jusqu'à la latitude de Churchill au sud. Tout commence dès les premières observations de Nicolas Jérémie, puis de Samuel Hearne qui parcourut la toundra de 1769 à 1772 : la viande d'Ovibos est mangeable, sa laine est vantée comme une ressource de premier choix, une laine dont on peut faire des bas plus chauds qu'avec de la soie, comme l'écrivait Jérémie.

À partir de 1860, une exploitation plus sérieuse se met en place sous l'égide de la Compagnie de la baie d'Hudson, de chasseurs indépendants et de baleiniers. La Baie se lance dans cette nouvelle filière certainement pour compenser en partie la disparition du bison dans les plaines américaines. Elle organise le commerce de la peau d'Ovibos. Les salariés de la Compagnie ne déciment pas directement l'espèce, mais ce sont eux qui encouragent les Chipewyans et les Inuits à chasser pour eux. Le tarif offert pour une peau de bœuf musqué était bien plus élevé que pour les autres peaux, et ce pour un gibier plutôt facile à tuer. Ce commerce s'est poursuivi jusqu'en 1917, quand des mesures de protection furent mises en place, en particulier pour des raisons géopolitiques (voir p. 185). Le décompte macabre fait par William Barr en 1991 dans les registres de la Compagnie de la baie d'Hudson donne un total de 17 485 individus tués entre 1860 et 1916, avec un pic d'activité entre 1888 et 1893, qui voit près de 7 131 peaux d'Ovibos transiter par les comptoirs de la Compagnie. La population de la côte ouest de la baie d'Hudson, dans le secteur de Churchill et plus au nord, fut décimée. Cette activité a rendu les Chipewyans beaucoup plus dépendants que les Inuits qui restèrent toujours méfiants, préférant continuer à chasser pour eux-mêmes.

Partout dans l'Arctique, disséminées sur les côtes, à l'embouchure des fleuves, des cabanes appelées pourvoiries témoignent de la dispersion des agents de la Compagnie (voir l'annexe p. 236). En septembre 2019, j'ai pu découvrir l'un de ces avant-postes de la mondialisation, situé dans un site hautement stratégique pour la navigation. Fort Ross : voilà un nom bien ronflant pour ces deux modestes cabanes perdues dans un univers aride de roches orangées et de moraines glaciaires ; le paysage est lunaire. Sur la façade de l'une d'elles s'affiche fièrement : Hudson Bay Company, à la peinture craquelée par le gel et le vent mauvais. Monuments dérisoires d'une aventure révolue. Au moment où la

Compagnie est venue s'installer ici en 1937, il était déjà trop tard, la station ne fonctionnera que trois ans. Déjà, avant la Seconde Guerre mondiale, la période des excès touche à sa fin, la fourrure perd des parts de marché, les régions polaires ont été vidées. Les gens ont la tête ailleurs. À quelques encablures, dans le fameux détroit de Bellot étonnamment libre de glace, une belle harde de six bœufs musqués regarde passer notre navire. Petits et grands au sommet de la falaise de l'île Somerset forment comme des balises nous indiquant la bonne direction. La glace est fluctuante ; en 2018, un seul bateau a pu passer ce goulet de 800 mètres de large à l'endroit le plus resserré, un autre a coulé et onze autres ont fait demi-tour. La Baie, le nom actuel de la Compagnie de la baie d'Hudson, a quitté les lieux depuis longtemps, mais Ovibos y est toujours. L'Arctique n'est pas une terre de certitudes, mais d'humilité.

Fort Ross, île Somerset, août 2019.

Il est presque impossible d'estimer le nombre de peaux exploitées par les chasseurs indépendants durant le XIXe siècle, mais il ne doit pas excéder un millier. Si on souhaite se faire peur, on y ajoute les estimations de chasse des baleiniers, qui complétaient leurs voyages en faisant le trafic de peaux de bœufs musqués, et l'on atteint plus de 22 000 bœufs musqués, sans compter évidemment les animaux perdus. On comprend pourquoi l'espèce a frisé l'extinction au Canada alors qu'aucune estimation de la population n'existait avant ces abattages massifs. Dans l'Est du Groenland, ce sont les trappeurs danois et norvégiens qui font payer un lourd tribut aux bœufs musqués de 1898 à 1930. Ces chasseurs n'en faisaient pas commerce mais les abattaient pour se nourrir, appâter les pièges à renard polaire et nourrir leurs chiens. Chaque équipe de trappeurs avait 100 kilomètres de côte à exploiter, sur lesquels étaient disposées des cabanes. En 1929 par exemple, pour une station avec 5 trappeurs, 60 renards polaires d'élevage, 2 oursons polaires comme animaux de compagnie et 10 chiens de traîneau, il a fallu abattre 175 bœufs musqués en un seul été. À ce rythme, il était évident que cela ne resterait pas viable bien longtemps. Il a fallu l'affirmation définitive de la souveraineté danoise pour que le bœuf musqué retrouve une certaine tranquillité. Seuls les Groenlandais habitant la côte est ont encore aujourd'hui droit à cette chasse. Parallèlement à ces exploitations commerciales, bien organisées comme peut l'être la Baie ou plus floues avec les chasseurs scandinaves, il faut se plonger dans les récits des expéditions polaires du XIXe siècle, toujours à la recherche de trois fantasmes : le passage du Nord-Ouest, la mer libre du pôle et la conquête du pôle lui-même.

Ces voyages périlleux furent pour l'essentiel menés par des marins britanniques ou des militaires américains sous le commandement des amirautés qui édictaient des ordres très précis, souvent en décalage total avec les conditions de survie dans l'Arctique à cette époque. L'incompétence et l'arrogance faisaient loi pour dicter les prérogatives dans un milieu extrême, aux contraintes multiples et souvent imprévisibles, à l'origine de nombreux drames. La hiérarchie militaire stricte, la lutte entre les classes sociales, l'arrogance vis-à-vis des populations inuites et la négation des compétences des baleiniers, pourtant grands connaisseurs de ces régions, furent à l'origine de drames épouvantables, comme l'expédition du britannique Nares (1875-1876) qui finit avec 9 marins valides seulement sur 52, et l'expédition dirigée par l'Américain Greely de 1881 à 1884, occasionnant 19 morts dont 16 de faim. Les hommes en situation de survie, souvent affaiblis par le scorbut, voient alors dans le bœuf musqué le moyen de continuer coûte que coûte. Le scorbut est une carence en vitamine C qui affaiblit les tissus, déchausse les dents, engendre des hémorragies. L'apport de viande fraîche, de certains végétaux riches en vitamine C comme le chou ou le jus de citron, était le bon remède pour éviter que ce fléau ne se transforme en catastrophe.

La recherche de l'expédition de Sir John Franklin, disparue dans les glaces de l'Arctique canadien entre 1845 et 1848, apporta beaucoup à la connaissance de cet archipel. De nombreuses explorations ont été lancées dans ce dédale infernal gardé par un Minotaure multiforme et changeant : la banquise. Des bateaux broyés, des hommes perdus, la liste est longue et évidemment, pour survivre, toutes ces expéditions ont abattu des bœufs musqués, gibier facile et encore abondant. En visitant l'île Beechey, un confetti de sable glaciaire rattaché à l'île Devon par un isthme de gravier étroit, on comprend le dénuement, le désespoir qui devaient affecter les marins. Quatre plaques tombales, deux cénotaphes témoignent de la mort des marins pendant l'expédition Franklin et rendent hommage au chef d'expédition et à l'officier de marine français Joseph Bellot, disparu dramatiquement durant une mission de recherche. Aucune trace animale, l'endroit est un désert minéral. C'est pour conquérir ces immensités stériles que des hommes sont morts, qu'ils ont tué des bœufs musqués pour tenter de vaincre, en vain, tous les maux du monde polaire.

Les tombes de l'expédition Franklin sur l'île Beechey, Nunavut, août 2019.

Les récits d'explorateurs polaires du XIXe siècle sont tous parsemés de scènes d'abattage de bœufs musqués. Avec des fusils, la chasse est facile, la harde est encerclée, en position de défense comme si elle faisait face à une meute de loups. Cette méthode de défense a fait ses preuves pendant des millénaires, même face aux hommes armés de modestes arcs et de frêles javelots. Mais lorsque les armes à feu sont arrivées sous les plus hautes latitudes, Ovibos a plié l'échine. Regroupées, les bêtes devenaient un gibier facile, une cible idéale. Le massacre fut définitif dans bien des régions, le bœuf musqué disparut de l'Ouest de la baie d'Hudson dès le milieu du XVIIIe siècle. Le chasseur occidental en mal de viande fraîche ajustait et tirait, le troupeau s'effondrait peu à peu. Les peaux étaient conservées pour faire des couvertures et la viande, découpée et salée.

Je ne citerai que quelques exemples dans cette longue litanie. Ces textes peuvent nous fournir des détails sur l'état des populations et parfois sur certains comportements.

Le Dr Isaac Israel Hayes*, dans sa quête de la mer libre du pôle (1860-1861), fantasme qui dura quelques décennies avant qu'on se rende compte qu'il n'y avait que de la banquise sous les plus hautes latitudes, raconte, lors de son passage au nord du Groenland :

> (Vallée de Chester.) J'ai ramassé aussi un fragment de crâne de bœuf musqué dans un endroit qui prouvait surabondamment que l'animal lui-même avait servi de nourriture aux habitants de la cabane. J'en parlai au Nagelak* ; il m'assura avoir souvent entendu dire que les bœufs musqués étaient autrefois nombreux sur toute la côte ; on en rencontrait encore quelques-uns et, pas plus tard que l'hiver précédent, un chasseur du détroit de Wolstenholme en avait abattu un sur deux qui paissaient près d'un lieu nommé Oomeak. Ce ruminant n'aurait pas encore disparu du Groenland, comme le supposent plusieurs naturalistes[2].

À la fin de l'ouvrage, Hayes décrit Ovibos et précise : "Suivant les Esquimaux du détroit de Smith, l'oumemack, ou bœuf musqué, a disparu de leurs terres de chasse au commencement de la génération actuelle ; si rien n'arrête cette progression décroissante, on peut prévoir le jour prochain où le dernier bœuf musqué disparaîtra de la surface de notre planète."

À noter que c'est pourtant dans ce secteur que Peary – quelques décennies plus tard – fit d'importantes chasses aux bœufs musqués. Il est clair que certaines expéditions au dénouement dramatique ne doivent la survie de quelques-uns de leurs membres qu'aux bœufs musqués, comme l'expédition du *Polaris* dirigée par George Tyson qui abattit 26 bœufs musqués dans le détroit de Kennedy pour subvenir aux besoins de son équipage pendant un hiver terrible, entre 1872 et 1873.

L'expédition américaine menée par le major Adolphus Greely dans la baie Lady Franklin, au nord de l'île d'Ellesmere, fut un désastre. Greely, vétéran de la guerre d'Indépendance, était porteur d'ordres de sa hiérarchie militaire qui conduisirent les membres de l'expédition à la catastrophe, les poussant au cannibalisme. Avant d'en arriver à cette extrémité, ils avaient abattu quelques ovibos dans les alentours de Fort Conger, leur base, puis à proximité du lac Hazen. Ils utilisaient les peaux comme sac de couchage. Si le premier hiver se passa dans de bonnes conditions, les deux suivants furent catastrophiques : "À côté de la station, deux bovillons sont tués le 12 [juin 1882], et sept le 13. Avec cette harde, nous avons capturé quatre veaux. Ils furent amenés à la station [...] mon intention était de les emmener aux États-Unis grâce au bateau de ravitaillement de 1882, mais trois moururent en octobre et nous avons fini par tuer le quatrième[3]." Par méconnaissance et/ou imprudence, la viande de bœuf musqué n'a pas été convenablement conservée et 750 kilos de viande avariée furent donnés aux chiens le 4 juillet 1882.

Dans sa tentative pour rejoindre le pôle Nord (1908), Frederick Cook* eut aussi beaucoup recours à la viande de bœuf musqué. Mais, au retour du pôle, la chasse ne fut pas facile pour les explorateurs affamés et sans munitions :

> Un jour plus tard, deux bœufs musqués ont été vus paissant le long de la moraine d'un glacier en perte de vitesse. Le bœuf musqué est un animal pacifique qui évite les conflits mais, contraint au combat, il est l'un des plus désespérés et des plus dangereux de tous les combattants du monde sauvage. Il peut donner et donne la charge la plus fatale de tous les animaux à cornes. Aucun taureau espagnol de la pampa, aucun buffle des plaines n'a l'encornure ni l'intelligence nécessaires pour ravager ses ennemis, tout comme ce taureau au regard inoffensif du monde de la glace. L'intelligence, en effet, est un facteur important car, après avoir observé les bœufs musqués pendant un temps dans des conditions variées, on en vient à

admirer leur intellect presque humain ainsi que leur pouvoir surhumain de délivrer une force créée par eux-mêmes. Notre seul moyen d'attaque était l'arc et la flèche. Les garçons se sont glissés derrière des rochers jusqu'à quelques mètres des créatures sans méfiance. Ils ont plié les arcs et les flèches, ont accéléré avec la force et la précision que seul un sauvage affamé peut maîtriser. Mais les peaux des bêtes étaient trop fortes. Les bœufs musqués ont sauté et ont fait face à leurs assaillants. Chaque flèche, comme elle est venue, a été brisée en attelles par les pieds et les dents. Lorsque les flèches ont toutes été utilisées, une arme encore plus primitive a été essayée, car la fronde a été utilisée avec de grosses pierres. Les bœufs musqués ont pris ces missiles avec bonhomie, n'avançant que de quelques pas sur un rocher de granit, sur lequel ils ont affûté la pointe de leurs cornes et attendu de nouveaux développements. Aucune blessure grave n'a été infligée et ils ne font aucun effort pour s'échapper[4].

Ils réussirent pourtant à tuer quelques animaux avec des pierres savamment ajustées et purent survivre grâce à cette viande durement gagnée. Frederick Cook écrira plus tard : “Le bœuf musqué nous permettait de suppléer aux besoins de notre vie de robinsons. Avec les os, nous fabriquions des harpons, des pointes de flèche, des manches de couteau, des pièges à renard et des pièces de rechange pour les traîneaux. Nous utilisions la peau et sa superbe fourrure pour nous faire des lits et tapisser les parois de notre igloo. Elles nous servaient aussi à faire toutes sortes de vêtements, mais avant tout elles nous permettaient d'avoir des manteaux avec des capuchons, des chaussettes et des mitaines[5].”

Les guides inuits de Frederick Albert Cook.

Je ne peux pas passer sous silence l'explorateur américain Robert Peary qui, dans son acharnement, voire son aveuglement à placer la bannière étoilée au sommet du monde, participa à une destruction massive des grands herbivores du Haut-Arctique. Il a armé les Inuits d'Etah, la communauté la plus au nord du Groenland, pour lui fournir l'alimentation nécessaire à ses expéditions. Il a lui-même abattu des dizaines, voire des centaines de bœufs musqués. Amateur de beaux coups de fusil, il tire Ovibos pour se nourrir mais aussi pour montrer sa puissance et son habileté. Dans les termes employés, on sent le chasseur de trophée qui ne se salit pas les mains à écorcher son gibier, mais le laisse faire par ses employés :

> J'appuyai sur la gâchette. Le chef de la troupe s'écroula sur le flanc. J'avais atteint le point vulnérable au défaut de l'épaule où l'on doit toujours tirer le bœuf musqué, car viser à la tête, c'est vouloir perdre ses munitions. Comme le taureau tombait, une vache sortit du troupeau et mesura le sol à son tour. Les autres, une seconde vache et deux bêtes d'un an, furent l'affaire de quelques instants.

Je laissai Oblooyah et Koolatoonah dépouiller et détailler les bêtes abattues pendant qu'Eghingwah et moi allions à la poursuite du solitaire deux milles plus loin[6].

Plus de 1 000 bœufs musqués ont été abattus sur l'île d'Ellesmere entre 1880 et 1917, date de la protection de l'espèce. Il est évident que ces abattages massifs ont perturbé durablement la dynamique de cette population. Les expéditions scientifiques et ethnographiques ne sont pas en reste. Le capitaine George Nares, à bord de l'*Alert*, dirige une expédition clairement scientifique en 1875-1876 pour étudier les glaces et la faune des régions arctiques entre le Groenland et l'île d'Ellesmere. L'expédition fut bloquée dans les glaces et les hommes durent chasser :

Grandes réjouissances ce matin : avec une carabine de petit calibre, deux balles et trois cartouches métalliques, Parr a tué trois bœufs musqués ! Il les aperçut pâturant à quatre kilomètres du bord et, sans perdre de temps, nous envoya prévenir. On se précipita sur la côte dans le but de les cerner, mais déjà l'affaire était faite : de son premier coup de feu, notre ami en avait abattu un ; les autres, qui, suivant l'habitude de ces ruminants, étaient demeurés près de leur compagnon, ne tardèrent pas à partager son sort[7].

Albert Markham, l'autre commandant, rédige un tout autre compte rendu, un peu plus pittoresque et cynégétique :

Sages avions-nous été de disperser nos forces : au retentissement du sifflet d'un des navires, les bœufs musqués prennent l'alarme et détalent à toute vitesse vers un profond ravin. Un couple de chasseurs les attendait qui, déchargeant leurs armes, en abattent deux sur le coup. Les autres, tournant tête sur queue, s'élancent à l'escalade d'une colline escarpée, pour trouver deux nouveaux ennemis qui font mordre la poussière au reste des malheureux ruminants. Une des premières victimes fut le taureau de la bande, un noble animal à la vie si tenace qu'il fallut pour l'achever tirer plusieurs coups presque à bout portant… La curée ne put être ni vite, ni bien faite, car nous n'avions pas tous de couteaux dans nos poches ; à neuf heures du matin cependant, on hissait à bord neuf cent soixante kilogrammes de bonne viande fraîche, aubaine inappréciable pour le commissariat[8].

"Une des premières victimes fut le taureau." Albert H. Markham, La Mer glacée du pôle, *Hachette, Paris, 1880, p. 91.*

Otto Sverdrup, pendant ses quatre années passées dans l'Extrême-Nord canadien (1898-1902), raconte de nombreuses chasses. Mais, contrairement à d'autres, il montre de l'empathie pour les bœufs musqués, il chasse par nécessité de survie, non pour le plaisir :

À ce moment, le troupeau était dispersé ; à la vue de l'escadron qui arrive sur lui, en un clin d'œil il

> s'assemble et forme un carré. Les bêtes serrées les unes contre les autres, croupe contre croupe, constituent une même énorme masse noire. Pour repousser l'attaque, les bœufs exécutent leur manœuvre habituelle. À tour de rôle, ils chargent, tête baissée, soulevant un nuage de poussière et soufflant bruyamment leur puissante haleine qui, dans ce froid terrible, donne naissance immédiatement à un nuage épais. Pendant ce temps, Fosheim tourne autour du carré pour prendre de bonnes positions et ne tirer qu'à coup sûr ; il vise au front, au-dessous des cornes, et chacune de ses balles abat un de ces monstrueux animaux. Parfois, quoique grièvement atteint, le bœuf ne tombe pas et s'avance menaçant vers le chasseur, en poussant des grognements terribles. Les chiens alors se jettent sur lui, et la pauvre bête roule bientôt pour ne plus se relever. Lorsque Bay et Shei arrivent, il ne reste plus debout que quelques jeunes animaux et cinq veaux. À une heure, nous avions aperçu le troupeau ; à onze heures, il était exterminé. Vingt cadavres fumants jonchent le sol. Ce massacre m'a rendu tout triste. À quelle extrémité en sommes-nous arrivés ? N'est-ce pas un crime de tuer ces superbes bêtes inoffensives ? Au début, lorsque les taureaux chargeaient, il y avait, au moins, lutte, mais eux tombés, ça n'a plus été qu'une affreuse boucherie. Au milieu du carré, tous les jeunes demeurés debout sont enfermés dans un rempart de cadavres sanglants. Leurs beaux yeux implorent le secours et, au lieu de répondre à leur appel, nous leur envoyons une grêle de balles, assassins que nous sommes[9].

Peter Freuchen* raconte ses chasses partagées avec Knud Rasmussen pendant leurs nombreuses expéditions à travers l'Arctique, en particulier la cinquième des expéditions dites "de Thulé", de 1921-1924. Il nous éclaire sur certaines particularités du comportement d'Ovibos, comme la protection des autres membres du groupe, et surtout relate une chasse épique :

> Un jour, avec Knud Rasmussen, nous étions partis à la recherche de bœufs musqués (ça ne pouvait pas vraiment s'appeler de la chasse, c'était plutôt de la boucherie) et nous avions brûlé toutes nos cartouches moins sept. Nous marchions lentement, chargés de tout ce que nous pouvions rapporter de viande à la maison, quand nous vîmes devant nous sept de ces animaux qui barraient l'étroit sentier. Bien que les bœufs musqués attendent tranquillement la balle du chasseur, c'est le diable de les tuer. Leur longue et rude toison ne permet guère de déterminer la place du cœur et leur grand crâne osseux fait dévier en général le plomb. Nous savions que notre adresse serait mise à l'épreuve pour tuer sept pièces avec sept cartouches, et c'était une tentative qui nous mit en fâcheuse posture. Nos munitions épuisées, trois vaches barraient encore le chemin et deux des bêtes abattues n'étaient pas mortes. Knud saisit mon grand couteau et résolut de faire le toréador pour la circonstance, en me priant d'être le picador. J'étais chargé d'attirer l'attention des bêtes et de les approcher, une pierre à la main. Au moment décisif, je lancerais la pierre et Knud, se glissant furtivement par-derrière, leur plongerait la lame entre les épaules. Le plan réussit pour une des vaches, mais alors elles s'intéressent plus au matador qu'à un picador. Nos fusils étant inutiles, nous dûmes frapper au couteau entre les côtes, ce qui n'est pas un procédé convenable pour tuer un bœuf musqué. Nous finîmes par les voir tous morts devant nous (nous avions tous deux reçu des coups de corne) et je jurai que c'était la dernière fois que je chassais ce gibier-là sans munitions. Par la suite, les Esquimaux nous ont dit que, dans l'ancien temps, avant qu'ils n'eussent des fusils, on ne recherchait pas beaucoup

la viande de bœuf musqué, parce que, ainsi que les ours polaires, “ils n’aiment pas avoir un harpon dans le corps”[10].

Lauge Koch, lors de ses pérégrinations géologiques et cartographiques dans le Nord du Groenland en 1913, donne une tout autre vision :

> Nous venions d’arriver sur un sommet de moraines et nous allions en descendre, quand nous nous arrêtâmes net tous les deux ; juste au-dessous de nous, deux bœufs musqués broutaient avec calme. Nous nous assîmes un instant pour contempler ces magnifiques animaux. Inuiterk proposa de retourner en arrière chercher un fusil (nous étions tous deux sans armes) mais, comme nous avions assez de viande, nous y renonçâmes. Je comptais terminer mes travaux dans le cours de la nuit, et mon intention était de chercher le plus tôt possible le fond du fjord de l’Indépendance. [...] Nous laissâmes donc les bœufs tranquilles et descendîmes dans la vallée en passant à courte distance d’eux. Ils nous fixèrent d’abord avec étonnement, puis s’éloignèrent un peu et ne manifestèrent en somme aucune crainte, bien que notre parcours passât juste devant eux. Divers indices semblaient dénoter une certaine abondance de bœufs musqués dans cette contrée[11].

Tous ces récits n’apportent que quelques informations sur les comportements de l’espèce, notamment sur celui de défense, et sur la conservation de la viande. Par contre, ils nous renseignent sur la densité d’individus, leur répartition, et le constat est accablant. En règle générale, le chasseur occidental armé d’une arme à feu ne connaît plus la vie de son gibier, il l’observe de loin pour mettre en place la meilleure stratégie pour le meilleur rendement, et tire. Qu’a-t-il appris de son alimentation, de son adaptation, de sa vie sociale ? La chasse ne sera qu'un événement de plus de son récit, dans lequel il pourra se glorifier du nombre de bêtes abattues. Ces abattages massifs ont bousculé les habitudes alimentaires des peuples autochtones, qui ont dû chasser les phoques en plus grand nombre face à la disparition des grands herbivores. La conquête du pôle Nord, trop souvent racontée comme une épopée romanesque, n'était autre que le reflet d'une appropriation coloniale des plus hautes latitudes. Spoliant les populations locales de leurs territoires de chasse, de leurs gibiers, de leur mode de vie, l'explorateur ne supporte pas de mesure dans sa quête de suprématie et de pouvoir. Le bœuf musqué fut le carburant de la conquête de l'Arctique canadien ou du pôle Nord, nourrissant les hommes et les chiens. Les cartes témoignent de cet acharnement et de l'intérêt porté au bœuf musqué. Saupoudrés dans le Nord du Canada, ces noms rappellent des chasses fructueuses, des abattages massifs : Muskox Lake, Muskox Point, Muskox Cape, ainsi que Muskox Fjord dans l'Est du Groenland.

Comme si la présence d'Ovibos pouvait baliser l'immensité, les Inuits ont aussi fait référence aux bœufs musqués pour nommer des repères géographiques, écrits avec le syllabaire inuktitut : ᐅᒥᖕᒪᒃ, *umingmak* qui est signe de vie, de bombance et de chaleur. Umingmaktok peut se traduire par "il a attrapé un bœuf musqué". Ce site, situé dans la région de Bathurst, dans la province du Nunavut, est maintenant abandonné. Cette communauté s'appelait Fort Chimo avant de reprendre son nom d'origine inuite. Le même nom est aussi utilisé à proximité de Kuglugtuk. Umingmaktalik, à proximité de Grise Fiord sur l'île d'Ellesmere, signifie "l'endroit où il y a beaucoup de bœufs musqués". Umingmalik, proche de Cambridge Bay, est "l'endroit où il y a des bœufs musqués". Le même nom de lieu se retrouve à proximité de Rankin Inlet, et un autre site porte le même nom à l'ouest de Baker

Lake[12]. Ovibos est un repère géographique et historique, un héros de la cosmologie boréale, comme a pu le colliger Rasmussen lors de sa déambulation arctique.

Chasse dans le Nord-Est du Groenland en 1899, lors d'une expédition menée par le professeur Alfred Gabriel Nathorst, conservateur du Muséum national d'histoire naturelle de Suède.

Retour et introduction

Après des décennies de destructions massives, les gouvernements réagissent, mais leur apitoiement face au sort du bœuf musqué cache d'autres velléités. De nombreuses espèces animales ont eu une influence et continuent à en avoir sur les relations géopolitiques internationales. Si pour certaines espèces, comme les baleines, l'éléphant, l'ours polaire, voire le castor, les choses sont évidentes, pour Ovibos cela semble moins limpide, et pourtant… Le bœuf musqué sera au cœur d'un imbroglio géopolitique et ce feuilleton diplomatique mérite quelques éclaircissements.

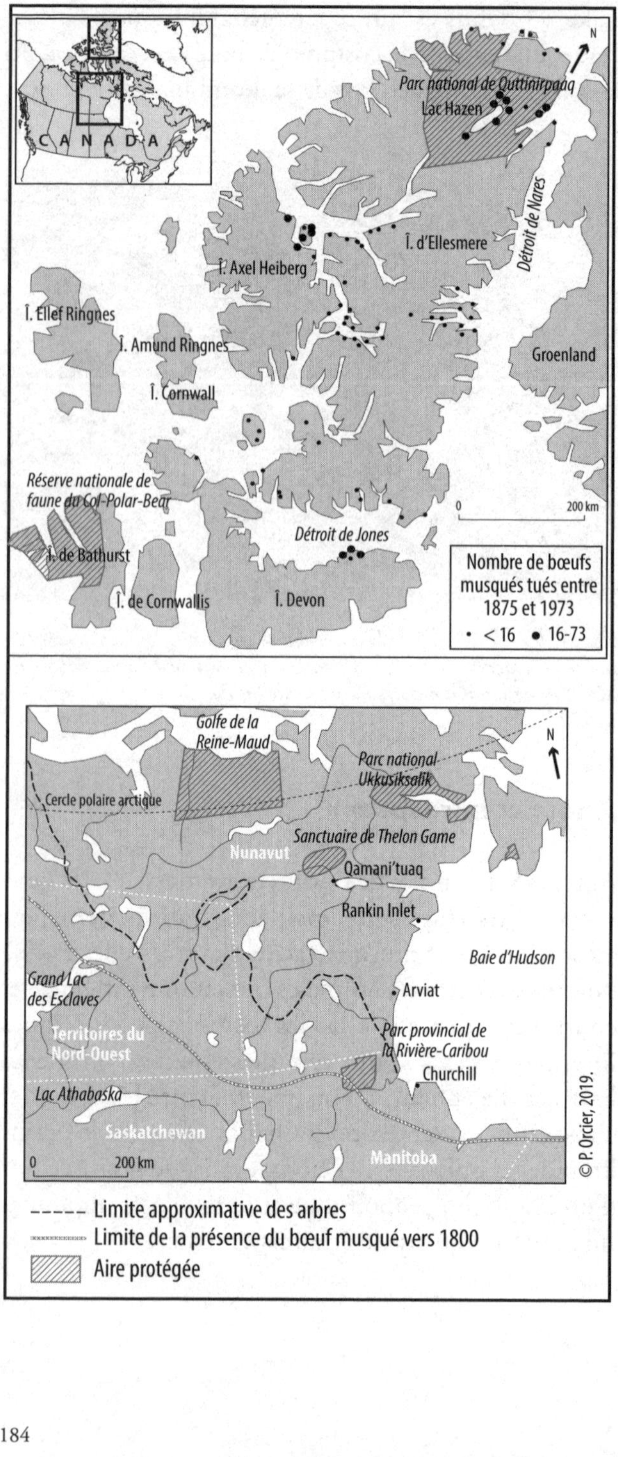

CANADA
N
Parc national de Quttinirpaaq
Lac Hazen
Détroit de Nares
Î. d'Ellesmere
Î. Axel Heiberg
Î. Ellef Ringnes
Î. Amund Ringnes
Groenland
Î. Cornwall
Réserve nationale de faune du Col-Polar-Bear
0
200 km
Détroit de Jones
Î. de Bathurst
Nombre de bœufs musqués tués entre 1875 et 1973
• < 16 • 16-73
Î. de Cornwallis
Î. Devon
Golfe de la Reine-Maud
Parc national Ukkusiksalik
Cercle polaire arctique
Sanctuaire de Thelon Game
Nunavut
Qamani'tuaq
Rankin Inlet
Baie d'Hudson
Grand Lac des Esclaves
Arviat
Territoires du Nord-Ouest
Parc provincial de la Rivière-Caribou
Churchill
Lac Athabaska
Saskatchewan
0
200 km
Manitoba
© P. Orcier, 2019.
Limite approximative des arbres
Limite de la présence du bœuf musqué vers 1800
Aire protégée

En 1917, le gouvernement canadien prend conscience de la diminution de la population de bœufs musqués et promulgue le Northwest Game Act, la loi sur le gibier du Nord-Ouest ; une protection effective du bœuf musqué est clairement édictée, les populations des îles Victoria, Banks et Melville sont protégées. À cette époque, les bœufs musqués ayant disparu du Nord du Groenland après l'armement des populations inuites par Peary, les chasseurs traversaient le détroit de Nares pour effectuer des prélèvements dans les troupeaux des territoires canadiens. En 1920, le Danemark souhaite continuer à chasser dans le Grand Nord canadien sur les recommandations de Knud Rasmussen, prétextant que ces territoires du Haut-Arctique pouvaient être considérés comme des *terra nullius.* Aucun habitant, aucun poste canadien n'occupe ces territoires compris entre 74 et 82 degrés de latitude nord. En 1923, un article du *New York Times* dénonce "une des pires tragédies de notre génération" et dénombre seulement 100 ovibos vivant encore en Amérique du Nord. D'autres publications précisent qu'il ne restait plus que 200 ou 300 individus dans le Canada continental en 1927. Ils seront protégés par la création du Thelon Game Sanctuary. S'étirant sur environ 260 kilomètres de toundra, la Thelon est une rivière de faible altitude, bordée d'arbustes et de graminées, s'étendant sur une surface deux fois grande comme la Belgique. En canot, vous vous promenez parmi des épinettes millénaires et vous pensez que vous êtes dans la forêt boréale, puis vous grimpez sur une hauteur de 30 mètres pour voir la végétation disparaître et une toundra rase s'étirer jusqu'à l'horizon. Le site était idéal pour que les bœufs musqués prospèrent. En 2012, la population était estimée à plus de 2 300 individus[13].

À la suite de la loi de 1917, des officiers de la Royal Canadian Mounted Police (RCMP) sont envoyés dans le Grand Nord pour verbaliser les bateaux norvégiens et les chasseurs groenlandais qui chassent illégalement sur les territoires canadiens. En protégeant le bœuf musqué, ils deviennent des gardes-frontières et affirment la souveraineté canadienne. Les traces de ces postes avancés, perdus dans l'immensité arctique, subsistent encore : sur l'île Devon, à Dundas Harbour, les baraquements de la RCMP sont bien visibles dans le paysage couleur ocre. Des gendarmes ont vécu là de 1924 à 1951, parfois au péril de leur vie comme en témoigne encore le carré du petit cimetière aux barrières repeintes de blanc, honoré chaque année par leurs collègues. Dans la toundra, des squelettes de bœufs musqués jonchent le sol. Cette île, la plus grande sans aucun habitant, est un réservoir de gibier pour la population de Resolute Bay, sur l'île Cornwallis. Ce village a été créé de toutes pièces en déportant des familles originaires du Labrador, bien plus au sud. Leurs membres n'ont rien retrouvé là de ce qu'ils connaissaient, et beaucoup sont morts. Heureusement, l'île Devon accueille Ovibos. Les dernières estimations, environ 2 000 individus sur l'île, montrent que la population est en croissance et que le quota de chasse peut être relevé à 15 animaux. Cette régulation est également utile pour préserver le rare caribou de Peary, qui vit également sur Devon. Les deux espèces sont concurrentes, et réguler Ovibos libère des zones d'alimentation pour le caribou[14].

Les Norvégiens avaient aussi des ambitions sur ces terres après les explorations d'Otto Sverdrup, qui a exploré pendant quatre ans, de 1898 à 1902, les îles qui porteront son nom, l'île d'Ellesmere et des îles proches. Il cartographiait, notait, photographiait. Il avait été envoyé par le gouvernement norvégien qui réclamait la souveraineté sur les terres qu'il venait d'explorer.

En 1930, le gouvernement canadien négocie l'achat des notes et cartes de Sverdrup pour 67 000 dollars en échange de la reconnaissance de la souveraineté canadienne par la Norvège. La réciproque aura lieu pour les îles Jan Mayen dans l'Atlantique nord et Bouvet dans l'Atlantique sud. Mais l'échange de notes diplomatiques associé à cette tractation laisse la possibilité aux Norvégiens de venir chasser dans cette région. La Norvège transmet au Canada sa reconnaissance de souveraineté : “Nous informons le gouvernement de Sa Majesté au Canada que le gouvernement norvégien, qui ne revendique pas la souveraineté sur les îles Sverdrup, reconnaît formellement la souveraineté de Sa Majesté britannique sur ces îles.” Cette note, expédiée un peu trop vite, sera complétée par celle-ci : “[…] cette note fut expédiée dans l'hypothèse de la part du gouvernement norvégien que le gouvernement de Sa Majesté britannique au Canada se déclare disposé à ne pas interposer d'obstacles à la pêche, à la chasse ou aux activités et échanges norvégiens dans les zones que cette reconnaissance comprend[15].” La loi de 1917, renforcée en 1926, sera un argument efficace pour s'opposer aux exigences de la Norvège. En décembre 1926, l'Association de protection de la nature norvégienne (Landsforeningen for Naturfredning i Norge) s'appuie sur la protection au Canada pour écrire au ministère des Affaires étrangères norvégien une lettre ouverte réclamant une clause spéciale dans les accords entre les deux pays pour protéger Ovibos. En 1929, une déclaration est publiée à l'issue du XVIIIe Congrès des naturalistes scandinaves, se tenant à Copenhague :

> Le temps est maintenant venu : ce que nous craignons, c'est de voir disparaître le bœuf musqué dans l'Est du Groenland, au nord du Scoresby Sund. Les gouvernements du Danemark et de la Norvège devraient donc immédiatement prendre des mesures pour le protéger. Et pourquoi le Danemark et la Norvège ne seraient-ils pas d'accord sur cette question et ne suivraient-ils pas l'exemple donné par le Canada, où l'existence du bœuf musqué était également menacée puisque son aire de répartition et son nombre d'individus étaient considérablement réduits ? Depuis plusieurs années déjà, le bœuf musqué est strictement

protégé au Canada, et la population autochtone (Indiens et Esquimaux) et les expéditions scientifiques autorisées à chasser les animaux ne sont absolument pas nécessaires[16].

À partir de 1930, le Danemark n'aura plus aucune velléité sur le Nord canadien, le gouvernement canadien venant de reconnaître la souveraineté danoise sur le Groenland. Un véritable Monopoly arctique se termine, avant de reprendre récemment sous d'autres formes. Selon William Barr, le Canada a utilisé la mise sous protection du bœuf musqué pour faire valoir son autorité sur le Haut-Arctique à proximité du Groenland. Il continue à utiliser la préservation de l'environnement comme un outil géopolitique, en protégeant par des parcs nationaux les territoires bordant le passage du Nord-Ouest. Ces mesures de conservation viennent renforcer son contrôle et fragilisent toute tentative hasardeuse de navigation dans ce dédale que certains voudraient emprunter sous le regard interrogatif des bœufs musqués de l'île Somerset.

En 1933, la souveraineté du Danemark sur le Groenland étant admise face aux velléités de la Norvège, les trappeurs norvégiens quittent les lieux. Un parc national est mis en place pour protéger l'ensemble du Nord-Est du Groenland. La faune retrouve sa tranquillité, loups et bœufs musqués sont libres de s'affronter. Grâce à ces mesures qui arrivent juste à temps pour conserver les populations, le retour des ruminants sera possible. La résilience des populations de bœufs musqués a quelque chose d'incroyable. Après des années de destruction massive, dès que la chasse est stoppée ou réglementée, le nombre d'individus repart à la hausse, avec des taux de reproduction élevés. Charles Rabot, dans un article daté de janvier 1900 dans la revue *La Nature*, nous le raconte : "En 1881 et 1882, l'Américain Greely en tua 200 sur les 400 qui habitaient alors la Terre de Grinnell. En 1898, lorsque, pour la première fois depuis seize ans, des explorateurs sont revenus dans les parages, ils ont trouvé ce gibier très abondant. Après l'hécatombe qu'ils avaient subie, vivant dans la paix la plus profonde, les troupeaux s'étaient reconstitués." Il ne dit pas combien furent tués par cette dernière expédition ni combien il en resta après.

Alors que les populations étaient exterminées sur le continent américain et éradiquées en Sibérie, seules celles de la réserve faunique de Thelon, de l'île d'Ellesmere et de l'Est du Groenland ont survécu. Des prélèvements effectués dans ces petits groupes ont permis d'introduire ou de réintroduire l'espèce en Alaska, en Sibérie, au Labrador, en Norvège. Mais ces transplantations ne sont pas innocentes et semblent résonner comme un vaste projet de colonisation de l'Arctique édifié dès le début du XXe siècle. L'ouvrage du Canadien d'origine islandaise Vilhjálmur Stefánsson *The Northward Course of Empire*, concernant la domestication et publié en 1922, est un manifeste pour l'expansion coloniale dans l'Arctique. Il décrit les possibilités industrielles, les routes aériennes transpolaires, la vie facile. L'un des chapitres majeurs de cet ouvrage clairement géopolitique concerne spécifiquement l'implantation du bœuf musqué, élevé au rang d'acteur principal de cette colonisation.

> Je pense que c'est en janvier 1916 que mes idées concernant la domestication des ovibos et leur importance comme source d'approvisionnement alimentaire mondial ont pris assez de forme pour être présentées à quelques personnes qui, je l'espérais, deviendraient des sponsors du mouvement. J'avais avec moi une machine à écrire et du papier carbone, donc j'ai écrit une lettre en quatre exemplaires, adressée au colonel Roosevelt mais envoyant des copies à trois autres hommes, Sir Robert Borden, alors Premier ministre du Canada, Sir Richard McBride, alors haut-commissaire pour le Canada à Londres, et Sir Edmund Walker,

> président de la Banque canadienne de commerce à Toronto. La lettre était adressée à Roosevelt parce que, par-dessus tout, il avait l'imagination et le type d'esprit pionnier pour ce genre d'entreprise. Les copies ont été envoyées aux Canadiens plutôt qu'aux Américains ou aux Européens parce que c'est au Canada que l'ovibos est destiné à avoir son plus grand avenir en tant qu'animal domestique (la prochaine partira en Sibérie, mais je ne sais pas comment entrer en contact avec le gouvernement). Une autre raison pour laquelle les Canadiens sont les plus intimement concernés est qu'à part quelques-uns au Groenland, les seuls survivants de l'espèce autrefois répandue sont maintenant dans les territoires canadiens[17].

Comme on peut le constater, les nombreux projets d'introduction, de réintroduction et d'élevage qui ont vu le jour ont diverses motivations, mais certainement pas la seule préservation de l'espèce. Ces actions *a priori* positives, qui nécessitaient la capture de veaux ou de bouvillons, furent aussi une nuisance de plus pour les populations déjà affaiblies. Il a fallu prélever de jeunes individus dans les populations de l'île d'Ellesmere et surtout de l'Est du Groenland. Ces prélèvements ne furent pas sans conséquences, la meilleure méthode pour attraper les jeunes étant d'abattre les adultes. Une estimation montre qu'il fallait tuer cinq individus pour capturer un jeune.

Un exemple emblématique de cette folie de l'introduction est celui de l'Islande. En 1929, un groupe de chasseurs voulaient y introduire Ovibos pour enrichir les possibilités de chasse sur leur île. Pour récupérer 6 veaux, ils ont abattu 34 adultes. Au final, les jeunes n'ont pas survécu aux maladies locales et sont morts dès 1931. D'autres individus ont été importés depuis la Norvège et ont subi le même sort. Le rêve de voir gambader des bœufs musqués en Islande était brisé, et c'est tant mieux.

En 1929, c'est dans un climat politique délétère pour la Norvège qu'Adolf Hoel, fondateur de ce qui deviendra l'Institut polaire norvégien, propose d'importer des bœufs musqués depuis le Groenland :

> Nous, Norvégiens, sommes un peuple de chasseurs, plus que quiconque sur la Terre entière. Nous entendons souvent dire que nous exterminons les mammifères, les baleines et les phoques de l'océan, ainsi que les animaux à fourrure comme le renard arctique et l'ours polaire. Cette critique nous fait mal à bien des égards. Cette tentative de transplantation de bœufs musqués peut partiellement répondre à cette critique ; nous montrerons avec elle que nous ne faisons pas que massacrer, mais que nous soutenons aussi le travail culturel transfrontalier[18].

Une tentative d'introduction infructueuse aura lieu dans l'archipel du Svalbard. La motivation première était la production de viande dans un territoire pauvre où un développement était peut-être possible. Depuis des décennies déjà, les chasseurs norvégiens basés dans l'Est du Groenland se nourrissaient de viande de bœuf musqué et en alimentaient également leurs chiens. 26 animaux, principalement des veaux et des subadultes capturés dans l'Est du Groenland, furent relâchés au Svalbard en 1929. La chasse était évidemment prohibée. En 1936, la population était estimée à une trentaine d'individus. Pourtant, 6 individus furent abattus entre 1942 et 1943 par des militaires en garnison. La population s'étant dispersée, elle était comprise, dans les années 1960, entre 50 et 100 animaux. Soudain, à partir des années 1970, elle se mit à décliner. Durant l'hiver 1972, un vieux mâle solitaire est venu s'installer à proximité du jardin d'enfants de la capitale, Longyearbyen, sa présence n'étant pas très appréciée si près des jeunes enfants. Une femme eut juste le temps de se réfugier dans une maison pour échapper à une charge.

Des camions furent utilisés pour le repousser hors de la ville. En 1977, on comptait seulement 15 individus. Quelles sont les raisons de cet échec ? La concurrence avec les rennes déjà très présents, la morphologie du terrain, l'humidité, mais l'alternance de périodes de redoux et de froid intense, qui transforme la neige en glace et empêche les bœufs musqués de gratter le sol pour se nourrir, est certainement la cause principale. Le dernier mâle fut observé en 1985 dans la vallée du Bjørndalen, non loin de Longyearbyen.

La Norvège réclamait la souveraineté sur l'Est du Groenland alors que le Danemark la revendiquait sur l'Ouest. Des groupes de chasseurs norvégiens étaient installés depuis des années au Groenland pour trapper les animaux à fourrure et vivaient de la chasse aux bœufs musqués. Même si Ovibos ne vivait plus sur le territoire norvégien, il était un emblème de la présence norvégienne en Arctique. Pour les autorités norvégiennes, il était évident qu'il fallait réintroduire le bœuf musqué en Norvège, théorie soutenue par la découverte d'ossements fossiles lors des travaux de la voie de chemin fer nationale, qui démontrait que l'espèce avait vécu sur ce territoire. Les premiers individus en provenance du Groenland arrivèrent en 1931 dans les montagnes du Dovrefjell, mais cette petite population disparut durant la Seconde Guerre mondiale. D'autres ovibos furent relâchés en 1947 et 1953. Mais en 1952, un drame national se déroule dans les tourbières gelées dans le Nord du pays, sur la frontière avec la Suède. Des bœufs musqués, poussés par la faim ou tout simplement par une envie d'aller voir ailleurs, vont voir si, chez le voisin détesté, l'herbe est plus verte. Les Suédois, qui avaient connu des déboires lors d'une tentative d'élevage, voient un bon signe dans ce retour. Les bœufs musqués migrants refont le chemin inverse dès 1953. En 1971, ils s'installent à nouveau en Suède : sont-ils "citoyens" norvégiens ou suédois ? Ovibos est citoyen du monde. En 2016, Brutus – un vieux mâle acariâtre – meurt en Suède, dernière preuve vivante que la Suède avait bien attiré des bœufs musqués norvégiens. Avait-il le fameux passeport Nansen des apatrides[19] ?

Comme le précise Dolly Jorgensen dans ses travaux historiques, le bœuf musqué représente un élément important de l'identité scandinave[20]. En Norvège, dans le massif du Dovrefjell, la population a pu s'adapter à une végétation plus dense et arbustive et à des conditions moins rudes que dans le Haut-Arctique. La question qui se pose pour cette population est : ces animaux ont-ils été introduits ou réintroduits ? Une espèce animale qui vivait dans ces lieux il y a plusieurs milliers d'années et qui a disparu de façon naturelle reste-t-elle légitime dans l'écosystème ? Les scientifiques norvégiens ont défini comme seuil pour les espèces autochtones le début du XIXe siècle. Malgré cela, le bœuf musqué est classé parmi les espèces protégées. En 1983, la population n'était que de 36 individus. Puis subitement, grâce à plusieurs dizaines de naissances chaque année, la population a grandi. Malheureusement, en 2012, 73 individus sont morts sur une population de 300. Les causes sont diverses : accidents avec le train, infections pulmonaires, disparitions sans raison apparente. La population du Dovrefjell, dispersée sur un territoire de 340 kilomètres carrés, est devenue une attraction importante dans cette région sans grand intérêt. De nombreux safaris photos sont organisés en hiver comme en été. Le bœuf musqué est devenu l'emblème de toute une région[21]. Dans ce territoire, les relations avec les habitants sont conflictuelles. La population de bœufs musqués est facilement accessible et l'approche en est aisée. Mais des accidents sont à déplorer, essentiellement dus à l'imprudence des humains, toujours trop pressants. Le 22 juillet 1964, un fermier de la région, âgé de 74 ans et accompagné des membres de sa famille, fut mortellement chargé par un mâle. En 1981, un accident eut lieu avec un touriste italien. Plus récemment, le 18 juin 2015, un septuagénaire allemand fut blessé dans des circonstances inconnues et dut être évacué par hélicoptère[22].

Des bœufs musqués furent également introduits dans l'Ouest du Groenland en 1962 et 1965. L'espèce n'avait jamais rejoint naturellement cette partie du Groenland, sa dispersion étant limitée par les glaciers. Tous les critères de réussite étaient réunis : climat, végétation, relief, couverture neigeuse. Dès les premières années, la mortalité des jeunes fut faible et certaines femelles avaient même deux petits. En 1988, la population avait déjà atteint 2 600 individus, permettant ainsi aux chasseurs groenlandais d'obtenir des quotas de chasse. En 2019, le nombre avancé est de 26 000 individus. Dans la région de l'aéroport de Kangerlussuaq, il est très facile d'observer Ovibos dans une végétation arbustive luxuriante composée de bouleaux et de saules. Autre particularité de la région, des lacs autrefois en relation avec la mer sont restés salés, ce qu'affectionnent les bœufs musqués qui viennent lécher les rochers en fin d'hiver. Si le Groenland est aux avant-postes de l'avidité des grandes puissances économiques et politiques, ses côtes sont pourtant parsemées de villages abandonnés, vidés autoritairement de leurs habitants par le gouvernement danois pour les regrouper dans des villes plus importantes. L'espace est libéré pour ces grands herbivores de plus en plus nombreux malgré la pression de chasse, comme j'ai pu le constater en août 2019 à Ivittuut, à proximité du cap Désolation, sur la côte sud-ouest du Groenland. La mine est abandonnée, la cryolite nécessaire à la transformation de la bauxite en aluminium étant maintenant remplacée par des produits de synthèse. De 1859 à 1987, des générations de mineurs se sont succédé dans cette communauté. Avant eux, des Vikings ont vécu dans ce lieu. Les bâtiments témoignent de la présence jusqu'en 1986 d'activités industrielles, mais aussi de la vie de ses habitants : temple luthérien, école et maisons de vie.

Dans le petit cirque qui enserre ce village fantôme, le paysage vert amande, couvert de saules buissonnants, est saupoudré de taches sombres qui déambulent calmement. La paix du monde est retombée dans ce coin sauvage du Groenland. Ovibos est chez lui maintenant. Un grand mâle solitaire escalade les rochers à notre arrivée, comme une véritable chèvre des montagnes. Dans le village de Kangaamiut, dans le Sud-Ouest du Groenland, Aalibaaraq Berthelsen, âgé de 66 ans, me raconte les conditions de chasse de ce nouveau gibier devenu incontournable, comme le caribou et les phoques, pour l'alimentation de la communauté. Les chasseurs déclarés comme tels, soit une cinquantaine pour 300 habitants, peuvent chasser Ovibos pendant trois mois, à l'automne. Ils tirent essentiellement les bovillons de un à trois ans. Ils ne tuent pas les femelles, ni les mâles adultes. La viande est séchée sur le lieu de chasse pendant deux à trois semaines pour éviter de ramener les carcasses. En général, les peaux sont laissées dans la nature. La chasse sert uniquement à la subsistance de la famille au sens large.

Si l'introduction au Svalbard a été un échec, ailleurs, et en particulier dans les régions où Ovibos avait vécu auparavant, le retour fut un succès. À la fin du Pléistocène, Ovibos est dispersé dans le Nord et l'intérieur de l'Alaska, mais il n'a jamais été une espèce très commune parmi les grands mammifères de ce vaste territoire. Sa population semble déjà limitée à cette époque. La plupart des ossements découverts proviennent de la plaine côtière arctique et des contreforts de la chaîne de Brooks. Des preuves archéologiques, provenant principalement de la région de Point Barrow, suggèrent que des humains ont sporadiquement chassé un petit nombre de bœufs musqués pendant environ 1 500 ans. Les restes d'ossements trouvés près de Kivalina représentent la trace d'Ovibos la plus méridionale pour l'Holocène en Alaska. Comme le précise Peter Lent, ni l'introduction d'armes à feu ni les baleiniers en hivernage n'ont, semble-t-il, joué un rôle important dans l'extinction de cette population. Des chasseurs inuits auraient tué le dernier bœuf musqué du Nord-Ouest de l'Alaska à la fin des années 1850. Plusieurs témoignages suggèrent que les troupeaux restants ont survécu dans l'Est de la chaîne de Brooks jusqu'aux années 1890[23].

Un projet de réintroduction du bœuf musqué en Alaska est né en 1930. Les animaux furent prélevés dans l'Est du Groenland, ramenés en Norvège, expédiés vers New York puis à Fairbanks (Alaska). Finalement, 18 mâles et 16 femelles furent réintroduits en 1936 sur l'île de Nunivak. En 1965, la population était de 500 individus. À partir de cette île, deux autres réintroductions ont eu lieu en 1970 et 1981 dans la péninsule de Seward, sur la côte ouest du continent, en bordure du détroit de Bering, soit au total 71 individus. Pendant ce temps, 70 animaux étaient déplacés vers le cap Thompson. La population s'est dispersée pour peupler toute la péninsule de Seward, en incluant les réserves nationales de Bering Land Bridge et de Noatak, ainsi que le cap Krusenstern. Après avoir atteint un maximum de 350 individus en 2005, la population s'est stabilisée entre 220 et 230 animaux. Son déclin résulterait de prélèvements trop importants sur les grands mâles reproducteurs. Pour permettre la chasse tout en préservant les populations, le bureau du Fish and Widlife Service américain a édité une plaquette d'information très précise pour décrire les individus qui entrent dans le plan de chasse : sexe, âge, endroit où il faut viser, calibre de l'arme à utiliser, sans oublier les mesures de sécurité pour le chasseur.

En Russie, des ossements d'Ovibos datés de – 4 000 à – 2 000 ans ont été retrouvés sur la péninsule de Taïmyr. Grâce à un traité de coopération environnementale entre les États-Unis et l'Union soviétique datant de 1972, deux vagues de réintroduction ont eu lieu avec 10 animaux en 1974, puis 20 en 1975, provenant des îles de Banks et de Nunivak en Alaska, donc issus originellement de populations de l'Est du Groenland. Les premiers animaux relâchés le furent sur la péninsule de Taïmyr. En 2010, la population était estimée à 6 500 individus. En 1975, les 20 bœufs musqués prélevés sur l'île de Nunivak sont libérés sur l'île Wrangel, à la faune préservée par l'absence de calotte glaciaire lors de la dernière glaciation. Ovibos y découvre un écosystème fait pour lui. La population doit actuellement dépasser les 850 individus. L'installation de bœufs musqués sur l'île Wrangel en pleine guerre froide fut aussi un symbole fort dans les relations bilatérales entre les USA et l'URSS. Entre ces deux pays, il y a un détroit de 92 kilomètres de large mais, au début des années 1970, il y avait plus encore : un fossé idéologique. Les bœufs musqués avaient franchi le détroit de Bering d'ouest en est lorsqu'il était à sec, ils ont fait le chemin inverse pour repeupler les plaines de l'île Wrangel. Comme souvent, la conservation de la faune peut être un trait d'union entre deux nations aux relations complexes. Forts de ces réussites, les Russes ont introduit d'autres animaux en Yakoutie et un chapelet de groupes de bœufs musqués s'étend désormais dans le Nord de la Sibérie, avec un total de plus de 8 000 individus[24]. Des projets de réintroduction sont maintenant à l'étude dans les montagnes d'Asie centrale.

Petite histoire de l'élevage et de la captivité

Ovibos est un animal placide, facile à domestiquer, comme l'ont prouvé les trappeurs. Certains chasseurs norvégiens installés dans l'Est du Groenland ont apprivoisé des bœufs musqués au point de pouvoir obtenir du lait frais en trayant des génisses. Dans son ouvrage *Chasses et chasseurs arctiques*, le duc d'Orléans, grand chasseur polaire de 1905 à 1909, déclare, photo à l'appui :

Une nouvelle découverte vient augmenter mon incertitude et en même temps faire battre mon cœur de chasseur : dans un repli de terrain où pousse un peu d'herbe, je vois brouter un bœuf musqué ! Il n'y a aucun doute : enfin je vois un bœuf musqué vivant sur la terre du Groenland, et je vais bientôt pouvoir, *si dios quiere*, ajouter ce trophée à mon tableau. Je le couve des yeux et j'examine chacun de ses mouvements. Mais ma joie est encore courte, mes illusions sont bien vite envolées et je laisse retomber ma longue-vue en pestant contre la civilisation, le Groenland terre polaire prétendue déserte et à peine explorée. Mon bœuf musqué est apprivoisé ! Oui, apprivoisé, domestiqué ! Une longue corde traîne derrière lui et il se dirige tranquillement vers la maison d'où sort à nouveau mon homme, qui le prend par le cou et le fait rentrer, puis vient tranquillement hisser un pavillon. C'est sans doute pour prévenir qu'il va traire sa vache musquée afin de nous offrir un verre de lait à notre arrivée ! Ô ironie du sort, une ferme modèle au Groenland[25].

Le projet de Vilhjálmur Stefánsson, énoncé dans *The Northward Course of Empire*, n'était pas simplement de réintroduire des bœufs musqués comme bêtes à viande. Il y voyait aussi un bétail aux multiples ressources. Le Canadien aux origines rurales islandaises a toujours voulu démontrer que vivre dans l'Arctique est une partie de plaisir. Que l'Arctique est un éden. Son ouvrage majeur porte d'ailleurs le titre évocateur de *The Friendly Arctic*.

Après avoir découvert toutes les qualités d'Ovibos, nous avons compris que c'était une espèce incroyablement facile à domestiquer. Incroyable parce que nous sommes habitués à penser que la vache ou le mouton sont des animaux idéaux pour la domestication et cela nous empêche de penser que nous

> pouvons trouver mieux. C'est une absurdité. Nous avons du lait plus riche que celui de certaines vaches et identique en goût, et plus abondant que chez certaines autres espèces que nous avons testées, comme la brebis ou le renne. La laine est probablement égale en qualité et peut-être plus abondante en quantité que chez nos moutons domestiques. Il fournit deux à trois fois plus de viande qu'un mouton, avec le goût et la qualité de la viande de bœuf[26].

La perte du navire *Karluk* et de onze hommes, ainsi que des quatre jeunes hommes déposés sur l'île Wrangel lors de deux expéditions que Vilhjálmur Stefánsson avait organisées, a entaché sa réputation d'explorateur mais pas sa détermination. Discrédité au Canada malgré ses efforts pour planter le drapeau à feuille d'érable partout dans l'Arctique, il continua sans relâche à promouvoir le développement de l'Arctique. Les Soviétiques ne s'y sont pas trompés et ont utilisé les théories du Canadien dans leurs propres projets expansionnistes.

Après la Seconde Guerre mondiale, Stefánsson se rapprocha des groupes communistes américains et fit la connaissance de Kenneth Durant, directeur de l'agence TASS (Telegrafnoïe Aguentstvo Sovietskovo Soïouza, l'agence de presse officielle soviétique) aux États-Unis de 1923 à 1944. J'ai en ma possession l'exemplaire de *The Northward Course of Empire* qui a appartenu à Durant, avec une étrange dédicace de Stefánsson à son ami Kenneth, datée de septembre 1945, qui fait référence au Vermont Ovibos Transplantation Syndicate, alors que Durant vient juste de s'installer dans le Vermont, à East Jamaica, avec sa nouvelle compagne, Genevieve Taggart, une poétesse communiste. Je l'avoue, je n'ai pas trouvé la moindre publication au sujet de ce "syndicat". Était-ce simplement le résultat d'une discussion enflammée entre amis sympathisants communistes dans une Amérique antisoviétique ou les prémices du projet qui verra le jour neuf ans plus tard ? Toute cette mouvance prosoviétique gravite à l'époque autour du Darmouth College situé à Hanovre, dans le New Hampshire, à quelques kilomètres du Vermont. À cette période, les théories de Stefánsson trouvent un exécutant avec l'un de ses anciens élèves de Darmouth : John J. Teal*, héros de la Seconde Guerre mondiale, devenu pacifiste et antimilitariste. Après la guerre, il a passé trois ans à étudier l'élevage des rennes chez les Sames. Teal voit dans Ovibos un moyen humaniste d'offrir de nouvelles ressources aux populations arctiques égarées dans un grand écart culturel et économique entre leur histoire de chasseurs et l'économie moderne. La docilité de l'espèce, sa rusticité et les différentes ressources qu'elle peut offrir ont permis d'imaginer qu'elle pouvait devenir le bétail de l'Arctique. Inutile de le mettre en étable l'hiver, pas besoin d'une nourriture très riche, Ovibos pouvait être un véritable moteur pour la colonisation des régions les plus hostiles. John Teal disait du bœuf musqué : "Le vrai nom de la bête est ovibos. C'est à mi-chemin entre un mouton et une vache. Sa viande est meilleure que le bœuf, sa laine est la plus légère et la plus douce connue, et son lait vaut le lait de vache."

To Kenneth from Stef with special reference to Chapter VI and to the Vermont Ovibos Transplantation Syndicate as projected at Gilfeather the afternoon of September 2 1945

"Pour Kenneth de la part de Stef, avec une référence particulière au chapitre VI *et au Syndicat pour la transplantation d'Ovibos dans le Vermont, projet né à Gilfeather l'après-midi du 2 septembre 1945."*

La première ferme expérimentale sera donc implantée dans le Vermont, aux États-Unis, en 1954, avec des animaux en provenance du Thelon Game Sanctuary. Ce site très loin des zones arctiques fut choisi par défaut, car aucun emplacement favorable n'avait été identifié dans le Grand Nord. En trouvant une nourriture abondante, ces premiers ruminants exilés au Sud ont vite prospéré et se sont reproduits sans problème. Le test fut concluant. Dès 1958, Teal se félicite de la réussite de son élevage par la publication d'un article, "The Golden Fleece of the Arctic", en 1958 dans *The Atlantic Monthly*. Marianne Moore s'en inspira pour l'écriture de son poème *The Arctic Ox* :

Pour porter du renard polaire il vous faut le tuer. Portez
du qiviut *– la sous-laine du bœuf musqué – retiré comme*
un pull-over ;
votre manteau est chaud ; votre conscience, meilleure.

J'aimerais avoir un costume en
qiviut, *si léger que je ne saurais*
pas que je le porte ; et au
fil du temps, un autre
parce que je n'ai pas eu à assassiner

la "chèvre" qui a laissé repousser la toison
qui a donné le premier. Le bœuf musqué
n'a pas de musc et ce n'est pas un bœuf –
épithète erronée.
Plongez le nez dedans quand il est mouillé.

[...]

Couchant dans un endroit exposé,
se dorant au blizzard,
ces ponderosos *pourraient dominer*
le marché des pelages rares à Kashan et pourtant
on ne pourrait trouver d'animal domestique de meilleur
choix.

Ils vous rejoignent quand vous travaillez ; aiment bondir
dans et hors des trous,
jouent dans l'eau avec les enfants,
apprennent vite, connaissent leur nom,
ouvriront des portes et inventeront des jeux.

[…]

Si vous craignez d'être en train
de lire une publicité,
de fait. Si nous ne pouvons nous montrer cordiaux
envers la toison de ces créatures,
je pense que nous méritons de geler[27].

Inspiré par les travaux de Rachel Carson et plus tard par son livre *Printemps silencieux*, qui dénonce dès 1962 les abus de l'industrie agrochimique, Teal veut mettre en place une nouvelle relation entre l'homme et Ovibos, une relation apaisée. L'élevage doit se faire sous certaines conditions, comme il l'explique en créant l'Institute of Northern Agricultural Research (INAR) : "Bien qu'il ait l'impression d'avoir atteint la divinité, l'homme est une créature de cette terre, complètement dépendante de ses interactions avec toutes les formes de vie. Pour que son agriculture lui soit profitable, elle doit rechercher l'harmonie avec son environnement naturel. Pas de bovins laitiers ni de porcs dans l'Arctique, pas de charrue dans la toundra, pas de biocides pour protéger les cultures exotiques. Ce doit être une agriculture douce, variée et pas trop efficace[28]." En 1964, Teal propose à l'université de Fairbanks de se lancer dans des tests d'élevage. Cette fois, ce sera avec des individus provenant de l'île de Nunivak en Alaska. Je laisserai Peter Matthiessen, le célèbre auteur du livre *Le Léopard des neiges* (1978), nous raconter les méthodes employées. Il accompagnait John Teal sur l'île de Nunivak en 1964 pour faire les prélèvements destinés à la ferme universitaire. L'exigence était de capturer des veaux sans utiliser de produit anesthésiant. Un rodéo arctique fut nécessaire, la stratégie étant de pousser la harde dans l'eau, comme le raconte Matthiessen :

> Maintenant, ils se dirigeaient parfaitement. Ils se précipitèrent le long de la barrière qui les menait au lagon, ralentissant et trottant docilement dans le piège avant que la plupart des rabatteurs, accroupis à l'abri du vent, sachent qu'ils étaient présents. Teal et moi sommes arrivés à temps pour prendre notre place dans la file ; nous avons suivi les animaux vers la péninsule. En trois heures, nous avions parcouru douze milles dans la tourbière et en avons couru deux autres. Je sentais mes jambes se raidir pendant que je ralentissais. Même le remarquable Teal, avec son énorme foulée et sa force de volonté, semblait abasourdi, pâle et terne de transpiration. Les bœufs musqués ont eu le temps de renifler l'eau et d'y entrer, bien qu'ils ne veuillent pas nager. La rive opposée était à un demi-kilomètre et ils étaient fatigués, et l'eau était froide comme de la neige. Finalement, ils sont entrés dans l'eau. Mais le taureau n'était pas à moins de trente mètres du rivage quand il trouva un rocher immergé sur lequel il pouvait se tenir, fier et provocant, tandis que sa bande tournait désespérément dans l'eau glacée. Le veau, presque submergé, semblait sur le point de se noyer. Une volée de pierres, en provenance de la pirogue qui se rapprochait, délogea le taureau ; il plongea et se dirigea vers le rivage lointain en rejoignant sa bande épuisée. Le bœuf musqué fut dépassé par le canoë et le veau fut coincé avec une longue gaffe. Un collier a été placé autour de son cou et il a été rapidement hissé à terre où il a été attrapé et maîtrisé par quatre hommes de grande taille. Ils l'ont entravé et enveloppé dans des serviettes[29].

Teal deviendra un expert dans la capture douce des veaux et permettra, à partir de la fin des années 1950, les introductions et réintroductions dont nous avons parlé plus haut. Gardés comme des vaches au pré, les bœufs musqués sont peignés au moment de la mue pour récupérer les poils de bourre. Fort de ses réussites, Teal crée en 1964 une autre ferme en Alaska, dans la vallée de Matanuska à proximité d'Anchorage, avec le soutien de la fondation W. K. Kellogg[30]. Cette ferme est toujours en activité.

En Alaska, cet élevage n'était pourtant pas du goût de tout le monde, et le lobby des chasseurs fit tout pour entraver sa mise en place. Les services de l'US Fish and Wildlife Service furent des opposants acharnés aux projets de Teal. En 1974, Paul Wilkinson, professeur à l'université d'Alaska, montre que la domestication est le seul moyen d'exploiter durablement Ovibos. Si Teal semble bien faire tout cela au sein d'un projet humaniste et respectueux des animaux, il est aussi possible de voir, dans les motivations de ses interlocuteurs et soutiens, d'autres ambitions, plus politiques et géopolitiques qu'il n'y paraît. Teal en fut d'ailleurs très affecté lorsqu'il comprit qu'il était l'objet de manipulations politiques, comme ce fut le cas au Québec et en Norvège. Dans le Québec très catholique des années 1950, tous les moyens étaient bons pour évangéliser et sédentariser les autochtones de l'Arctique dont le gouvernement canadien avait tant besoin pour baliser son vaste territoire. Pierre Perrault[31] cite Jacques Rousseau, un botaniste et ethnologue québécois qui a étudié les Inuits et les Amérindiens de l'Arctique canadien et qui écrit "vouloir faire passer l'indigène de la chasse à l'étape pastorale. Ils passeront donc de l'âge de pierre à la vie moderne". Mais peut-être le but était-il tout simplement de terminer l'évangélisation des peuples de l'Arctique. Leur faire franchir la dernière barrière du chasseur-cueilleur qui deviendrait pasteur, oubliant sa culture, remisant les harpons et les armes à feu pour garder sagement un troupeau de ruminants paisibles. Le rêve de Rousseau prendra la forme d'un élevage à Fort Chimo (Kuujjuaq). Le 3 septembre 1967, 13 veaux en provenance du Nord de l'île d'Ellesmere sont installés dans des enclos dans le Nord du Québec.

Robert Gessain visite cet élevage en 1974 avec son fils Antoine. Il est très enthousiaste mais précise bien que, sans la volonté des Inuits, rien ne sera possible. Il les connaissait bien pour les avoir décrits dans son célèbre ouvrage *Ammassalik ou la Civilisation obligatoire*. À l'époque, le cheptel est divisé en deux groupes : l'un sera relâché, l'autre devrait initier une envie de pastoralisme auprès des Inuits de la région. Robert Gessain est très clair dans son rapport (voir l'annexe p. 248), les Inuits doivent s'approprier le projet mais rien ne doit leur être imposé.

D'ailleurs, Nuna Teal, la fille de John Teal, apporte un autre éclairage sur cette introduction et donne quelques précisions sur les motivations réelles du gouvernement québécois :

> En réponse à l'intérêt exprimé par le Premier ministre Jean Lesage et à une pétition des Inuits de Povungituk, l'INAR a établi une ferme de bœufs musqués au Québec en 1967. 13 veaux furent capturés dans le Nord de l'île d'Ellesmere et transférés à Old Fort Chimo. Le troupeau prospère et grandit et, au début des années 1970, la formation des tricoteurs inuits ainsi que la production et la commercialisation de produits à base de *qiviut* ont commencé. Au moment où l'industrie réussissait, le gouvernement québécois, francophile forcené, demandait à l'INAR de partir, invoquant des raisons aussi bizarres que celle voulant que les personnes impliquées dans la ferme ne parlent que le français, bien que le gérant de la ferme parle couramment plusieurs langues, dont le français. 42 des 67 bœufs musqués ont été libérés ; aucun autre élevage sélectif, apprivoisement de veaux ou collecte de *qiviut* n'a eu lieu, car sur la ferme il ne restait plus aucune personne qualifiée pour le faire. Une nouvelle industrie textile florissante a été abandonnée, et les animaux restants ont finalement été libérés. Il a été révélé par la suite que des représentants du gouvernement du Québec avaient délibérément menti (il n'y avait plus de qualificatif diplomatique) à l'INAR et au gouvernement des Territoires du Nord-Ouest, où des permis avaient été obtenus pour les captures, afin de permettre à Teal de capturer les bœufs musqués et d'établir la ferme. En dépit des promesses faites à Teal concernant son intention de poursuivre la domestication du bœuf musqué au profit des Inuits du Québec, les responsables politiques impliqués ont publiquement annoncé leur intention d'utiliser l'INAR uniquement

pour établir une population de bœufs musqués sauvages (*The Montreal Star*, mai 1977), ostensiblement à des fins de chasse, même s'il n'y a aucune preuve que le bœuf musqué ait jamais vécu au Québec[32].

En 1976, l'élevage est donc abandonné au profit d'une introduction pure et simple en milieu sauvage dans le Nord du Labrador. La population est maintenant florissante, avec 4 400 animaux recensés au printemps 2019, et les Inuits ont à leur disposition un nouveau gibier que leurs ancêtres ne connaissaient pas. Bien géré, dans un environnement qui lui convient, Ovibos a même rejoint la côte de la baie d'Hudson, mais il ne fait toujours pas le bonheur des chasseurs inuits du Nunavik[33]. Les Inuits disent que les caribous n'aiment pas l'odeur des bœufs musqués et restent moins longtemps dans la zone de l'Ouest de la baie d'Hudson. Steeve Côté, de l'université Laval, qui étudie depuis des années les bœufs musqués, pense que les deux espèces ne cohabitent que rarement. On le voit, si une espèce nouvelle apparaît dans le bestiaire autochtone, elle ne trouve pas facilement sa place.

La ressource phare que Stefánsson souhaitait mettre en avant dans son projet est le *qiviut*. *Qiviut* est un terme générique de la langue inuite pour désigner le duvet, et il peut donc être utilisé pour des oiseaux comme les oies et les canards. Il est maintenant employé universellement pour nommer le poil de bourre du bœuf musqué, doux et soyeux, huit fois plus chaud que la laine de mouton. Nous l'avons vu, en période de mue chaque arbuste est décoré de flocons de poils beiges, flottant au vent frais de la toundra. Pourquoi ne pas exploiter le *qiviut* ?

Il existe trois moyens de se procurer ce très précieux poil : en le ramassant dans la toundra durant la mue en été, en rasant les peaux après l'abattage des animaux l'hiver, ou en peignant les individus d'élevage. Dans son étude publiée en 1932, à l'instigation de Stefánsson, sur les capacités textiles du poil de bourre du bœuf musqué, Werner von Bergen, spécialiste des fibres textiles, déclare avec enthousiasme : "Je crois que les poils de laine de bœuf musqué qui poussent sur les épaules de l'animal sont connus aujourd'hui. Je suis convaincu que la laine de bœuf musqué deviendra un produit rentable après la domestication[34]."

La transformation du *qiviut* en objets luxueux a réellement commencé dans les années 1960. Cette laine est devenue la plus chère du monde, la plus chaude – plus chaude que le cashmere – et la plus rare. Le postulat énoncé par Werner von Bergen est appuyé par la citation d'un officiel de ce territoire, l'Alaska, qui n'était pas encore le 49e État des États-Unis :

> Cette nouvelle industrie du bœuf musqué sera à l'origine d'une vie meilleure pour l'homme blanc, l'Eskimo et l'Indien de l'Arctique. Mais écoutons les mots d'Irving McK. Reed de Fairbanks, Alaska, membre de la commission de la chasse d'Alaska : "La domestication du bœuf musqué est un des grands efforts de la part des territoires d'Alaska (et de tout l'Arctique) pour assurer des fondations solides aux populations blanches et à nos civilisations américaines qui doivent avoir une sorte d'agriculture comme fondation et ne pas être basées en permanence sur des activités éphémères comme les mines et la trappe. Cela bénéficiera non seulement à cette génération mais également aux futures[35]."

En décryptant les motivations de cette époque, il est clair que l'élevage du bœuf musqué est alors considéré comme le moyen de retrouver dans l'Arctique la base économique mais surtout culturelle des États-Unis, l'agriculture, seule activité apte à rassurer les populations de pionniers. En 1968, Lilian Schell, pour passer sa maîtrise à l'université d'Alaska, a mis en place des tests auprès des femmes inuites pour connaître leur habileté mais aussi leur intérêt pour le tricot. Ses conclusions sont positives, et les résultats actuels le confirment. Sa thèse, publiée en 1972 à l'université d'Alaska, analyse l'utilisation du bœuf musqué pour offrir aux populations locales les moyens de subsister face aux nouveaux enjeux technologiques dont elles seraient exclues faute de moyens financiers nécessaires. Le bœuf musqué devient un enjeu de géopolitique interne. Il peut fort bien être une source de revenus pour certaines populations inuites, en utilisant une technique occidentale transposable à un produit typiquement arctique. Si, et seulement si, la population se l'approprie.

Les bœufs musqués sont nourris comme du bétail, la production est gérée par une coopérative basée à Anchorage, Ooomingmak Musk Ox Co-Op, qui regroupe 250 femmes autochtones qui vont transformer cette laine en fil puis en bonnets, écharpes, bandeaux… Les femmes yupiks sont devenues d'expertes tricoteuses. Depuis longtemps, certains groupes de femmes inuites tricotent, comme à Pangnirtung (Nunavut). Elles fabriquent au crochet des bonnets de laine de mouton sur le modèle de ceux des baleiniers écossais qui se sont installés à proximité à partir de 1840. J'en ai un sur la tête depuis vingt-cinq ans, il était de tous mes voyages, il est comme neuf mais, je l'avoue, depuis peu je me suis converti au bonnet en *qiviut*.

Dans l'Ouest du Groenland, où l'espèce fut introduite au début des années 1960, les chasseurs ont pu commencer à la chasser dès le début des années 2000. La première année, 300 bœufs furent abattus. Ce gibier ne faisant pas partie de leur tradition, les chasseurs ne savaient que faire de la peau, alors que la tradition inuite exige d'utiliser l'intégralité de l'animal, par respect. Ils mangeaient la viande et y ont vite pris goût, mais ils brûlaient la peau. Quand Anita Høegh, une Danoise travaillant dans le tourisme naissant au Groenland, a étudié le séchage des peaux pour en extraire le fameux sous-poil, l'alchimie a fait son office, les cendres se sont transformées en or. Le *qiviut* est devenu un produit de luxe très demandé, profitant ainsi aux communautés comme celle de Sisimiut. Le poil extrait de la peau est envoyé au Danemark ou en Allemagne, voire au Népal, pour être nettoyé et traité, avant de revenir au Groenland sous forme de pelotes. Le poil de bœuf musqué ne contient pas de lanoline naturelle, il est très fin (17 microns au maximum), ressemble au poil de barbe, n'a pas d'élasticité, ne peut être pressé pour faire du feutre et nécessite un traitement particulier pour le filer. Les bonnets, gants, écharpes et autres châles sont confectionnés au Groenland par Anita et sa fille Mia. L'entreprise, basée à Sisimiut, deuxième ville du Groenland, achète aux chasseurs environ 1 500 peaux par an au tarif de 215 euros (2018). Peu importe la taille de la peau, qui fournira entre 800 et 1 000 grammes de *qiviut* brut. Les peaux sont achetées durant la chasse d'hiver et la laine ne reviendra que six mois plus tard. On comprend pourquoi un bonnet ou une paire de chaussettes en laine de bœuf musqué se vend au minimum 180 euros (2019) dans la boutique de Sisimiut ou en ligne[36].

Dans les Territoires du Nord-Ouest et au Nunavut, le *qiviut* est également issu des peaux achetées aux chasseurs. Dans la région de Kugluktuk (anciennement Coppermine) au Nunavut, principale communauté à transformer le *qiviut*, les Inuits récoltent aussi la laine que les bœufs musqués perdent durant la mue en été[37]. Cet apport vient compléter l'achat des peaux et participe à la vie économique dans cette région où tous les biens de consommation courante sont nettement plus chers que partout ailleurs dans le monde. Les producteurs canadiens de *qiviut* peuvent faire traiter leur laine dans le pays même, ce qui n'est pas possible au Groenland.

Même si les rêves de développement pharaonique de l'Arctique avec des bœufs musqués exploités par milliers ne se sont pas réalisés pour l'instant, tout le monde s'accorde à dire que leur introduction, la création de fermes en Alaska, comme l'exploitation dans l'Ouest du Groenland ou au Nunavut, sont des mines d'or. Une étude de rentabilité a été réalisée pour inciter à la réalisation de nouveaux projets. Avec soixante ans d'expérience dans l'élevage et la transformation du poil de bœuf musqué, l'Alaska est un territoire où de nouvelles fermes pourraient voir le jour. L'étude a été faite pour la région de Fairbanks, avec des cheptels de 36 et 72 animaux. À partir de 36 individus, l'exploitation est rentable en commercialisant la viande et la laine transformée comme un produit à forte valeur ajoutée, la production de laine brute n'étant pas profitable[38]. On le voit, les projets de Stefánsson n'étaient pas si utopiques que cela. Au-delà du *qiviut*, Ovibos est aussi un produit d'appel touristique. Partout où il a été introduit, il est devenu l'emblème de la région, comme une marque, un logo de l'authenticité des lieux. Au Groenland, même les bières locales ont pris le bœuf musqué comme emblème sur leurs bouteilles. Ovibos est aussi un produit marketing.

Ovibos en zoo

Les phoquiers et baleiniers norvégiens, qui chassaient dans l'Est du Groenland à la fin du XIXe siècle et jusque dans les années 1930 pour des raisons purement politiques, ont trouvé un moyen facile de se faire de l'argent : tuer les bœufs musqués adultes et capturer les jeunes pour les vendre à des zoos. La proximité relative du Groenland avec l'Europe facilita ce trafic. Les dégâts furent considérables à partir de 1899. Les deux premiers veaux furent vendus par des chasseurs de Tromsø au parc privé du duc de Bedford, en Angleterre. Très vite, d'autres furent vendus aux parcs zoologiques de Copenhague, d'Anvers et à des parcs privés en Suède.

Les premiers ovibos captifs arrivèrent en Amérique du Nord en 1902, au zoo du Bronx. Tous les zoos veulent alors exhiber des bœufs musqués et les tarifs offerts pour un veau vivant flambent, jusqu'à atteindre plusieurs milliers de couronnes norvégiennes. Mais pour prélever les veaux, seuls aptes à faire le voyage à bord des bateaux norvégiens, il faut abattre la harde entière, car capturer les petits au lasso au milieu d'un groupe d'adultes sur la défensive est trop dangereux. Le massacre est effrayant : en 1924, 400 adultes sont tués pour ramener 40 veaux, 300 adultes pour 30 jeunes en 1928. Entre 1899 et 1926, 228 veaux sont capturés pour plus de 2 000 adultes abattus. Cet afflux a vite saturé le marché.

Les premiers veaux arrivent au Jardin zoologique de New York en 1905.

Des bœufs musqués sont toujours visibles dans neuf zoos en Amérique du Nord, dont six au Canada, en particulier à Saint-Félicien où l'on peut dire qu'ils sont chez eux. Plusieurs tentatives de captivité ont échoué. Ovibos est aussi présent en Chine, avec les descendants de deux individus offerts par le président Nixon au zoo de Pékin en 1972. Cadeau hautement politique, le gouvernement chinois offrit en échange deux pandas. Alors, quand vous entendez parler de la diplomatie du panda, vous pouvez aussi penser à la diplomatie de l'ovibos. En 2018, en Europe, ils sont 75 individus répartis dans 22 établissements[39]. L'objectif de l'EAZA est d'atteindre une population captive comprise entre 120 et 150 animaux dans une dizaine d'années. Pour l'instant, le nombre de naissances suffit à peine à compenser les mortalités. Les objectifs sont simples : utiliser Ovibos pour impressionner le public en mettant en avant la légende selon laquelle il est un rescapé de la Préhistoire, favoriser sa reproduction et soutenir la recherche dans la nature sur cette espèce. En France, au zoo de Mulhouse, aux côtés des ours et renards polaires, il fait partie d'une zone polaire plutôt pédagogique. Il est présent dans plusieurs zoos scandinaves, où l'on peut dire qu'il est chez lui ou presque. Il est évident que tout message émanant de zoos qui mettraient en avant la conservation sous le prétexte du réchauffement climatique serait fallacieux. Ovibos se porte bien sur un vaste territoire. Il faut cependant reconnaître que les élevages et quelques zoos ont permis d'étudier certains points de la physiologie du bœuf musqué qu'il n'est pas possible ou très difficile d'envisager en milieu naturel.

La chasse au XXIe siècle

Ovibos est de plus en plus présent dans l'Arctique, il est devenu ou redevenu, on l'a vu, un gibier pour les Inuits. Ceux de l'archipel Arctique canadien et du Groenland chassent toujours le bœuf musqué pour sa viande et sa peau, comme le faisaient les Ovicapteurs décrits par Robert Gessain. Ils consomment encore fréquemment la chair sous différentes variantes, et la fameuse poutine québécoise peut aussi se faire avec de la viande de bœuf musqué.

En avril 2019, voulant réaliser une petite enquête *via* un groupe fermé sur Facebook dédié à la chasse par les Inuits, je me suis heurté à une grande incompréhension. Cet exercice m'a démontré les effets négatifs des actions qui se sont attaquées au mode de vie des populations boréales. Si quelques jeunes chasseurs m'ont répondu avec amabilité, bon nombre d'entre eux pensaient qu'étant européen, j'étais forcément contre leur activité et que, si je leur posais ce genre de questions, c'était pour leur nuire. On voit le fossé creusé par les actions irrationnelles de Brigitte Bardot, de l'IFAW (International Fund for Animal Welfare) ou de Sea Shepherd, qui veulent dicter leur mode de vie à ces populations sans aucune analyse des dégâts collatéraux que cela peut occasionner. Ces points de vue semblent difficilement conciliables, même si de nombreux scientifiques canadiens ont compris l'importance de l'apport des connaissances autochtones pour compléter leurs recherches. De fait, les Inuits continuent à chasser mais, comme le font remarquer certains d'entre eux sur les réseaux sociaux, "il ne faut pas s'étonner si certaines espèces diminuent alors que des chasseurs font des concours du plus grand nombre d'individus tués". D'autant que, plutôt que de témoigner clairement de leurs pratiques, les chasseurs actuels se réfugient derrière leurs aînés, sources d'informations qu'il faut bien évidemment respecter. Mes questions portaient sur le présent : la chasse au bœuf musqué est-elle encore importante pour vous ? Pour votre alimentation ? Pour la vente des peaux ? Certains m'ont répondu que je devrais les dédommager pour qu'ils répondent, car ils ont trop souvent répondu à des questions de journalistes. D'autres ont remarqué que ce n'était pas en écrivant un livre sur le bœuf musqué depuis la France que je pouvais gagner ma vie, ce qui n'est pas faux. De jeunes Inuits et des moins jeunes continuent donc à chasser le bœuf musqué de Resolute à Ittoqqortoormiit, de Kugluktuk à Kangerlussuaq. Ils font sécher la viande et la partagent avec les aînés, et c'est tant mieux, n'en déplaise aux donneurs de leçon de l'écologie. La chasse est devenue assez facile, voire très facile, avec les moyens modernes. Sur sa motoneige, le chasseur repère une harde qui se regroupe en entendant l'affreux bruit du véhicule. Si la chasse se pratique surtout l'hiver à motoneige, les chiens sont toujours utilisés pour rassembler le troupeau, comme le feraient des loups.

La gastronomie n'est pas ce qui caractérise les habitants de l'Arctique. Les avis divergent en ce qui concerne la valeur gustative de la viande de bœuf musqué : certains la trouvent immangeable, d'autres exceptionnelle. Dans sa relation de voyage, Samuel Hearne, raconte que "la chair des bœufs musqués ne ressemble nullement pour le goût à celle de nos bœufs d'Europe ; elle a plus d'analogie avec celle de l'élan. Sa graisse est d'un blanc clair, légèrement coloré de bleu. Les veaux et les génisses sont bons à manger, mais la chair des taureaux sent tellement le musc qu'elle en est très désagréable[40]"…

Pour faire passer le goût de la viande, certains chasseurs norvégiens utilisaient des moyens radicaux, comme le raconte Jørn Riel dans *Une vie de racontars* :

> Au menu, il y eut du rôti de bœuf musqué et un rhum fait maison, dont la teneur en alcool était si forte que Bjørgdal tenait la main au-dessus de son verre chaque fois qu'il allumait sa pipe. "C'est un authentique rhum norvégien, nous expliqua-t-il, avec essence de rhum, jus de chique, essence d'angélique, et une grosse cuillère à café de poivre noir moulu[41]."

Le *muskox jerky*, la viande séchée, est mangeable après une bonne journée dans le froid, mais il faut de bonnes dents. La viande d'Ovibos est même servie dans un restaurant de Kangerlussuaq (Ouest du Groenland) et à Ilulissat, avec un curry thaï, en pizza ou en burger. La peau sert de couverture. Certains chasseurs s'en font des pantalons. Les cornes ont la consistance du plastique et peuvent se transformer en manche d'*ulu**, de couteau, en pièces de harpon, même en cuillère. C'est le cas dans le petit village d'Ittoqqortoormiit, qui est situé à l'embouchure du Scoresby Sund, le plus grand réseau de fjords du monde. Cette communauté, la plus au nord sur la côte est du Groenland, est une création du gouvernement danois qui, en 1925, déplaça quelques familles originaires du district d'Ammassalik, 800 kilomètres plus au sud. Ce déplacement était purement politique. Les Norvégiens voulant accaparer la souveraineté sur cette partie du Groenland, le Danemark y a déplacé certains de ses sujets. Cette communauté de chasseurs est assez mal placée pour aller chasser en mer les mammifères marins à l'entrée du fjord, car cela les expose à de fortes tempêtes et de grosses vagues. Par contre, les bœufs musqués abondent. Cette population est l'une des plus anciennes, elle profite de l'absence de rennes dans cette région, la toundra lui appartient. Devant de nombreuses maisons du village sèchent des peaux de bœufs musqués. Sous les habitations, des crânes sont entreposés en attendant que les cornes soient transformées par des artisans en objets pour les touristes de passage. En coupe, le casque corné est gris clair et blanc crème. C'est un matériau solide, mais facile à travailler avec les ponceuses modernes. C'est ici que Robert Gessain a découvert ses premiers bœufs musqués en 1934 :

> Et première rencontre avec Ovibos. Oh ! rencontre partielle, si j'ose dire, avec quelques dépouilles, mais combien stimulante ! Un crâne, des cornes stupéfiantes par leur position descendante le long des joues, leur épaisseur, vrai casque sur le front, et l'aigu de leurs pointes tournées en avant : quelles armes ! Dans une maison, une large et épaisse fourrure : *kisina ?* Qu'est-ce que cela ? Le seul mot que nous connaissions, mot clé par excellence qui appelle

> réponse. *Umimmaq udivia.* Le Danois gentiment nous traduit *muskox's skin.* Quelle toison ! Brune, sombre, plus claire sur l'échine, j'y plonge les mains, des jarres longs comme l'avant-bras, une bourre douce, fine chaude[42] !

Dans cette région, le loup a pratiquement été exterminé par les chasseurs norvégiens et danois. L'analyse des données entre 1899 et 1939 montre que cette petite population très isolée a purement et simplement été détruite par empoisonnement. Le loup n'était pas d'une importance commerciale notable, mais il s'attaquait aux pièges à renards polaires, dont le principal objectif était de rapporter le maximum de peaux. La destruction des loups a dû profiter aux bœufs musqués au nord d'Ittoqqortoormiitt.

Au Groenland, le nombre de chasseurs autochtones reste stable, par contre les chasseurs dits "sportifs" sont de plus en plus nombreux.

La chasse au trophée

Comme pour l'ours polaire, la grande faune africaine ou les grizzlis, des voyages de chasse sont organisés pour abattre des bœufs musqués. Je ne vois dans cette activité qu'un seul avantage : fournir quelques subsides et quelques kilos de viande à des guides inuits. Les chasseurs ne récupèrent que la tête pour la mettre au-dessus de leur cheminée. Les guides danois utilisent des quads, sans respect pour les territoires de chasse des populations autochtones. Pour le reste, le spectacle est toujours pitoyable. Un tartarin tout aussi frustré que fortuné, ou l'inverse, va mettre fin par un tir imbécile à la vie d'un animal adapté aux milieux les plus extrêmes de la planète. L'espèce est très facile à approcher, surtout avec un guide expérimenté. Tuer Ovibos avec les fusils modernes équivaut à casser des pipes en terre cuite à la

Foire du Trône. Pour citer Otto Sverdrup, qui chassa beaucoup le bœuf musqué : “Ce n’est pas une chasse, c’est une vulgaire boucherie[43].”

Et Vilhjálmur Stefánsson, certainement le plus grand chasseur de bœufs musqués, ajoute dans son ouvrage :

> Je ne résiste pas au fait de préciser que le mot “sport” est d’un emploi curieux quand il est appliqué à leur chasse. J’ai entendu dire que de longues expéditions étaient organisées en affrétant des navires dans le but de tuer l’ovibos. Ils auront plus à raconter du plaisir et de l’aventure de cette expédition elle-même mais, en ce qui concerne la chasse, je leur suggère pour un résultat sportif équivalent plus sécurisant, avec moins de déplacements et de dépenses, de payer un fermier pour avoir la permission de s’introduire dans ses pâturages et d’abattre ses vaches[44].

Imaginez un troupeau paisible dont seuls les mâles en rut semblent émerger, une toundra enluminée du carmin des saules nains qui ont revêtu leur couleur d’automne. Une scène qui a traversé des millénaires. Soudain, une détonation assourdissante crève ce silence infini. Un bruit qui résonne sur les parois. Un grand mâle, qui avait déjà connu quelques années de gloire, s’écroule. Derrière un ressaut, à une vingtaine de mètres, des visages apparaissent, hilares, heureux. Un mâle humain vient de terrasser sans gloire, sans risque et sans nécessité, un superbe animal qui aurait encore pu transmettre ses gènes à quelques générations. Tous les chasseurs de grands gibiers ont le même rictus heureux et gêné à la fois de celui qui est déjà frustré d’avoir joui trop vite. L’approche, pourtant dans un milieu très ouvert, est tellement aisée que certains s’essaient à tirer à l’arc, se croyant redevenus des chasseurs authentiques comme au temps des Paléo-Inuits. Regardez sur YouTube les vidéos de ces spectacles, elles donnent une idée de l’indicible profondeur de la bêtise humaine.

Des agences proposent évidemment ce genre de ball-trap au Groenland, abattage qui se soldera par la traditionnelle photo du vainqueur au sourire benêt devant la dépouille inerte. Il pourra exposer son trophée et marcher sur la peau d'Ovibos. Chefs d'entreprise, avocats, hommes politiques, sportifs de renom, ils partagent la même fascination de pouvoir exercer leur prétendu pouvoir en ôtant la vie à un animal majestueux et tellement innocent. Cette jouissance furtive leur coûtera quelques milliers d'euros et leur assurera un statut social. La chasse de loisir, contrairement à la chasse de subsistance, est considérée par les évolutionnistes comme sans intérêt, sauf celui de se hisser artificiellement à un statut supposé supérieur.

Le docteur Darimont, coauteur de "Why Men Trophy Hunt[45]", affirme que les hommes qui ciblent ces grands animaux difficiles à obtenir signalent aux autres qu'ils peuvent absorber les coûts d'un comportement inefficace. Cela signifie qu'ils pourraient posséder des caractéristiques mentales et physiques de haut niveau, insoupçonnées et qui leur permettent d'assumer des coûts importants pour une activité futile. Cette "signalisation coûteuse", à laquelle il est fait référence dans la littérature évolutionniste, fournit à ces hommes un moyen d'acquérir un statut social dominant – une notion universellement importante pour les hommes qui souhaitent éradiquer toute compétition et attirer des partenaires.

Il faut également mentionner que ce genre d'émoi n'est plus l'apanage des mâles dits "dominants", la gent féminine s'abaisse aussi à ce genre de meurtre. Comme signe d'émancipation, il y a mieux. Les chasseurs de trophée n'auront qu'une envie : celle de recommencer ailleurs avec une autre espèce, tout aussi paisible : lion en Afrique, cerf maral en Sibérie ou ours en Alaska. Le chasseur de trophée est un tueur en série.

Un beau mâle dans le Dovrefjell (Norvège).

Ovibos face aux nouvelles nuisances

Évidemment, Ovibos est aux avant-postes des changements climatiques. Il a traversé bien des périodes difficiles auxquelles il a dû s'adapter, principalement en se déplaçant vers le nord. Maintenant, il semble acculé, il est au nord du nord de toute terre. Avec un effectif global estimé en 2019 à 170 000 individus, 55 populations transplantées, une faible variabilité génétique, la réaction de l'espèce face aux changements rapides dans l'Arctique est complètement imprévisible. 6 populations sont déjà en déclin, dont la plus importante sur l'île de Banks, qui représente 41 % des effectifs mondiaux. Les perturbations engendrées par les changements climatiques, les maladies et les différentes nuisances liées aux activités anthropiques peuvent avoir des effets cumulés dont nous ne connaissons pas les impacts possibles. Les populations réintroduites donnent un grand espoir de conserver l'espèce, mais Ovibos a été réintroduit ou introduit dans des régions d'où il avait disparu naturellement, comme en Scandinavie ou en Sibérie, très certainement pour des raisons climatiques. Rien ne montre que la situation soit maintenant beaucoup plus favorable au maintien d'une population à long terme dans ces régions, bien au contraire. Si certaines populations sont en plein essor, elles peuvent aussi s'effondrer rapidement.

Nous l'avons vu, Ovibos réagit déjà à de nouvelles bactéries, à de nouveaux virus, mais c'est son environnement tout entier qui est en pleine mutation. Dans un premier temps, ces changements peuvent lui être favorables. Comme le montrent les images aériennes, l'Arctique verdit, des zones de végétation buissonnante s'installent sur des terrains autrefois dénudés.

L'élévation de la température a un impact sur la vitesse des vents et sur la durée de la présence de glace de mer dans l'Arctique, ce qui modifie la circulation océanique, ainsi que les périodes et l'intensité des précipitations. À l'intérieur des terres, il pleut plus qu'il ne neige en hiver. Si les températures descendent au-dessous de zéro, le sol peut se recouvrir de glace, ce qui oblige le bœuf musqué à dépenser plus d'énergie pour accéder à sa nourriture. En 2004, 20 000 bœufs musqués sont morts sur l'île de Banks à la suite des pluies hivernales. Inversement, une pluie sans gel peut, en réduisant le manteau neigeux, aider les animaux à atteindre les plantes. Mais sans cette isolation procurée par la neige, la productivité des plantes peut baisser au cours de la prochaine saison de croissance. Si les femelles gestantes sont incapables de subvenir aux besoins nutritionnels de leur embryon, les jeunes bœufs musqués en subiront les conséquences. Des études menées sur la croissance des veaux ou des bovillons montrent que les impacts des changements climatiques sont déjà visibles. En comparant la taille de la tête des juvéniles entre les populations de l'île Wrangel et celles de l'Alaska d'où sont originaires les individus de Sibérie, Joel Berger, professeur à l'université du Colorado, et ses collègues ont démontré que les changements climatiques impactent négativement la croissance des juvéniles. Les individus de l'île Wrangel grandissent moins vite, en particulier après des hivers extrêmement secs et des pluies hivernales durant la période de gestation.

Nous l'avons également vu, les bœufs musqués sont sensibles aux pathologies typiques des ovins et des bovins. La proximité avec des élevages peut être une cause de transmission, mais une circulation accrue des humains et d'autres vecteurs peuvent être incriminés. Les populations autochtones voyagent peu, ou simplement d'un village à l'autre. Par contre, l'impact du tourisme a été étudié. Des obligations de biosécurité sont mises en place sur les bateaux de croisière affiliés à l'Association of Arctic Expedition Cruise Operators (AECO) : bottes désinfectées, sacs nettoyés par aspiration, pantalons anti-pluie brossés, branches des trépieds photo désinfectées. Étonnamment, comme le montre une étude réalisée au Svalbard, ce ne sont pas les touristes mais leurs guides qui transportent le plus de bactéries sous leurs bottes et de graines dans leurs sacs ou leurs vêtements. Les touristes sont souvent équipés de vêtements neufs, donc dénués de sources de pollution. Une autre population pourrait être incriminée : celle des scientifiques eux-mêmes. Grand voyageur, souvent spécialisé dans des espèces voisines des bœufs musqués sous d'autres latitudes, le biologiste globe-trotter peut transporter très loin, sur son matériel personnel ou sur son équipement de recherche, des pollens, bactéries et autres pathogènes potentiels. Pour l'instant, aucun protocole de désinfection n'est exigé pour les scientifiques dans l'Arctique.

EN GUISE DE CONCLUSION

Avec ce livre à l'architecture originale, où je me suis permis de joindre un texte de 1981 et des informations très récentes, j'ai voulu resituer dans l'échelle du temps l'évolution des connaissances et de la prise de conscience de la nécessité de sauvegarder une espèce et, bien plus largement, la nature dite sauvage.

C'est le professeur Jean Dorst, auteur visionnaire dès 1965 d'*Avant que nature meure...*, le fameux plaidoyer pour une écologie politique, qui avait écrit la préface d'*Ovibos* en 1981. Déjà, des cris d'alarme retentissaient, argumentés et soutenus par la connaissance scientifique et naturaliste, au point que Robert Gessain terminait son ouvrage par cette conclusion :

> Pendant des millénaires, Ovibos fut une proie consommable en toutes les parties de son corps, viande, peau, cornes ; pire ! au siècle dernier ses enfants devinrent, vivants, objets de commerce ! Mais une grande révolution survint, l'homme comprit qu'à détruire la nature il allait au désastre. Le chasseur devint protecteur. Quelques idéalistes de bonne volonté voulurent faire d'Ovibos un compagnon domestique. Ils réussirent avec grands efforts et soins à en apprivoiser quelques-uns, au plus 1 %. Domestiqué, le sera-t-il jamais ? Il faudrait pour cela d'abord que les hommes vivant dans les mêmes lieux que lui – les Inuits – en manifestent, par eux-mêmes, le besoin, puis que s'ensuive un long processus de cohabitation et de sélection. Dans ce sens rien de sérieux n'a encore été entrepris ! De nos jours, depuis quelques décennies, Ovibos vit en liberté protégée. Il a, par la volonté de l'homme, repeuplé d'anciens territoires, lieux de massacres passés. Il n'a jamais cessé de prospérer dans l'extrême septentrion, là où le climat ne permet à l'homme que de courts séjours. Dans une immense réserve créée par les Danois, pour Ovibos, et tous les animaux des froides toundras, une très vaste terre de longues nuits et de

> longs jours est devenue, au Nord du Groenland, un pays de paix. Mais que réserve demain ? Voici que l'homme, chercheur insatiable, vient de trouver, là-haut, l'objet de son plus grand désir actuel : du pétrole en abondance, dans le pays même des bœufs musqués. Verra-t-on Ovibos au pied des derricks ?

Voici bientôt quarante ans que Robert Gessain a écrit ces lignes. Il imaginait déjà un avenir sombre pour l'Arctique. Depuis, des mines se sont implantées, le tourisme s'est développé, heureusement l'exploitation pétrolière reste en retrait, du moins dans le Nord du Canada et au Groenland, mais pour combien de temps ? C'est le prix du baril qui donnera le coup d'envoi de cette course pour la dernière goutte d'or noir. L'Arctique a déjà subi la guerre du gras pour la chasse à la baleine, la course à l'or mou (les fourrures), il reste encore le rush pour les dernières traces de pétrole. Ovibos a survécu à tout cela. Il a résisté surtout parce que l'on a vu en lui la possibilité d'exploiter sa viande et sa laine. Il est aux avant-postes, témoin sensible et innocent des excès des hommes. Il pourrait nous raconter une histoire, que personne ne veut entendre, celle du grand tout, pas celle de la mondialisation et des communications instantanées, mais celle du vaisseau spatial qui accueille la vie dans un univers sans borne. Il a vu disparaître des mastodontes, il a parcouru des milliers de kilomètres, croyant pouvoir circuler sans limites autour du globe, mais nous vivons tous dans cette capsule fermée par une fine couche d'atmosphère, il n'y a pas de planète B, pas de plan B, pas d'échappatoire, une seule injonction : vivre ensemble dans l'harmonie et dans le partage des territoires.

Je terminerai par ces mots de Henry Beston (1888-1968), écrivain et naturaliste américain, qui enseigna au fameux Dartmouth College et influença Rachel Carson :

> Il faut nous faire une conception plus sage et peut-être plus profonde du monde animal. Éloigné de l'univers naturel, menant une vie artificielle et compliquée, l'homme civilisé observe les animaux à travers la lunette de la science, et il voit tel détail grossi et toute l'image déformée. Nous les considérons d'un œil protecteur à cause de ce qui leur manque, à cause de ce destin tragique qui leur a fait prendre forme bien au-dessous de nous dans l'échelle des êtres. Et en cela nous nous trompons, et nous nous trompons grandement. Car l'animal ne doit pas être mesuré par rapport à l'homme. Dans un monde plus ancien et plus complet que le nôtre, il se meut achevé et parfait, doué d'une perfection que nous avons perdue (à moins que nous ne l'ayons jamais atteinte), guidé par des voix que nous n'entendrons jamais. Les animaux ne sont pas nos frères, ils ne sont pas nos vassaux, ils constituent un autre peuple, pris avec nous dans le réseau de la vie et du temps, prisonniers avec nous de la splendeur et du laborieux travail de la Terre[1].

Pour que notre civilisation, notre humanité et les espèces qui nous accompagnent depuis des millénaires survivent, il faudra faire front tous ensemble, comme une harde d'ovibos face à leur prédateur naturel, le loup, ou périr en ordre dispersé sous les coups de boutoir de la loi du Marché.

NOTES

INTRODUCTION

1. Robert Gessain, *Ovibos*, Robert Laffont, Paris, 1981.
2. Les mots et noms suivis d'un astérisque à leur première occurrence sont définis au glossaire, p. 260.

CHAPITRE 1. – OVIBOS, QUI ES-TU ?

1. Barry Lopez, *Rêves arctiques : imagination et désir dans un paysage nordique*, trad. Dominique Letellier, Albin Michel, Paris, 1987, p. 68.
2. *Journal of Henry Kelsey*, 1691-1692. Traduction Robert Gessain.
3. Nicolas Jérémie, *Relation du détroit et de la baie d'Hudson*, *in* J.-F. Bernard, *Recueil de voyages au Nord*, Chez l'auteur, Amsterdam, 1724, t. VI, p. 1-52.
4. Samuel Hearne, *Voyage du fort du Prince de Galles, dans la baie de Hudson, à l'océan Nord*, trad. Lallemand, s. l., 1798-1799. Rééd. *Le Piéton du Grand Nord*, Payot, Paris, 2002.
5. *Ibid.*
6. Georges Louis Leclerc de Buffon, *Histoire naturelle*, vol. XXIX, Paris, 1799, p. 150-153.
7. Robert Gessain, *Ovibos*, Robert Laffont, Paris, 1981, p. 46.
8. P. F. Flood, S. R. Abrams et G. D. Muir, "Odor of the Muskox", *Journal of Chemical Ecology*, 1989, p. 2207-2217, doi : 10.1007/bf01014110. pmid 24272381.

CHAPITRE 2. – OVIBOS, D'OÙ VIENS-TU ?

1. Barry Lopez, *Rêves arctiques : imagination et désir dans un paysage nordique*, trad. Dominique Letellier, Albin Michel, Paris, 1987, p. 48.
2. *Ibid.*, p. 50.

CHAPITRE 3. – OVIBOS, OÙ VIS-TU ?

1. Aldo Leopold, *Almanach d'un comté des sables*, trad. Anna Gibson, Flammarion, Paris, 2000, p. 224-225.

2. P. Campos, E. Willerslev, A. Sher, L. Orlando, E. Axelsson, A. Tikhonov, K. Aaris-Sørensen, A. Greenwood, R. Kahlke, P. Kosintsev, T. Krakhmalnaya, T. Kuznetsova, P. Lemey, R. MacPhee, C. Norris, K. Shepherd, M. Suchard, G. Zazula, B. Shapiro et M. Gilbert, "Ancient DNA Analyses Exclude Humans as the Driving Force Behind Late Pleistocene Musk Ox *(Ovibos moschatus)* Population Dynamics", *Proceedings of the National Academy of Sciences*, 2010.

3. Alain Cuerrier et José Gérin-Lajoie (éd.), *The Caribou Taste Different Now*, Nunavut Arctic College, Iqaluit, 2016.

CHAPITRE 4. – OVIBOS, COMMENT VIS-TU ?

1. Roger Frison-Roche, *Le Versant du soleil, Mémoires*, Arthaud, Paris, 1981.

2. Pierre Perrault, *L'Oumigmatique*, L'Hexagone, Montréal, 1995, p. 168.

3. J. B. Mosbacher, D. K. Kristensen, A. Michelsen, M. Stelvig et N. M. Schmidt, "Quantifying Muskox Plant Biomass Removal and Spatial Relocation of Nitrogen in a High Arctic Tundra Ecosystem", *Arctic, Antarctic and Alpine Research*, vol. 48, n° 2, 2016, p. 229-240.

4. National Highway Traffic Safety Administration, "Table 1103. Motor Vehicle Accidents–Number and Deaths: 1990 to 2009", en ligne, 2012.

5. Vincent Munier, extrait du film *Nordic Variations*, 2011.

6. L. David Mech, "Proportion of Calves and Adult Muskoxen, *Ovibos moschatus*, Killed by Gray Wolves, *Canis lupus*, in July on Ellesmere Island", *Canadian Field-Naturalist*, vol. 124, n° 3, 2010, p. 258-260.

7. David R. Gray, "The Killing of a Bull Muskox by a Single Wolf", *Arctic*, vol. 23, n° 3, 1970, p. 197-199.

8. Gulo Films Productions, 2018.

9. David Mech, "Possible Use of Foresight, Understanding, and Planning by Wolves Hunting Muskoxen", *Arctic*, vol. 60, 2007, p. 146-149. Sauf mention contraire, les citations extraites d'ouvrages en anglais ont été traduites par Rémy Marion.

10. Otto Sverdrup, *Quatre années dans les glaces du pôle*, Flammarion, Paris, 1903, p. 104.

11. L. David Mech, 2007, *op. cit.*

12. L. David Mech, *Le Loup blanc, une vie dans l'Arctique*, Atlas, Bruxelles, 1989, p. 88.

13. David R. Gray, "The Use of Muskox Kill Sites as Temporary Rendezvous Sites by Arctic Wolves with Pups in Early Winter", *Arctic*, vol. 46, n° 4, 1993, p. 324-330.

14. L. David Mech, 2007, *op. cit*.

15. Anna Rose MacArthur, "Wild Dogs Take Down Muskox Near Toksook Bay", *Public Media for Alaska's Yukon-Kuskokwim Delta*, 20 mars 2019.

16. A. Gunn et F. L. Miller, "Muskox Bull Killed by a Barren-Ground Grizzly Bear, Thelon Game Sanctuary, NWT", *Arctic*, vol. 35, n° 4, 1982, p. 545-546.

17. Stephen Arthur et Patricia A. Del Vecchio, "Effects of Grizzly Bear Predation on Muskoxen in Northeastern Alaska", *Ursus*, vol. 28, n° 1, juillet 2017, p. 81-91.

18. S. Lair, A. Santamaria-Bouvier et M. Simard, "Infections of Muskoxen *(Ovibos moschatus)* from Nunavik by the Giant Liver Fluke *(Fascioloides magna)*", in *Muskox Health Symposium 2016*, Calgary (Alberta), 2016.

CHAPITRE 5. – LA GRANDE AVENTURE DES HOMMES ET DES BŒUFS MUSQUÉS (ROBERT GESSAIN)

1. Flammarion, Paris, 1969.

2. Robert Laffont, Paris, 1981.

3. Courrier personnel à Robert Gessain, 22 avril 1981.

4. Pour tout ce qui concerne la Caune de l'Arago, j'ai emprunté grandement aux publications de mon collègue H. de Lumley (1979).

5. Les analyses archéologiques les plus récentes infirment cette hypothèse : les ossements ne présentent aucune trace de chute et se trouvent situés bien trop loin du pied de la falaise. Les chasseurs solutréens étaient en réalité embusqués derrière les gros blocs rocheux amoncelés au pied de la falaise et tuaient les chevaux qui empruntaient l'étroit passage donnant accès aux pâturages s'étendant derrière le sommet du célèbre rocher. *(N.d.É.)*

1. Superintendant Moodie (1905), in *Les Fusils*, trad. Claro, Actes Sud, Babel n° 832, 2007, p. 244.
2. Isaac Israel Hayes, *La Mer libre du pôle*, trad. Ferdinand de Lanoye, Hachette, Paris, 1868, p. 400.
3. Report on the Proceedings of United States to Lady Franklin Bay, 1888, p. 29-30.
4. Frederick A. Cook, *My Attainment of the Pole*, Mitchell Kennerley, New York, 1911.
5. Frederick A. Cook, *Return from the Pole*, Pellegrini & Cudahy, New York, 1951, p. 164-165.
6. Robert E. Peary, *À l'assaut du pôle Nord*, Pierre Lafitte et compagnie, Paris, 1911, p. 161-162.
7. George Nares, *Un voyage à la mer polaire*, trad. Frédéric Bernard, Hachette, Paris, 1880, p. 338.
8. Albert H. Markham, *La Mer glacée du pôle*, trad. Frédéric Bernard, Hachette, Paris, 1880, p. 91.
9. Otto Sverdrup, *Quatre années dans les glaces du pôle*, trad. Charles Rabot, Flammarion, Paris, 1903, p. 178-179.
10. Peter Freuchen, *Aventure arctique*, trad. Maurice Rémon, Albin Michel, Paris, 1939, p. 219-220.
11. Lauge Koch, *Au nord du Groenland*, trad. Margrethe Trock, Pierre Roger, Paris, 1928, p. 174-175.
12. Communications personnelles, Kataisee Attagutsiak et Nunavut Heritage Trust.
13. Tim Edward, "The Muskox Resurgence", *Up Here*, 4 juillet 2016.
14. Lisa Gregoire, "Muskox on the Increase at Nunavut's Devon Island: New Survey", *Nunatsiaq News*, 25 avril 2016.
15. Michael Byers, *Who Owns the Arctic ?*, Douglas & McIntyre, Vancouver, 2009.
16. www.dolly.jorgensenweb.com/nordicnature/?p=1870.
17. Vilhjálmur Stefánsson, *The Northward Course of Empire*, Harcourt, Brace & Company, New York, 1922, p. 141.
18. https://dolly.jorgensenweb.net/nordicnature/?p=1870.
19. Cara Giamo, "The Great Scandinavian Muskox War", *Atlas obscura*, 2016, www.atlasobscura.com/articles/the-great-scandinavian-musk-ox-war.

20. Dolly Jorgensen, "Migrant Muskoxen and the Naturalization of National Identity in Scandinavia", *in* S. Nance (éd.), *The Historical Animal*, Syracuse University Press, Syracuse, 2015, p. 184-201.
21. Conférence de Dolly Jorgensen au Rachel Carson Center en 2013, www.youtube.com/watch?v=3NvbmikWnGo.
22. "Musk Ox Attacked German Tourist", newsinenglish.no, 19 juin 2015.
23. Peter C. Lent, "Alaska's Indigenous Muskoxen: a History", *Rangifer*, vol. 18, n° 3, 1998, p. 133-144.
24. T. Sipko, "Reintroduction of Musk Ox on the Northern Russia", *Large Herbivore Network*, www.lhnet.org/reintroduction-of-musk-ox-in-the-northern-russia/.
25. Duc d'Orléans, *Chasses et chasseurs arctiques*, Plon-Nourrit, Paris, 1911, p. 41-42.
26. Vilhjálmur Stefánsson, *The Friendly Arctic*, MacMillan Company, New York, 1922, p. 587.
27. Marianne Moore, "Le bœuf (ou la chèvre) polaire", *Poésie complète*, trad. Thierry Gillybœuf, Corti, Paris, 2004. © Éditions Corti.
28. John Teal, article paru en 1972, *in* Nuna Teal, *The First 40 Years: History of the Muskox Farms from 1954 to 1994*, thèse non publiée, 1994.
29. Peter Matthiessen, *Oomingmak*, Hastings House, New York, 1967, p. 56-57.
30. www.youtube.com/watch?v=_7N7EnkoSko.
31. Pierre Perrault, *L'Oumigmatique*, L'Hexagone, Montréal, 1995, p. 89.
32. Nuna Teal, *op. cit*.
33. Pierre Gindras, "La croissance du bœuf musqué dérange les Inuits", *La Presse*, 11 novembre 2019.
34. Werner von Bergen, "Musk Ox Wool and its Possibilities as a New Textile Fibre", *Melliand Textile Monthly*, vol. 3, 1931-1932, p. 472-474, 553-556, 646-648, 743-745, 844-846.
35. Werner von Bergen, *op. cit*., p. 846.
36. Mia Chemnitz, www.qiviut.gl.
37. www.nunavutqiviut.com.
38. Laura Starr, Joshua Greenberg et Janice Rowell, "Farming Muskoxen for *Qiviut* in Alaska: A Feasibility Study", *Arctic*, vol. 70, n° 1, mars 2017, p. 77-85.
39. European Association of Zoos and Aquaria (EAZA).

40. Samuel Hearne, *Voyage du fort du Prince de Galles, dans la baie de Hudson, à l'océan Nord*, trad. Lallemand, 1798-1799. Rééd. *Le Piéton du Grand Nord*, Payot, Paris, 2002, p. 137.
41. Jørn Riel, *Une vie de racontars*, trad. Andreas Saint-Bonnet, Gaïa, Montfort-en-Chalosse, 2012, t. I.
42. Robert Gessain, *Ovibos*, Robert Laffont, Paris, 1981, p. 19.
43. Otto Sverdrup, *op. cit.*, p. 99.
44. Vilhjálmur Stefánsson, *The Friendly Arctic*, *op. cit.*, p. 559.
45. C. T. Darimont, B. F. Codding et K. Hawkes, "Why Men Trophy Hunt", *Biology Letters*, n° 13, Royal Society, 2017.

EN GUISE DE CONCLUSION

1. Henry Beston, *Une maison au bout du monde*, trad. Marguerite Faguer et Germaine Klenowski, Delamain et Boutelleau, Paris, 1953, p. 35-36.

ANNEXES

LA COMPAGNIE DE LA BAIE D'HUDSON : LE CASTOR, LE ROI ET LE CHAPELIER FOU

Depuis l'Antiquité, les fourrures ont représenté des biens précieux pour l'aristocratie. Porter les fourrures les plus fines, aux origines les plus lointaines, était une marque de noblesse, de puissance, puis d'élégance. Les fourrures d'ours et de loup pour les chefs de guerre, de martre, de vison ou de zibeline pour leurs épouses, indiquent leur rang dans la société. Des espèces recherchées pour leur fourrure comme la loutre de mer du Pacifique ou les otaries furent à l'origine de grandes avancées exploratoires et de conquêtes de territoires. La peau de loutre de mer, considérée comme la plus belle avec ses trois couches de poils, était vendue en Chine. L'espèce la plus emblématique et peut-être la moins connue – mais dont l'importance fut capitale – est sans aucun doute le castor.

Après sa quasi-disparition dans les forêts d'Europe, à la suite d'une chasse intensive mais aussi de la destruction des forêts et de l'assèchement des zones humides, il faut trouver de nouvelles sources d'approvisionnement dès les années 1590. Les premières peaux provenant du Nouveau Monde attirent les convoitises d'un marché bien organisé et très rentable, transitant par La Rochelle, Rouen ou Bordeaux avant de rejoindre les ateliers de pelleterie de Paris. Les pelletiers parisiens financent les premières expéditions à destination du Québec.

Le castor fait varier le compas de cette économie florissante des forêts de l'Est de l'Europe vers le Nouveau Monde. À partir du XVIIe siècle, il va transformer la face du monde, modifier les équilibres financiers, redistribuer les cartes d'une géopolitique européenne. Animal *a priori* insignifiant, laborieux rongeur des forêts boréales et tempérées, le castor sera la pierre angulaire d'une stratégie de conquête de l'Amérique du Nord par la couronne britannique et le carburant d'une économie aux rendements mirifiques.

Mais quelle pouvait être la richesse extraite de cet animal végétarien et aquatique ? Sa peau, bien sûr, surnommée "l'or mou", cette peau soyeuse dont le sous-poil bouclé donnera le feutre pour les chapeaux des grands de ce monde, des mousquetaires du roi et des courtisans. Ce feutre, fabriqué par les pelletiers à Paris et exporté partout en Europe, va nécessiter des millions de peaux de castor. Le chapelier fou d'*Alice au pays des merveilles* nous rappelle que travailler la peau de castor pour en faire du feutre n'était pas sans risque. Les sels de mercure utilisés pour agréger les poils bouclés attaquaient le système nerveux des chapeliers, qui devenaient fous.

Il faut donc échanger les fourrures avec les autochtones du Canada tout en prenant possession des nouvelles terres, un marché gagnant-gagnant pour les actionnaires des premières compagnies françaises. Le castor est bien un animal géopolitique !

Les postes français établis sur le Saint-Laurent sont autant de lieux d'échanges. Les coureurs des bois partent sur leur canoë d'écorces, remontant les larges rivières et les rapides à destination des communautés. Ces voyages étaient périlleux, les risques provenant autant de la nature elle-même que des relations avec les différentes tribus. Les Français s'organisent au sein de la Compagnie du Nord-Ouest.

Anglais, Hollandais et Écossais comprennent que ce commerce florissant ne profite qu'aux seuls Français. Aussi, à la fin du XVIIe siècle, sous l'impulsion de deux Français négligés par Louis XIV, Pierre-Esprit Radisson et Médard Chouart des Groseilliers, le roi Charles II d'Angleterre crée, le 2 mai 1670, la Compagnie des aventuriers d'Angleterre, qui deviendra plus tard la Compagnie de la baie d'Hudson. Cette société par actions est régie par une charte établissant un monopole de traite avec les Amérindiens, spécialement pour les fourrures, sur la vaste région des rivières et des fleuves se déversant dans la baie d'Hudson, que l'on appellera "Terre de Rupert" en l'honneur du premier gouverneur de la Compagnie, le prince Rupert du Rhin. Ce territoire couvrait 3,9 millions de kilomètres carrés, soit un tiers du Canada moderne, et s'étendait même dans le Nord des Grandes Plaines américaines.

Même si le contrat est assez simple, les actionnaires prennent des risques en mettant sur pied des expéditions d'exploration et de traite des fourrures, et la couronne de la perfide Albion prend possession des nouveaux territoires. Les premiers s'enrichissent, la seconde élargit sa puissance. La famille royale étant le premier actionnaire et le premier gouverneur n'étant autre que le frère du roi, nous parlerions actuellement de délit d'initiés, de conflit d'intérêts. Un marché de dupes pour les Indiens crees, dénés, athapascans, exploités et privés de leurs terres, et qui devront passer de la chasse de subsistance au commerce mondialisé.

Si l'on parle souvent des guerres de religion et de guerres territoriales, on n'évoque jamais les guerres commerciales, parfois sanglantes, comme la guerre du gras au Svalbard, pour les territoires de chasse à la baleine, ou la guerre des fourrures au Canada.

La Compagnie du Nord-Ouest est très vite concurrencée par la Compagnie de la baie d'Hudson. Une compétition entre France et Angleterre dont l'Angleterre sortira gagnante en étant plus réaliste, plus imaginative dans les moyens d'exploiter ces richesses.

En effet, la Compagnie de la baie d'Hudson n'envoie pas de coureurs des bois, mais place des pourvoiries sur les estuaires et la côte, emplacements stratégiques, véritables bornes humaines dédiées aux échanges avec les autochtones. Un pourvoyeur, généralement écossais et vivant avec une autochtone, troque les pelleteries contre des pièges, des balles, de la farine, du sucre. Les carnets précieusement conservés aux archives de Winnipeg montrent que les Indiens crees ou dénés et les Inuits ne chassent plus pour eux mais pour la Compagnie. La mondialisation est en marche…

Pour faciliter les échanges, le castor devient la monnaie universelle, la première à couvrir un si vaste territoire. Chaque peau vaut un certain nombre de castors : une peau de renard polaire vaut cinq castors, une de lynx quatre, une d'ours six. En fonction du marché et des besoins européens, les demandes peuvent varier. La fameuse couverture de laine à points de la Compagnie de la baie d'Hudson, aux bandes de couleur caractéristiques (vert, rouge, jaune et bleu) et aux marques noires (les points) pour signifier la taille, coûte dix castors.

Avec un nombre de salariés très limité, la Compagnie couvre un territoire grand comme trois fois l'Europe et accumule certaines années des bénéfices de 100 %, pendant des décennies. Les alchimistes de la finance ont transformé le castor en or. La construction du fort Churchill, à l'embouchure du fleuve du même nom, puis de York Factory au sud, marque l'implantation des Britanniques aux frontières de l'Arctique. Les peaux de castor sont stockées, conditionnées en ballots pour partir vers l'Angleterre par une route maritime plus courte que le fleuve Saint-Laurent.

Louis XVI enverra Jean-François de Galaup, comte de Lapérouse, détruire ces implantations en 1782, mais cela n'aura aucune influence sur la suprématie de la Baie, comme on la surnomme. La Compagnie de la baie d'Hudson (en anglais Hudson Bay Compagny, HBC) est tellement rapide dans sa conquête qu'elle sera surnommée "Here Before the Christ".

La Nouvelle-France, puis la Terre de Rupert et le dominion du Canada sont issus de cette guerre commerciale, de cette lutte d'influence entre deux sociétés commerciales. La Compagnie de la baie d'Hudson fit don de ses territoires à la Confédération canadienne. Les territoires conquis pour la traite des fourrures devenaient partie intégrante d'un vaste pays. Presque naturellement, ils seront intégrés à la Confédération canadienne ; le contrat est rempli à partir de 1870.

À juste titre, le castor deviendra l'animal symbolique de ce nouveau pays.

À l'heure du CETA, accord économique et commercial global entre l'Union européenne et le Canada, il est bon de se pencher sur l'histoire du Canada. Ce pays est membre du G8 et du G20, en grande partie peuplé par des migrants venus d'Europe et encore par quelques autochtones dans le Nord et l'Ouest du pays. Toute l'histoire du Canada est basée sur l'économie et sur les échanges avec l'Europe. Sa construction, le déploiement et la dispersion de la population, la mise en place des villes sont liés à la proximité des ressources naturelles et aux échanges des biens entre cette terre nouvelle et l'Europe originelle. Winnipeg sera le carrefour du trafic entre le Nord et l'Ouest. Rien de surprenant que les héritiers des premiers colons comme Justin Trudeau (dont la famille émigra de Charente-Maritime dès le début du XVIIe siècle) soient à la tête de ce pays.

The Bay existe toujours malgré de nombreux rachats et fusions, elle représente la plus ancienne personne morale encore en activité en Amérique du Nord et l'une des plus anciennes au monde. Son taux de rentabilité n'a jamais été égalé…

Le castor a gagné la partie contre le coq !

RENNES ET CARIBOUS

Pour parler du bœuf musqué, il faut aussi détailler la vie de son plus proche voisin et concurrent, le caribou, *Rangifer tarandus* dans la nomenclature scientifique.

Deux appellations pour une même espèce : “renne” en Eurasie, et en Amérique du Nord “caribou”, dérivé d’un mot des Indiens algonquins signifiant “qui creuse pour sa nourriture”. Le renne est un membre de la famille des Cervidés, c’est un cousin des cerfs, daims, élans, chevreuils.

Les bois, particulièrement développés chez les vieux mâles, sont aussi présents chez les femelles (cas unique chez les Cervidés). Chez les mâles et les femelles non gestantes, les bois tombent en novembre-décembre après le rut, chez la femelle gestante la ramure persiste pour écarter les autres rennes lorsqu’elle cherche de la nourriture sous la neige, puis pour protéger le veau au moment de la mise bas. Les bois ne chuteront donc que quelque temps après celle-ci (entre mai et juin).

La coloration des individus varie beaucoup entre l’hiver, avec une fourrure épaisse et plutôt blanc-gris clair, et l’été, où la fourrure plus fine est en général plus sombre, brun-gris foncé. L’une des caractéristiques des poils de renne est qu’ils sont creux et l’air qu’ils contiennent sert d’isolant ; ils constituent aussi une bonne réserve de flottabilité, facilitant la nage lors des migrations estivales à travers lacs et rivières.

Les mâles qui se disputent la suprématie sur un troupeau utilisent leurs bois lorsqu’ils s’affrontent dans des joutes parfois mortelles. Les ramifications complexes de la ramure des grands mâles sont à l’origine de leur imbrication l’un dans l’autre, les deux combattants se retrouvant parfois liés jusqu’à la mort.

Le poids moyen d’un individu adulte varie entre 90 et 185 kilos suivant le sexe, la période de l’année et la région. Les caribous des bois sont en général plus massifs que ceux de la toundra.

L’hiver, cette espèce se nourrit essentiellement de lichens qu’elle repère sous la neige. Cet aliment étant peu nutritif, elle doit donc se déplacer sans relâche. L'été, rennes et caribous paissent dans de vastes prairies riches en graminées et en pousses d'arbustes.

Rennes sur la côte est du Svalbard.

Perché sur de frêles et courtes échasses, le caribou marche le museau au ras du sol. Comme absorbé par une sombre mélancolie, il avance sans faiblir. Les caribous de la toundra nord-américaine et les rennes d'Eurasie migrent sur les vastes espaces du Nord de l'Europe, des terres basses du Nord canadien, de l'Alaska. Ils traversent les rivières, escaladent les collines, parcourent des centaines de kilomètres, gardant le cap sur les lacs gelés, de vallées en fjords. Des colonnes de plusieurs kilomètres de long martèlent le sol gelé, les hardes d'Amérique du Nord peuvent être constituées de plusieurs milliers d'individus.

Rennes et caribous grattent le sol gelé à l'aide de leurs sabots larges, souples et coupants. Grâce à leurs sabots particulièrement bien adaptés, ils peuvent progresser dans la neige comme s'ils portaient des raquettes à géométrie variable. Et quand la toundra est détrempée, lorsque les rennes doivent traverser les sphaignes, des lacs ou des fjords, leurs sabots font aussi merveille et servent de pagaies très efficaces.

Le rut a lieu à l'automne, fin octobre ou début novembre. La gestation dure de quatre mois et demi à cinq mois.

Au printemps, les femelles qui doivent mettre bas guident la harde. Fin mai ou début juin, arrivée sur les lieux : une brève halte et un nouveau caribou, chétif et humide, se mêle au groupe, pas le temps de lambiner.

Durant l'hiver, de nombreux individus meurent de sous-alimentation, de froid, de vieillesse. Les loups prélèvent leur tribut comme le tsar prélevait son *yassak* sur les peuples sibériens et suivent la migration pour capturer un jeune attardé, un individu malade ou une mère imprudente. Ainsi va la vie des caribous, rythmée par deux migrations par an entre des zones riches en végétaux, l'été, et des sites en limite de la forêt boréale pour y passer l'hiver. Les caribous des bois ne transhument pas, ils se déplacent en fonction des ressources disponibles et de la couverture de neige.

Si le loup est leur principal prédateur, il ne faut pas oublier les moustiques, les mouches, les taons, qui prélèvent quelques gouttes de sang à chaque individu et profitent de leur chair pour pondre et nourrir leurs larves. Le caribou est la proie idéale. Le harcèlement par les insectes intervient lors des déplacements des animaux qui vont alors se réfugier dans des zones plus fraîches ou très ventées, en général moins peuplées de parasites.

Dans l'Extrême-Nord du Canada vit une sous-espèce de caribou dite "de Peary", qui survit sur l'île d'Ellesmere. La population totale n'excède pas quelques centaines d'individus. Les conditions particulièrement rudes sous ces hautes latitudes, aux environs de 80 degrés nord, imposent des adaptations spécifiques. Les caribous de Peary sont courts sur pattes et pèsent entre 55 et 70 kilos. Ils possèdent une fourrure très épaisse et blanche. Les rennes qui sont arrivés récemment sur l'archipel du Svalbard et ceux qui ont été introduits en 1911 et 1925 par les baleiniers norvégiens en Géorgie du Sud, aux limites de l'Antarctique, ont développé les mêmes caractéristiques. Ils sont plus trapus que les rennes du continent. Ils ne migrent pas car leur territoire est borné par des glaciers.

Les relations des hommes avec les rennes et les caribous sont de deux ordres : la chasse et la domestication. Certains peuples ont été tellement attachés à cette espèce qu'il est possible de parler de "civilisation du renne" comme l'on parle de "civilisation du phoque" pour les Inuits du Groenland. Le bois de renne fut un matériau extraordinaire pour des civilisations privées de bois. Solide, abondant, facile à tailler et à travailler, il était utilisé pour réaliser de multiples objets : pointes de harpon de toutes formes, manches de poignard, lunettes, outils de cuisine… Les peaux étaient la base de l'habillement, de la confection des tentes, du couchage. Les tendons servaient de ligature, de fil à coudre.

Les Inuits de l'intérieur, au nord-ouest de la baie d'Hudson, ne vivaient pas des mammifères marins, mais de la chasse aux caribous et aux bœufs musqués. Leurs déplacements annuels suivaient les animaux.

Les Toungouzes, peuples d'éleveurs de rennes d'Asie du Nord-Est, sont les seuls à monter le renne comme l'on monte les ânes dans certaines régions d'Afrique. En général, les rennes sont attelés à de petits traîneaux ou bien tractent directement un skieur. Les attelages sont menés en file indienne par un éleveur qui tient en main la bride du renne de tête.

L'arrivée des armes à feu a participé à la destruction massive de certains grands troupeaux nord-américains. Les Inuits et les Indiens chassent toujours les caribous et servent de guides à des chasseurs "sportifs". La viande de caribou est très réputée.

Les caribous et les rennes subissent les changements de l'Arctique. L'hiver, les pluies liées au réchauffement climatique couvrent la toundra d'une croûte de glace trop dure pour les sabots. Certaines zones d'alimentation sont maintenant gagnées par la forêt boréale qui n'offre pas les mêmes ressources. De plus, la construction de gazoducs dans le Nord de l'Alaska, du Canada et de la Sibérie barre la route des migrations et oblige les troupeaux à de grands détours.

Bœuf musqué et caribou ont franchi les millénaires et les variations climatiques côte à côte, soumis l'un et l'autre aux attaques des hommes. Pourront-ils encore longtemps se croiser, libres et sauvages, dans les toundras arctiques ?

RÉFLEXIONS SUR LA FERME D'ÉLEVAGE DES BŒUFS MUSQUÉS DE VIEUX-CHIMO (NOUVEAU-QUÉBEC)

Rapport de Robert Gessain

En septembre 1976 j'ai pu, grâce à l'obligeance de la direction générale du Nouveau-Québec, visiter, avec l'assistance de Michel Beaulieu, les installations et les animaux de la ferme d'élevage des bœufs musqués : Umingmaqautit à Vieux-Chimo.

Si, quoique non-zoologiste, je me permets de livrer quelques réflexions inspirées par ma visite de la ferme de Vieux-Chimo, c'est à cause de mon intérêt constant, en tant qu'anthropobiologiste, pour l'étude des rapports entre l'homme et l'animal, spécialement dans l'Arctique. J'ai eu l'occasion, au cours de mes séjours répétés sur la côte est du Groenland, depuis 1934, de voir des bœufs musqués à l'état sauvage dans la région du Scoresby Sund, ainsi qu'à Mestervig et enfin à la Terre de Peary.

Intéressé par l'élevage des bœufs musqués, je me suis tenu au courant des premières expériences de Fairbanks (1930), de la mise en liberté des bœufs musqués dans l'île de Nunivak, de l'expérience intéressante de Vermont, de celles, limitées, de la côte ouest du Groenland et de la Norvège, du transport par la Russie d'Ovibos au Spitzberg et dans la région du lac Taïmyr, et enfin et surtout de la grande expérience de Fairbanks depuis 1964 et 1965.

J'ai visité, il y a deux ans, en détail, les installations de l'université d'Alaska à College. Le transfert d'Ovibos dans les villages n'avait pas encore été effectué quoique cela soit prévu depuis plusieurs années, ce qui laisse entendre qu'on estime que toutes les conditions requises n'étaient pas encore réalisées.

Les installations de Vieux-Chimo

La direction générale du Nouveau-Québec (DGNQ) a adapté des bâtiments existants appartenant jadis à la Compagnie de la baie d'Hudson, et cela de la façon la plus appropriée.

Le bâtiment où sont reçus les hôtes a été réaménagé pour fournir le maximum d'efficacité et d'agrément. L'étable avec couloir d'entrée où s'effectuent les pesées, les loges individuelles pour animaux avec entrée et sortie dans le sens de la marche sans recul sont des structures désormais classiques facilitant le contact des Ovibos et des hommes, contact d'apprivoisement très important et dont la pesée et le peignage de la laine ne sont que des aspects. Mais les parcs et enclos méritent une mention spéciale.

Il y a deux types d'enclos fermés par des grillages, de bonne résistance et à bonne hauteur. Entre ces enclos existent des chemins de passage pour les hommes, permettant surveillance et circulation aisées.

Dans la topographie de ces enclos sont inscrits, sur le sol, par l'aménagement des lieux, les deux buts de la DGNQ, les deux chemins de destinée des Ovibos élevés à Vieux-Chimo :

– Le premier, le peuplement du Nouveau-Québec en Ovibos sauvages.

– Le deuxième, le transfert à des familles inuites d'animaux domesticables.

À ces deux aboutissements du projet Umingmak de la DGNQ correspondent des enclos et parcs différents ; et cela, si je ne me trompe, est une idée neuve. Aux enclos plus petits, à rotation nutritive plus rapide, correspondent des animaux écornés, lot de base de procréation ; les enclos plus vastes sont réservés aux Ovibos non écornés destinés à être lâchés en liberté. Le rythme de rotation y est plus lent. Ces deux types d'enclos sont une excellente réalisation, bien conçus et bien adaptés à leurs différents buts.

Il y a donc à la ferme de Vieux-Chimo deux troupeaux de bœufs musqués vivant dans des conditions de pacage différentes, correspondant à des fonctions fondamentalement différentes : l'un "domestique" pour la procréation à la ferme, l'autre semi-sauvage se préparant à la vie libre. Ces deux troupeaux préfigurent ce que devrait être, dans le Nouveau-Québec, la réussite totale du projet Umingmak : d'une part des Ovibos sauvages dans la toundra, d'autre part des animaux domestiques entre les mains des Inuits qui le désirent. Dans cette dualité de structures et de buts s'apprécie la bonne élaboration du projet.

Ovibos pour le peuplement libre dans le Nouveau-Québec

Il s'agit du peuplement en animaux libres dans une région située plus au sud que leur habitat naturel, et ce changement de milieu pose des problèmes si complexes et si peu aptes à être analysés et maîtrisés dans l'état actuel de nos connaissances que seule une expérience permettra de fournir une réponse. On a prévu que ces Ovibos choisiraient des niches écologiques leur convenant, dans la diversité des climats, des pâtures et des reliefs de la toundra du Nord du Québec. Des études ont déjà été faites dans ce sens, préalables aux premiers lâchers d'animaux libres, au nord du 58e degré de latitude nord. Plusieurs techniques ont été mises au point et ont fait leurs preuves : transport des animaux, endormissement artificiel, regroupement dans un parc de prélibération, colliers radio-émetteurs…

Il faudra une ou deux décennies pour atteindre un nombre d'animaux sauvages qui démontrent une implantation réelle et irréversible de bœufs musqués dans la toundra du Nord du Québec. Et le moins que l'on puisse faire, après avoir si bien commencé une telle expérience, c'est de la mener au minimum démographique d'irréversibilité.

Nombre minimum pour une réussite économique

Nous pensons, en effet, qu'il faut un nombre minimum de bœufs musqués libres dans le Nouveau-Québec pour qu'ils vivent sans risque de s'éteindre ; nombre comportant un volant démographique de sécurité tel que le troupeau puisse faire face à d'éventuelles catastrophes (très mauvaise année climatique, atteinte grave aux ressources alimentaires, épizootie, période intensive de braconnage, etc.) en perdant un certain nombre d'individus sans que cette perte mette en danger la survie du groupe. Mais pour que le projet Umingmak soit une réussite qui dépasse le fait d'une expérience menée à bonne fin, pour que ce projet devienne autre chose que d'avoir apporté la preuve de la survie d'Ovibos dans le Nouveau-Québec (ce qui en soi est déjà un fait très intéressant), pour que l'intérêt scientifique déjà acquis débouche sur un intérêt économique et une réussite plus complète non seulement pour le Nord du Québec et ses populations autochtones, mais pour le Québec entier, il faut que le nombre des Ovibos atteigne dans un premier temps plusieurs milliers, et plus tard sans doute encore davantage.

Alors une nouvelle richesse du Nord du Québec sera exploitable : produits de chasse, nourriture, cornes, fourrure (pouvant peut-être favoriser un artisanat) ; intérêt touristique, permis de chasse pour amateurs canadiens ou étrangers, etc.

Ainsi, plusieurs milliers seraient dans un premier temps un seuil d'intérêt économique souhaitable. Quelle peut être la densité d'une population sauvage d'Ovibos dans le Nord du Québec ? C'est une estimation à faire en considération de l'écologie. Les Ovibos iront d'abord naturellement dans les zones qu'ils estiment les meilleures. Je ne sais quelle surface a été estimée, dans l'étude qui en a été faite, pour la zone ou les zones les plus riches en végétation herbacée propice. S'il y a plusieurs niches favorables, il faut prévoir plusieurs troupeaux sauvages. La densité d'un animal au kilomètre carré est ce que je crois être l'opinion des zoologistes.

Conditions de réussite de ce peuplement d'animaux libres

La condition primordiale, c'est que les animaux ne soient pas tués avant d'avoir atteint un nombre suffisant, le niveau démographique d'irréversibilité. Donc, que les Inuits soient instruits de l'intérêt de ce repeuplement d'animaux sauvages, du fait que, lorsque la densité sera suffisante, il y aura un quota de chasse pour les Inuits. Que des mesures d'éducation ou/et de surveillance soient prises contre le braconnage (s'il existe), tant des Inuits que des Euro-Canadiens ou touristes étrangers ; qu'aucune épizootie n'intervienne sur les Ovibos dans les conditions de climat et de nutrition auxquelles ils ne sont pas (en principe) adaptés génétiquement ; une surveillance de la santé des animaux libres et un contrôle des animaux morts avec autopsie et recherche des causes de mort sont indispensables. Un problème se pose, c'est la fréquence des naissances. L'année 1978 sera, à ce point de vue, d'une grande importance, car le repérage de tous les nouveau-nés de cette année donnera des indications sur le rythme des naissances.

Ovibos domestiqués pour des familles d'Inuits

Tout commencement d'une telle domestication doit remplir plusieurs conditions, car il s'agit de créer une nouvelle relation entre des hommes et des animaux ; hommes qui ont de temps immémorial été chasseurs donc conditionnés, par sélection, à l'attaque, et animaux sauvages eux-mêmes conditionnés à se défendre ou fuir.

Entre le chasseur et l'éleveur, il y a une grande différence de motivations et d'attitudes, le premier, pour devenir le second, doit acquérir un comportement totalement nouveau. Il importe donc de se fixer au début un but modeste et non pas d'établir et de vouloir suivre un programme idéal comme peuvent en faire des technocrates éloignés des réalités concrètes ; il ne faut donc pas distribuer d'animaux domestiques à des Inuits qui n'en auraient pas un désir profond, une motivation réelle, seule base spontanée de l'acquisition d'un nouveau comportement vis-à-vis des animaux. En un mot, il faut ici suivre la demande des hommes. Il faut donc que des animaux soient donnés aux seuls Inuits qui en ont le désir et le formulent. Ensuite que ces familles d'Inuits-là soient instruites – *de visu* – de ce que sont des *umingmak* domestiques, qu'ils viennent à la ferme, prennent contact avec les animaux, etc. Un stage de futurs bergers inuits est nécessaire. On peut même penser qu'il serait souhaitable qu'il y ait chaque année quelques lots d'Ovibos à donner aux Inuits et que ces lots soient attribués à ceux qui auraient démontré durant leur stage le plus de compréhension et de sympathie vis-à-vis des animaux. Quel nombre d'animaux dans chaque lot attribué ? Un petit nombre, car il est préférable que les Inuits redemandent plus tard quelques bêtes de plus, plutôt que d'avoir des difficultés à résoudre les problèmes, posés pour eux, par un trop grand nombre d'animaux ; au début : un taureau, trois ou quatre femelles, peut-être en plus un mâle castré.

Les Inuits qui désirent des bœufs musqués attendent évidemment des avantages de l'élevage. Avant le transfert des animaux, il convient de bien leur montrer les difficultés en particulier de l'alimentation, plus spécialement hivernale, des animaux.

Il faut suivre le chemin de toute domestication animale qui depuis le début, au Néolithique, progressa toujours de la même manière ; sélectionner les animaux plus aptes à supporter le contact des hommes, plus paisibles, plus doux. Et ne permettre qu'à ceux-là, seuls, de se reproduire.

C'est évidemment un processus de longue haleine. Mais les connaissances génétiques bien développées pourraient peut-être permettre d'accélérer ce processus.

Dans cette optique, la castration des mâles non nécessaires à la procréation favoriserait sûrement les rapports de domestication avec les hommes. De plus, la castration peut influencer la taille, le poids et peut-être la quantité, la qualité, la valeur du poil ; études à faire ou à compléter (des bœufs musqués ont été castrés à Fairbanks). De telles études sur les effets de la castration des mâles peuvent avoir une réelle valeur pratique mais aussi un grand intérêt pour les zoologistes physiologistes. Il faudrait castrer un nombre suffisant d'animaux pour établir une bonne base numérique aux conclusions.

Alimentation des Ovibos domestiqués

La démonstration a été faite que des Ovibos pouvaient vivre en enclos avec l'apport de foin. C'est un premier point acquis. Et après, que faire de cet acquis dans l'Arctique où jusqu'à ce jour le foin doit être importé à un prix exorbitant, prix qui est incompatible avec tout élevage économiquement rentable ? Comment imaginer qu'une famille inuite pourrait faire la dépense de foin importé pour nourrir même un petit cheptel ? Alors que faire ?

Ici intervient ce qui semble favoriser le Nord du Québec par rapport aux régions plus septentrionales où vit le bœuf musqué : la qualité de la végétation herbeuse. Il y a dans le Nord du Québec des possibilités de prairies. C'est là un point essentiel de la partie "animaux domestiqués" du programme Umingmak. Et c'est là, à mon sens, que s'impose une nouvelle démonstration sur le chemin de la réussite acquise : la création de prairies arctiques aptes à être fauchées afin de récolter du foin sur place, du foin autochtone, du foin arctique. Le foin peut être, en partie, remplacé en hiver par la "feuillée", c'est-à-dire le ramassage à la bonne saison et la mise en grange des pousses feuillues de saule qu'affectionnent les Ovibos.

À mon sens, il faut le plus tôt possible faire à Vieux-Chimo une expérience de prairie arctique fauchable en dépierrant un terrain de quelques hectares. Le prix du dépierrage en faisant sauter les rochers à l'explosif n'est pas trop élevé pour une telle démonstration. Le premier avantage serait une appréciable économie pour la ferme. Mais cet avantage serait peu à côté de la démonstration que l'on peut fabriquer du foin dans le Nord du Québec. Alors interviendrait une vraie révolution écologique et économique (surtout si elle était réussie en une multiplicité de lieux entre les mains des Inuits).

À la ferme de Vieux-Chimo, pour cette prairie expérimentale, la fauche devrait évidemment se faire avec une machine faucheuse moderne appropriée. Expérience de fauche par machine qui pourrait être continuée sur le plan d'une communauté inuite ayant un assez grand troupeau de communauté, c'est-à-dire un troupeau fait du rassemblement d'animaux appartenant à plusieurs familles voisines.

Mais si l'on veut donner des bœufs musqués à des familles inuites éloignées les unes des autres, ce qui sera sans doute un processus de début inévitable et probablement un état de fait durable (compte tenu de l'importance à ne donner qu'à ceux qui sont fortement motivés pour cet élevage), il faut que l'Inuit berger devienne Inuit faiseur de foin, donc faucheur et faneur, et ceci de la façon la plus économique possible afin de ne pas alourdir son budget. Le bénéfice de l'élevage de bœufs musqués doit aller à la famille inuite et non pas à l'achat ou à l'entretien de machines. L'économie et la liberté financière et personnelle, c'est le travail familial manuel. Dans l'optique de l'élevage des bœufs musqués par les Inuits, il n'y a pas de haut rendement à rechercher mais l'amélioration d'un équilibre familial fournissant à toute la famille, et aux jeunes en particulier, la possibilité de travailler, de rester et de vivre dans un environnement qui leur convient. Ceux à qui le mode de vie dans la toundra ne convient pas ne demanderont pas de bœufs musqués. À la notion de rendement il faut opposer avec fermeté celle d'équilibre familial[1].

1. *Ovibos*, Robert Laffont, Paris, 1981.

Paris, le 24 mai 1982

Mon cher collègue et ami,

Les livres qui en valent la peine, je les lis très attentivement, crayon à la main.

Ovibos *méritait amplement cet exercice et je vous en transcris les résultats. Certaines remarques sont inutiles, du type "le lecteur aura rectifié de lui-même", d'autres peuvent, je le souhaite, vous être utiles pour la seconde édition.*

Vous ai-je déjà parlé du livre de Charles H. Hapgood (récemment traduit en français) : Maps of the Ancient Sea Kings. Evidence of Advanced Civilization in the Ice Age, *2e éd., E. P. Dutton, N. Y., 1979, 276 p., 108 fig. ? Très extraordinaire et même inquiétant : une carte de 1532 comprenant le continent antarctique (avec la mer de Ross !). Pour vous, il y a tout un chapitre (nº 6), "Ancient Maps of the North" : la carte de Zeno (1380) qui semble montrer un Groenland sans inlandsis, avec une topographie "sub-glacial", la carte ptoléméenne du XVe siècle avec un Groenland moins couvert de glace que l'actuel, etc.*

Quelle est la graphie la plus correcte : BERING *ou* BEHRING *? On trouve aussi* BEERING *: qu'est-ce qui fait le plus "danois" ?*

Et nunc erudimini.

Avec les excuses et le bien cordial souvenir d'un lecteur attentif et reconnaissant,

Théodore Monod

GLOSSAIRE, LOCALITÉS ET EXPLORATEURS

Aar : rivière de Suisse longue de 288 kilomètres, affluent du Rhin sur sa rive gauche.

Abri Castanet : un des abris sous roche du site de Castel Merle (ou Castermerle) sur le territoire de la commune de Sergeac, en Dordogne.

Béringie : terme dérivé du nom de Vitus Béring, navigateur danois au service du tsar, qui découvrit en 1727, entre la Sibérie et l'Amérique, le détroit qui porte son nom. La Béringie ou Beringia désigne la terre qui occupa le détroit de Béring durant la dernière glaciation et permit des migrations humaines et animales par voie terrestre entre la Sibérie et l'Alaska.

Calcédoine : la calcédoine appartient au groupe des quartz microcristallins et est composée de dioxyde de silicium (SiO_2). Elle est dotée d'une dureté comprise entre 6,5 et 7, et elle a un système cristallin rhomboédrique.

Chaffaud : grottes situées sur le territoire de la commune de Savigné (Vienne), près du lieu-dit Périgné.

Charlevoix, Pierre-François-Xavier de (1682-1761) : jésuite historien du Nouveau Monde.

Cook, Frederick (1865-1940) : médecin et explorateur américain.

Encoches clactonniennes : de Clacton-on-Sea (Grande-Bretagne) où fut trouvée une industrie du Paléolithique inférieur constituée d'éclats de silex de facture simple.

Eskimo : terme écrit en phonétique internationale, sans féminin. Le qualificatif "esquimau" ("esquimaude", "esquimaux"), employé pour la première fois en 1611 par le R. P. Biard, jésuite missionnaire chez les Amérindiens algonquins, dérive d'un terme indien signifiant "mangeur de viande crue", surnom donné aux Inuits du Labrador par leurs voisins algonquins. De nos jours, la majorité des Eskimos ressent ce terme comme péjoratif ; ils demandent qu'on les nomme comme ils se nomment eux-mêmes : Inuits, le pluriel d'Inuk, "homme, humain". Cependant, l'origine classique du terme "esquimau" a été dernièrement remise en cause par des spécialistes. Il pourrait signifier " qui parlent la langue d'une terre étrangère". Les Groenlandais se nomment Kalâdlit, pluriel de Kalâdek.

Font-de-Gaume : grotte ornée sur la commune des Eyzies-de-Tayac, en Dordogne.

Freuchen, Peter (1886-1957) : explorateur, anthropologue et journaliste danois.

Gray, David (né en 1947) : docteur en zoologie, historien et chercheur américain.

Harlan, Richard (1796-1843) : zoologiste et paléontologue américain.

Hayes, Isaac Israel (1832-1881) : médecin, politicien et explorateur de l'Arctique américain.

Hearne, Samuel (1745-1792) : employé de la Compagnie de la baie d'Hudson, gouverneur du fort Prince-de-Galles à l'embouchure du fleuve Churchill, explorateur et premier Occidental à approcher à pied l'océan Arctique.

Hummock : dans la toundra, petites buttes de terre formées par l'alternance du gel et du dégel à la surface du pergélisol.

Hyperboréen : dérivé de Borée, personnification grecque du vent du nord ; parmi ses nombreux enfants, on peut citer Chioné, la neige. "Hyperboréen", mot à mot "au-delà du vent du nord", renvoie à l'Extrême-Nord.

Inlandsis : terme scandinave signifiant "glace de l'intérieur des terres" et employé de façon internationale. Il est synonyme de "calotte glaciaire" ou "glacier continental". On parle d'inlandsis antarctique ou groenlandais.

Inuit : voir Eskimo.

Jefferson, Thomas (1743-1826) : troisième président des États-Unis d'Amérique.

Jérémie, Nicolas, dit Lamontagne (1669-1732) : interprète et commis aux postes du Domaine du roi et à la baie d'Hudson, auteur de *Relation du détroit et de la baie d'Hudson* (1720), incluant la première description détaillée d'Ovibos.

Kesslerloch : dans l'Extrême-Nord de la Suisse, un des sites archéologiques les plus importants d'Europe, datant de la période glaciaire tardive et qui a fourni des traces de colonies remontant au Paléolithique récent (– 14000 à – 12000 avant notre ère).

Knuth, Eigil, comte (1903-1996) : explorateur, archéologue, sculpteur et écrivain danois.

Koch, Lauge (1892-1964) : géologue et explorateur danois du Groenland, compagnon d'exploration d'Alfred Wegener.

La Gravette : gisement du Paléolithique supérieur situé en Dordogne, au pied d'une falaise de la vallée de la Couze. "Gravettien" qualifie un faciès culturel du Paléolithique supérieur (entre – 26 000 et – 20 000 ans) dénommé d'après les matériaux du gisement de la

Gravette, caractérisé entre autres par des silex de petites dimensions et dont l'un des outils les plus caractéristiques est le burin, petit instrument servant à graver et à entailler par son ou ses angles très aigus. Ce faciès culturel se retrouve en Belgique, en Europe centrale et en Prusse.

LA MADELEINE : site préhistorique dans la vallée de la Vézère (Dordogne). Il a donné son nom au niveau culturel magdalénien (de – 14000 à – 9000 avant notre ère).

LAUGERIE-HAUTE : situé à 2 kilomètres des Eyzies-de-Tayac, l'abri de Laugerie-Haute se trouve également à proximité de l'abri du Poisson et de l'abri Lartet, sur la rive droite de la Vézère.

LYON, George Francis (1795-1832) : officier britannique de la Royal Navy et explorateur de l'Arctique.

MÉTACARPE : ensemble des os de la paume de la main ou de la patte avant, qui se prolonge par les phalanges des doigts.

MORPHOTYPE : ensemble des caractères morphologiques permettant de classer des êtres par catégories ou espèces.

NAGELAK : en langue inuktitut, chef ou plus exactement leader, celui qui entraîne, qui guide.

PALLAS, Peter Simon (1741-1811) : zoologiste et botaniste allemand au service de l'Empire russe.

PALYNOLOGIE : du grec *palunein*, "soulever de la poussière", et *logos*, pris ici dans le sens de "parole de science". Technique mise au point, à ses débuts, pour étudier les poussières atmosphériques transportées au loin par les vents, poussières que l'on découvrit formées essentiellement de pollens. La palynologie est en plein développement. Elle renseigne sur les variations de température et d'humidité des différents niveaux des sites préhistoriques où un tamisage minutieux permet de recueillir les grains de pollen des plantes vivant en ces temps lointains. Ainsi peut-on reconstituer les paléoclimats.

PARATÉTHYS, mer : vaste mer qui s'étendait des Alpes jusqu'à la mer d'Aral. Elle atteint son extension maximale il y a environ 33 millions d'années, pour finalement disparaître, perdre toute relation avec la mer Méditerranée et laisser derrière elle un chapelet constitué de la mer Noire, de la mer Caspienne et de la mer d'Aral.

PARRY, William Edward (1790-1855) : explorateur de l'Arctique, hydrographe et navigateur britannique.

Pearyville ou Pearyland Ville : surnom donné par Eigil Knuth à un ensemble de ruines de la civilisation Indépendance I (82° 14´ N, 76° 52´ W).

Pennant, Thomas (1726-1798) : naturaliste britannique.

Pergélisol : terme créé par l'Américain K. Bryan pour désigner un sous-sol gelé en permanence dans les régions où le froid hivernal pénètre plus profondément dans le sol que la chaleur estivale. Il existe un pergélisol fossile datant de la dernière glaciation, pouvant atteindre de 100 à 300 mètres d'épaisseur. C'est dans cette zone que l'on trouve des restes bien conservés de mammouths. Le pergélisol est rigoureusement imperméable ; pendant le court été arctique, la partie superficielle du sol de la toundra dégèle sur quelque 20 à 30 centimètres d'épaisseur, créant des zones humides et marécageuses. Synonyme de "permafrost".

Perrault, Pierre (1927-1999) : documentariste, poète, animateur de radio et écrivain québécois.

Pingo : terme désignant une colline de glace recouverte de terre et qui se rencontre dans les régions arctiques, subarctiques et antarctiques. "Pingo" est un mot inuit désignant une petite colline en forme de cône. Ce terme a été mentionné la première fois en 1938 par un botaniste spécialiste de l'Arctique, Alf Erling Porsild.

Pléistocène : du grec *pleistos*, "très nombreux", et *kainos*, "nouveau" – contenant beaucoup de formes vivantes nouvelles. La plus ancienne des deux périodes du Quaternaire (l'autre étant l'Holocène) commence au début de cette ère, il y a 2 millions d'années, et se termine il y a 10 000 ans. Elle est divisée en Pléistocène inférieur, moyen et supérieur (voir le tableau ci-contre).

Pollen : d'un mot latin signifiant "farine". Le pollen se présente, macroscopiquement, comme une poussière de colorations diverses selon les espèces : blanchâtre, jaunâtre, rougeâtre... Les grains de pollen contenus dans les étamines, organes mâles des plantes, ont des formes caractéristiques pour chaque espèce, visibles au microscope électronique. Ils sont protégés par une paroi, dite "exine", qui peut se conserver des millions d'années. La plupart ne mesurent que quelques millièmes de millimètre.

Propulseur : accessoire en forme de petite planchette sur laquelle repose le harpon ; il est accroché par son extrémité postérieure. Au moment du lancer, il peut basculer et imprimer au harpon un accroissement de sa vitesse. Cette invention fit du harpon une arme plus pénétrante et plus redoutable. Il est encore en usage chez des chasseurs actuels inuits, australiens, amérindiens.

RASMUSSEN, Knud (1879-1933) : anthropologue et explorateur né au Groenland d'un père missionnaire et d'une mère inuite.

ROUSTURE : terme de marine, se dit de plusieurs tours de corde qui servent à lier ensemble différentes pièces de bois.

SCHAFFHOUSE : ville dans l'Extrême-Nord de la Suisse.

SOLIFLUXION : correspond à un glissement de la couche supérieure d'un sol gelé, quand la température extérieure la fait fondre ou augmente sa fluidité, entraînant un mouvement vers le bas.

ÈRE QUATERNAIRE : deux millions d'années

Deux échelles de temps	Périodes glaciaires et interglaciaires	Subdivisions du quaternaire	Industries et Civilisations humaines		Les hommes	Les Ovibos
Présent						
10 000		Holocène (33)	Néolithique	Magdalénien Solutréen	*Homo sapiens*	Ovibos en Amérique
						par Béringie
25 000			Paléolithique supérieur	Gravettien Aurignacien	*Homo sapiens* fossile	Ovibos en Eurasie
50 000	WÜRM	Pléistocène supérieur	Paléolithique moyen	Moustérien	Neandertal	
75 000	RISS WÜRM					
100 000 200 000	RISS		Paléolithique (34)	Acheuléen Clactonien		
300 000	MINDEL-RISS					
400 000	MINDEL	Pléistocène moyen			Homme de Tautavel	
500 000	GÜNZ-MINDEL					*Praeovibos priscus* en Eurasie
700 000	GÜNZ	Pléistocène inférieur	Paléolithique inférieur		*Homo erectus* en Europe	
1 000 000				Galets aménagés		
1 500 000 2 000 000						

SOLS POLYGONAUX : sur un sol plat, sous l'effet des gels successifs, des cellules se forment, séparées par des fentes comblées par de la glace. En gelant, l'eau infiltrée expulse les petits graviers vers la surface. L'ensemble de ces cellules forme comme un damier.

SPERMOPHILE *(Citellus citellus)* : du grec *sperma*, "semence, graine", et *philein*, "aimer" – "qui aime les graines", allusion au fait que ce rongeur voisin de la marmotte porte des graines dans ses bajoues, pour les amasser pour l'hiver. Il vit en Europe du Nord et jusqu'en Sibérie.

STEENSBY, Hans Peder (1875-1920) : ethnographe danois.

STEFÁNSSON, Vilhjálmur (1879-1962) : né au Manitoba de parents originaires d'Islande, luthérien réformateur et démocrate, diplômé en anthropologie, il codirige une vaste expédition scientifique au nord de la Sibérie et de l'Alaska de 1913 à 1916. À partir de 1920, il commence une vaste collection d'ouvrages polaires, qui atteint 10 000 références en 1930. On lui confie la rédaction d'une encyclopédie polaire, mais le contrat est annulé à cause de ses relations avec les Soviétiques. Durant une année, entre 1927 et 1928, il teste sous surveillance médicale une alimentation à 100 % carnée et démontre qu'il ne souffre d'aucune carence. En 1950, il s'installe dans le New Hampshire et dépose sa bibliothèque au Darmouth College.

SVERDRUP, Otto (1854-1930) : explorateur et marin norvégien, capitaine du *Fram*.

TAÏGA : terme d'origine russe, désignant une zone climatique du Sub-Arctique, constituée d'une forêt de conifères. Au sud de la taïga s'étend une zone tempérée couverte d'une forêt plus dense d'arbres à feuilles caduques. Au nord, la taïga cède progressivement la place à la toundra.

TEAL, John (1921-1982) : il a un parcours digne d'inspirer un biopic sur grand écran. Élève de Stefánsson à Dartmouth, il étudie l'anthropologie à Harvard où il devient aussi la star de l'équipe de football. Il continue à Yale avec un diplôme en relations internationales et part à Montréal pour étudier l'écologie et l'économie de l'Arctique à l'université McGill. Officier de l'armée de l'air après une formation à West Point, il participe à la Seconde Guerre mondiale comme pilote de B17 – il sera décoré de la Flying Cross. En 1954, il fonde la première ferme de bœufs musqués dans le Vermont, donnant ainsi une réalité au projet de Stefánsson. Il a dirigé quatorze expéditions dans l'Arctique pour étudier et capturer des bœufs musqués à sa façon, sans brutalité ni abattage.

Terre de Peary ou Peary Land : péninsule dans l'Extrême-Nord du Groenland, explorée par Robert Peary en 1891-1892. Il finit par prétendre avoir atteint le pôle Nord en 1909.

Thulé : Pythéas, le navigateur massaliote quatre siècles avant J.-C., désigna de ce nom une île aux limites septentrionales du monde connu ; ce fut Ultima Thule, probablement l'Islande. Knud Rasmussen reprit le nom de cette île fabuleuse pour nommer la base qu'il créa en 1912 dans le Nord de la côte ouest du Groenland, chez les Inuits polaires. Ce terme désigne, à la suite des travaux de Knud Rasmussen et d'autres anthropologues, la dernière vague migratoire inuite venue d'Asie vers l'an 900 de notre ère, des chasseurs de baleines naviguant en *umiak*.

Toundra : terme russe qui désigne une lande aride de lichen, de mousses, d'herbes et, à la bonne saison, de plantes à fleurs de petite taille. Cette terre sans arbres autres que buissonnants, nains ou rampants, est, en été, humide, parsemée de lacs, de lagons, de marécages. L'hiver, le gel y offre de moins mauvaises conditions de circulation, cependant jamais très faciles.

Ulu : couteau des femmes inuites, en forme de demi-lune.

BIBLIOGRAPHIE

FILMS

Il existe malheureusement peu de références documentaires pour l'ovibos.

Cornouailles de Pierre Perrault (1994), entièrement consacré au bœuf musqué et disponible en téléchargement sur le site de l'Office national du film canadien, www.onf.ca.

The Return of the Muskox de Vasiliy Sarana (2008), sur les bœufs musqués du Taïmyr, disponible sur YouTube : www.youtube.com/watch?v=hamNdUp11t4.

FILMS AVEC QUELQUES SÉQUENCES

Scandinavie, l'appel du Nord, de Laurent Joffrion et Vincent Munier, Bonne Pioche Télévision, 2013.

La Planète blanche, de Thierry Ragobert et Thierry Piantanida, Gédéon Programme, 2006.

Frozen Planet, série documentaire, BBC et The Open University, 2011.

SUR LE LOUP ARCTIQUE

White Wolves, d'Oliver Goetzl, Gulo Film productions, 2017.

Kingdom of the White Wolf, National Geographic, 2019.

À consulter, le travail très original et pertinent de Dolly Jorgensen sur son blog : www.dolly.jorgensenweb.com/nordicnature.

LIVRES ET ARTICLES

AFEMA, J. A., BECKMEN, K. B., ARTHUR, S. M., HUNTINGTON, K. B., et MAZET, J. A., "Disease Complexity in a Declining Alaskan Muskox (*Ovibos moschatus*) Population", *Journal of Wildlife Disease*, vol. 53, n° 2, avril 2017, p. 311-329.

ALLEN, J. A., "The Probable Recent Extinction of the Muskox in Alaska", *Science*, n° 36, 1912, p. 720-722.

–, "Ontogenetic and Other Variations in Musk-Oxen, with a Systematic Review of the Musk-Ox Group, Recent and Extinct", *Memoirs of the American Museum of Natural History*, nouv. série, 1912-1916, part. 4, p. 101-226.

ATKINSON, F. H. D., *Ovibos Fibre*, thèse, université de Leeds, département des Textiles, 2 vol., 1922.

AULAGNIER, S., *et al.*, *Guide des mammifères d'Europe, d'Afrique du Nord et du Moyen-Orient*, Delachaux et Niestlé, Paris, 2008.

BALIKCI, A., "Introduction, Netsilik Technology", in *The Netsilik Eskimo*, The Natural History Press, New York, 1970.

–, "Netsilik", *in* D. Damas (éd.), *Handbook of North American Indians*, vol. 5 : *Arctic*, Smithsonian Institution, Washington DC, 1984, p. 415-424.

BARR, W., "The Commercial Trade in Muskox Hides in the Northwest Territories, 1860-1916", *The First Arctic Ungulate Conference*, Nuuk (Groenland), 1991.

BÉGOUËN, R., et CLOTTES, J., "Compléments aux plaquettes gravées d'Enlène", *Cuadernos de arte rupestre*, n° 4, 2007, p. 51-80.

BÉGOUËN, R., PASTOORS, A., et CLOTTES, J., *La Grotte d'Enlène. Immersion dans un habitat magadalénien*, Association Louis Bégouën, Montesquieu-Avantès, 2019.

BENNIKE, O., et ANDREASEN, C., "New Dates of Musk-Ox *(Ovibos moschatus)* Remains from Northwest Greenland", *Polar Record*, vol. 41, n° 2, 2005, p. 125-129.

BERGER, J., *et al.*, "Climate Degradation and Extreme Icing Events Constrain Life in Cold-Adapted Mammals", *Scientific Reports*, n° 8, 2018, article 1156.

BERNARD, J.-F., *Recueil de voyages au Nord*, Chez l'auteur, Amsterdam, 1724.

BIBI, F., BUKHSIANIDZE, M., GENTRY A. W., GERAADS, D., KOSTOPOULOS, D. S., et VRBA, E. S., "The Fossil Record and Evolution of *Bovidae*: State of the Field", *Paleontologia Elecronica*, vol. 12, n° 310A, 2009.

BLAINVILLE, M. H. de, "Sur plusieurs espèces d'animaux mammifères, de l'ordre des ruminants", *Bulletin des sciences*, Société philomathique de Paris, 1816, p. 76.

BOAS, F., *The Central Eskimo*, University of Nebraska Press, Lincoln, 1964.

–, *The Eskimo of Baffin Land and Hudson Bay: from Notes Collected by Capt. George Comer, Capt. James S. Mutch, and Rev. E. J. Peck*, AMS Press Inc., New York, 1975 (éd. originale, *Bulletin of the American Museum of Natural History*, 1901 et 1907).

BRAUN, I. M., "The Musk Ox *(Ovibos moschatus)* in the European Upper Paleolithic Portable Art", Actes du colloque international de 2014, *Paléo*, numéro spécial, Les Eyzies-de-Tayac, 2016.

BRAZIL, J., et CHUBBS, T. E., "The Occurrence of Muskoxen, *Ovibos moschatus*, in Labrador", *Canadian Field-Naturalist*, vol. 121, n° 1, 2007, p. 81-84.

BURCH, E., "Muskox and Man in the Central Canadian Surbartic, 1689-1774", *Artic*, vol. 30, n° 3, 1977, p. 135-154.

BURNIE, D., et WILSON, D. E. (éd.), *Animal: The Definitive Visual Guide to the World's Wildlife*, Dorling Kindersley, Londres, 2005.

CLARKSON, P. L., et LIEPINS, I. S., "Grizzly bear *(Ursus arctos)* Predation on Muskox *(Ovibos moschatus)* Calves near the Horton River, Northwest Territories", *The Canadian Field Naturalist*, n° 107, 1993, p. 100-102.

CUVIER, G., *Recherches sur les ossements fossiles de quadrupèdes*, Déterville, Paris, 1812.

DAMAS, D., "Environment, History, and Central Eskimo Society", *in* B. Cox (éd.), *Cultural Ecology: Readings on the Canadian Indians and Eskimos*, McClelland and Stewart Limited, Toronto, 1973, p. 269-300.

–, "Central Eskimo: Introduction", *in* D. Damas (éd.), *Handbook of North American Indians*, vol. 5 : *Arctic*, Smithsonian Institution, Washington DC, 1984, p. 391-396.

–, "Copper Eskimo", *in* D. Damas (éd.), *Handbook of North American Indians*, vol. 5 : *Arctic*, Smithsonian Institution, Washington DC, 1984, p. 397-411.

DOUGLAS, R., et WALLACE, J. N., *Twenty Years of York Factory, 1694-1714. Jeremie's Account of Hudson Strait and Bay*, Thorburn and Abbott, Ottawa, 1926.

DURRELL, W. B., et BOLTON, W. D., "Parasitosis in a Musk Ox", *Journal of the American Veterinary Medical Association*, vol. 131, 1957, p. 195-196.

EASTON, R., et BROWN, M., *Lord of Beasts. The Saga of Buffalo Jones*, University of Nebraska Press, Lincoln, 1970.

FITZHUGH, W. W., "Paleo-Eskimo Cultures of Greenland", *in* D. Damas (éd.), *Handbook of North American Indians*, vol. 5 : *Arctic*, Smithsonian Institution, Washington DC, 1984, p. 528-538.

FOURNIER, M., *Pierre-Esprit Radisson, aventurier et commerçant*, Septentrion, Sillery, 2001.

FRAISSÉ, M.-H., *Radisson, Indien blanc, agent double*, Actes Sud, Arles, 2008.

Freeman, M., “Population Characteristics of Musk-Oxen in the Jones Sound Region of the Northwest Territories”, *Journal of Wildlife Management*, vol. 35, n° 1, 1971, p. 103-108.

Freuchen, P., *Arctic Adventure. My Life in the Frozen North*, Farrar & Rinehart Inc., New York, 1960.

Gervais, P., *Les Trois Règnes de la nature : histoire naturelle des mammifères*, Curmer, Paris, 1855, 2 vol.

Gilberg, R., “Polar Eskimo”, *in* D. Damas (éd.), *Handbook of North American Indians*, vol. 5 : *Arctic*, Smithsonian Institution, Washington DC, 1984, p. 577-583.

Gillmore, P., *Prairie and Forest: A Description of the Game of North America*, Harper, New York-Londres, 1874.

Gray, D. R., “Standing his Ground: How the Muskox Survives the Rigours of an Arctic Winter”, *Nature Canada*, vol. 15, 1986, p. 19-26.

–, *The Muskoxen of the Polar Bear Pass*, Fitzhenry and Whiteside, 1987.

Groves, P., *The Takin and Muskox: a Molecular and Ecological Evaluation of Relationship*, thèse, université de Fairbanks, Alaska, 1995.

Grubb, P., “Order Artiodactyla”, *in* Wilson, D. E., et Reeder, D. M., *Mammal Species of the World: A Taxonomic and Geographic Reference*, Johns Hopkins University Press, 2005 (3e éd.), p. 707.

Gunn, A., et Forchhammer, M., “*Ovibos moschatus*”, *IUCN Red List of Threatened Species*, 2008, en ligne.

Hanbury, D. T., *Sport and Travel in the Northland of Canada*, MacMillan, New York, 1940.

Harrington, R., *History, Distribution and Ecology of the Muskoxen*, thèse de géographie, université de Montréal, 1961.

Hassanin, A., Ropiquet, A., Couloux, A., et Cruaud, C., “Evolution of the Mitochondrial Genome in Mammals Living at High Altitude: New Insights from a Study of the Tribe Caprini *(Bovidae, Antilopinae)*”, *Journal of Molecular Evolution*, vol. 68, 2009, p. 293-310.

Hassanin, A., Delsuc, F., Ropiquet, A., Hammere, C., Jansen van Vuuren, B., Conrad Matthee, C., Ruiz-Garcia, M., Catzeflis, F., Areskoug, V., Trung Thanh Nguyen, T. T., et Couloux, A., “Pattern and Timing of Diversification of Cetartiodactyla *(Mammalia, Laurasiatheria)*, as Revealed by a Comprehensive Analysis of Mitochondrial Genomes”, *C. R. Biologie*, vol. 335, n° 1, 2012, p. 32-50.

HELM, J., "Dogrib", *in* J. Helm (éd.), *Handbook of North American Indians*, vol. 6 : *Subarctic*, Smithsonian Institution, Washington DC, 1981, p. 291-299.

HOARE, W. B., "Sanctuary", *Beaver*, n° 1, 1938, p. 38-41.

HONE, E., *The Present Status of the Muskox in Arctic North America, with Notes on Distribution, Extirpation, Transplantation, Protection, Habits and Life History*, American Committee for International Wildlife Protection, Cambridge (Mass.), 1934.

HUBERT-ROBERT, R., *L'Épopée de la fourrure*, éditions de l'Arbre, Montréal, 1945.

JENNOV, J. G., "Moskusoksen som tamdyr i Vestgronland", *Naturens verden*, vol. 34, 1950, p. 250-257.

JÉRÉMIE, N., *Relation du détroit et de la baie d'Hudson*, *in* Bernard, J.-F., *Recueil de voyages au Nord*, Chez l'auteur, Amsterdam, 1724, t. VI, p. 1-52.

JINGFORS, K., "Seasonal Activity Budgets and Movements of a Reintroduced Alaskan Muskox Herd", *Journal of Wildlife Management*, vol. 46, n° 1, 1982, p. 344-359.

JØRGENSEN, D., "Reintroduction and De-extinction", *Bioscience*, n° 63, 2013, p. 719-720.

–, Rethinking Rewilding", *Geoforum*, n° 65, 2014, p. 482-488.

–, "Conservation Implications of Parasite Co-Reintroduction", *Conservation Biology,* n° 29, 2014, p. 602-605.

–, "Migrant Muskoxen and the Naturalization of National Identity in Scandinavia", *in* S. Nance (éd.), *The Historical Animal*, Syracuse University Press, Syracuse, 2015, p. 184-201.

–, "Endling, the Mystique of the Last in an Extinction-Prone World", *Environmental Philosophy*, vol. 14, n° 1, 2017, p. 119-138.

KNUTH, E., *Archeology of the Musk-Ox Way,* EHESS, Paris, 1967.

KOWARZIK, K., "Das Tränenbein von *Ovibos moschatus* Blainv.", *Zoologischer Anzeiger*, n° 37, 1991, p. 106-107.

KUTZ, S., BOLLINGER, T., BRANIGAN, M., CHECKLEY, S., DAVISON, T., *et al.*, "*Erysipelothrix rhusiopathiae* Associated with Recent Widespread Muskox Mortalities in the Canadian Arctic", *Canadian Veterinary Journal*, vol. 56, n° 6, 2015, p. 560-563.

La Traite de la fourrure : les Français et la découverte de l'Amérique du Nord, catalogue d'exposition, L'Albaron, Thonon-les-Bains, 1992.

LENT, P. C., "*Ovibos moschatus*", *Mammalian Species*, n° 302, 1988, p. 1-9.

–, "Alaska's Indigenous Muskoxen: A History", *The Second International Arctic Ungulate Conference*, Fairbanks, 1995.

–, *Muskoxen and their Hunters, A History*, University of Oklahoma Press, Norman, 1999.

LEPOTIER, A., *Les Russes en Amérique*, Fayard, Paris, 1958.

LØNØ, J., "Transplantation of the Muskox in Europe and North-America", *Norsk Polarinstitutt Meddelelser*, n° 84, 1960, p. 1-25.

LUMLEY, H. DE, *et al.*, *L'Homme de Tautavel*, Dossiers de l'archéologie, n° 36, 1979.

LYNGE, B., "Moskusoksen i Øst-Grønland", *Norsk Geografisk Tidsskrift*, n° 3, 1930, p. 16-33.

MACMILLAN, D. B., *Etah and Beyond, or Life within Twelve Degrees of the Pole*, Chapman and Hall, Londres, 1928.

MCGHEE, R., "Thule Prehistory of Canada", *in* D. Damas (éd.), *Handbook of North American Indians*, vol. 5 : *Arctic*, Smithsonian Institution, Washington DC, 1984, p. 269-376.

MARKOVA, A., PUZACHENKO, A., KOLFSCHOTEN, T., *et al.*, "Changes in the Eurasian Distribution of the Musk Ox *(Ovibos moschatus)* and the Extinct Bison *(Bison priscus)* During the Last 50 Ka BP", *Quaternary International*, vol. 378, 2015, p. 99-110.

MARQUARD-PEDERSEN, U., "Decline and Extermination of an Arctic Wolf Population in East Greenland, 1899-1939", *Arctic*, vol. 65, 2012, p. 155-166.

MARY-ROUSSELIERE, G., "Iglulik", *in* D. Damas (éd.), *Handbook of North American Indians*, vol. 5 : *Arctic*, Smithsonian Institution, Washington DC, 1984, p. 431-436.

MATTHIESSEN, P., *Oomingmak*, Hastings House, New York, 1967.

MAXWELL, M. S., "Pre-Dorset and Dorset Prehistory of Canada", *in* D. Damas (éd.), *Handbook of North American Indians*, vol. 5 : *Arctic*, Smithsonian Institution, Washington DC, 1984, p. 359-366.

MECH, L. D., *The Arctic Wolf: 10 Years with the Pack*, Voyageur Press, Beverly, 1997.

MILLER, F. L., et GUNN, A., "Behavioral Responses of Musk Ox to Simulation of Cargo Slinging by Helicopter, Northwest Territories", *Canadian Field-Naturalist*, vol. 94, n° 1, 1980, p. 52-56.

NATHORST, A. G., "Om myskoxen och planen att domesticera i Sverige", *Tidskrifter för Landtmän*, 1900, p. 829-833.

–, “Le loup polaire et le bœuf musqué dans le Greenland oriental”, *Géographie*, vol. 3, 1901, p. 1-16.

NEWMAN, P., *La Baie d’Hudson*, Les éditions de l’Homme, Montréal, 1985.

PALMER, L. J., et ROUSE, C. H., *Progress of Muskoxen Investigations in Alaska, 1930-35*, US Bureau of Sport Fisheries and Wildlife, Juneau, 1963.

PARRY, W.-E., *Journal of a Voyage for the Discovery of a North-West Passage from the Atlantic to the Pacific, 1819-1820*, J. Murray, Londres, 1821.

–, *Journal of a Second Voyage for the Discovery of a North-West Passage from the Atlantic to the Pacific, 1821, 1822, 1823*, J. Murray, Londres, 1824.

PEARY, R.-E., *Northward over the “Great Ice”, a Narrative of Life and Work along the Shores and upon the Interior Ice-Cap of Northern Greenland in the Years 1886 and 1891-1897*, Methuen, Londres, 1898.

PEDERSEN, C. B., et AASTRUP, P., “Muskoxen in Angujaartorfiup West Greenland: Monitoring, Spatial Distribution, Population Growth, and Sustainable Harvest”, *Arctic*, vol. 53, 2000, p. 18-26.

PENNANT, T., *Arctic Zoology*, vol. 1, Henry Hughs, Londres, 1784.

RASMUSSEN, K., *Intellectual Culture of the Copper Eskimo, Report of the Fifth Expedition, 1921-1924. The Danish Expedition to Arctic North America…*, vol. 9, Copenhague, 1932.

REINHARDT, V., “Courtship Behavior among Musk-Ox Males Kept in Confinement”, *Zoo Biology*, vol. 4, n° 3, 2005, p. 295-300, doi: 10.1002/zoo.1430040311.

RICHARDSON, J., *Fauna Boreali-Americana, or the Zoology of the Northern Parts of British America*, vol. 1, J. Murray, Londres, 1829.

RIIS HANSEN, C. C., HVILSOM, C., SCHMIDT, N. M., AASTRUP, P., et HELLER, R., “The Muskox Lost a Substantial Part of its Genetic Diversity on its Long Road to Greenland”, *Current Biology*, vol. 28, 2018, p. 4022-4024.

ROGERS, E. S., *Indians of the Subarctic*, The Royal Ontario Museum, Toronto, 1970.

ROPIQUET, A., et HASSANIN, A., *Molecular Phylogeny of Caprines (Bovidae, Antilopinae): The Question of their Origin and Diversification during the Miocene*, Blackwell Verlag, Berlin, 2004.

ROSS, D. E., MACPHEE, R., TIKHONOV, A. N., MOL, D., et GREENWOOD, A. D., “Late Quaternary Loss of Genetic Diversity in Muskox *(Ovibos)*”, *BMC Evolutionary Biology*, n° 5, 2005, p. 49.

Ross, Sir J., *Narrative of a Second Voyage in Search of North-West Passage*, Londres, 1835.

Rozenfeld, S. B., et Tikhonov, A. N., "Trophic Relationship of Muskoxen (*Ovibos moschatus*) and Reindeer (*Rangifer tarandus*) on Wrangel Island", *Biology Bulletin*, 2012.

Rumpf, S. B., Alsos, I. G., et Ware, C., "Prevention of Microbial Species Introductions to the Arctic: The Efficacy of Footwear Disinfection Measure on Cruise Ships", *NeoBiota*, n° 37, 2018, p. 37-49.

Rutherford, J. G., *et al.*, *Report of the Royal Commission [...] to Investigate the Possibilities of the Reindeer and Musk-Ox Industries in the Arctic and Sub-Arctic Regions of Canada*, Queen's Printer, Ottawa, 1922.

Sabine, J., "Zoological Appendix", *in* J. Franklin, *Narrative of a Journey to the Shores of the Polar Sea in the Years 1819, 20, 21, and 22*, J. Murray, Londres, 1823, p. 644-703.

Schaefer, J. A., et Messier, F., "Winter Activity of Muskoxen in Relation to Foraging Conditions", *Ecoscience*, vol. 3, 1996, p. 147-153.

Schell, L. S., *The Musk Ox Underwool, Qiviut. Historical Uses and Present Utilization in an Eskimo Knitting Industry*, thèse non publiée, université d'Alaska, Fairbanks, 1972.

Schmidt, J. H., et Westing, C. W., "A Range-Wide Assessment of the Cape Thompson Muskox Population and Implications for Future Distance Sampling Surveys", *NPS and ADFG Report*, 2011.

Schmidt, J. H., et Gorn, T. S., "Possible Secondary Population-Level Effects of Selective Harvest of Adult Male Muskoxen", *Plos One*, vol. 8, n° 6, 2013.

Schmidt, J. H., Robinson, H. L., Saito, B., Klimstra, R., et Dunker, B., "Assessment of the Cape Thompson Muskox Population, 2011-2016", *NPS and ADFG Report*, 2016.

Sipko, T., "Reintroduction of Musk Ox on the Northern Russia", *Large Herbivore Network*, www.lhnet.org/reintroduction-of-musk-ox-in-the-northern-russia/.

Skarland, I., "Musk Oxen May Return to Campus", *Farthest North Collegian*, vol. 25, 1947, p. 1 et 8.

Steensby, H. O., *An Anthropogeographical Study of the Origin of the Eskimo Culture*, B. Lunos, Copenhague, 1916.

Stefánsson, V., *My Life with the Eskimo*, Macmillan Company, New York, 1913.

–, “The Resources of the Arctic and the Problem of their Utilization”, *in* W. G. L. Joerg (éd.), *Problems of Polar Research*, American Geographical Society, New York, 1928, p. 208-233.

–, “Farming without Barns”, *Harper's Magazine*, vol. 192, 1946, p. 53-56.

Stelvig, M., “Long-Term Management Plan for Muskox *(Ovibos moschatus)*”, EAZA Ex Situ Programme, 2018, en ligne.

Switek, B., “Prehistoric DNA Reveals the Story of a Pleistocene Survivor, the Muskox”, *Laelaps*, blog sur *Science Blogs*, 10 mars 2010.

Teal, J. J., “Musk-Ox in Vermont”, *Vermont Life*, vol. 10, n° 1, 1955, p. 1-4.

–, “Golden Fleece of the Arctic”, *The Atlantic Monthly*, vol. 201, 1958, p. 76-81.

–, “Domesticating the Wild and Woolly Musk Ox”, *National Geographic Magazine*, vol. 137, n° 6, 1970, p. 863-879.

–, “Operation Musk Ox, 1969”, *The American-Scandinavian Review*, vol. 58, 1970, p. 10-23.

–, “Domesticating the Musk-Ox: The Gentle Agriculture”, *Saturday Review of Science*, 10 juin 1972, p. 52-56.

Tener, J. S., *Muskoxen in Canada, a Biological and Taxonomic Review*, Queen's Printer, Ottawa, 1965.

Tomaselli, M., Elkin, B., Kutz, S., Harms, N. J., Nymo, H. I., Davison, T., Leclerc, L.-M., Branigan, M., Dumond, M., Tryland, M., et Checkley, S., “A Transdisciplinary Approach to Brucella in Muskoxen of the Western Canadian Arctic, 1989-2016”, *EcoHealth*, n° 8, 2019.

Triplehorn, J. H., et Johnson, L. E., “Muskox Bibliography”, *Northern Life*, n° 3, Institute of Artic Biology, université d'Alaska, Fairbanks, 1980.

Vibe, C., “The Musk-Ox in East Greenland”, *Mammalia*, vol. 22, n° 1, 1958, p. 168-174.

White, R. G., *Large Animal Research Station*, université d'Alaska, Fairbanks, 1963.

Wilkinson, P. F., “The Domestication of the Musk-Ox”, *Polar Record*, vol. 15, n° 98, 1971, p. 683-690.

–, *The Relevance of Musk Ox Exploitation to the Study of Prehistoric Animal Economies*, thèse non publiée, Department of Archaeology and Anthropology, université de Cambridge, Cambridge, 1972.

–, "The History of Muskox Domestication", *Polar Record*, vol. 17, n° 106, 1972, p. 13-22.

–, "Oomingmak – moskusoksen i Grønlands landbrug", *Grønland*, vol. 20, n° 10, 1972, p. 289-306.

–, "Oomingmak: A Model for Man-Animal Relationships in Prehistory", *Current Anthropology*, vol. 13, n° 1, 1972, p. 23-44.

–, "Musk Ox Exploitation and the Study of Prehistoric Animal Economies", *in* E. S. Higgs (éd.), *Palaeoeconomy*, vol. 2, Cambridge University Press, Cambridge, 1973.

Wilkinson, P. F., et Shank, C. C., "Rutting-Fight Mortality among Musk Oxen on Banks Island, Northwest Territories, Canada", *Animal Behaviour*, vol. 24, n° 4, 1976, p. 756-758, doi : 10.1016/S0003-3472(76)80004-8.

Williams, G., *Andrew Graham's Observations on Hudson's Bay, 1767-91*, The Hudson's Bay Record Society, Londres, 1969.

Yang, C., Xiang, C., Qi, W., Xia, S., Tu, F., Zhang, X., Moermond, T., et Yue, B., "Phylogenetic Analyses and Improved Resolution of the Family Bovidae Based on Complete Mitochondrial Genomes", *Biochemical Systematics and Ecology*, n° 48, 2013, p. 136-143.

Yarham, E. R., "Saving the Musk Ox from Extinction", *Zoo Life*, vol. 6, 1951, p. 68-72.

Zabrodin, V. A., et Yakushkin, G. D., "Chapter 10: Musk-Oxen", *in* N. G. Dmitriev et L. K. Ernst (éd.), *Animal Genetic Resources of the USSR*, FAO, Rome, 1989.

Zeuner, F. E., *A History of Domesticated Animals*, Hutchinson, Londres, 1963.

Zimmermann, E. A. W., "Der Muskusochse", *Geographische Geschichte des Menschen*, 1780.

REMERCIEMENTS

Tout d'abord, je souhaite remercier le créateur et directeur de la collection "Mondes sauvages", Stéphane Durand, toujours bienveillant et à l'écoute. Merci pour ta confiance.

Je remercie Antoine Gessain pour sa confiance et son amitié qui nous a permis de publier ce livre, et pour la mise à disposition des archives de son père.

Sans mes complices de chaque instant et de toutes les aventures, ce livre et le reste n'existeraient pas, merci à Catherine et Guillaume.

Un grand merci à Françoise Passelaigue pour ses conseils éclairés et bienveillants.

Un coup de chapeau à Jean-Pierre Cléret pour ses silhouettes dessinées.

Je souhaite aussi remercier mes amis avec lesquels j'ai partagé nombre d'observations : Fabrice, Cécilia, Sylvie, Francis, Delphine, François, Jacques, Jeanne, Chantal, Michel, Faïza…

Un grand merci à mes collègues et amis qui m'ont fourni des compléments d'informations : François Moutou, Alexandre Hassanin.

Un grand merci également à Robert Begouën et Jean Clottes, pour leur autorisation de reproduire les dessins de la grotte d'Enlène.

Au Canada : Samantha McBeth, Stevie Puttayuk Pagé, Kaataissie Attagutsiak.

Au Groenland : Mia Chemnitz.

L'ASSOCIATION POUR LA PROTECTION DES ANIMAUX SAUVAGES

Parce que l'urbanisation galopante est sourde et aveugle au bruissement de la vie sauvage ;

Parce que la chasse s'octroie encore trop souvent la part indue du dominant ;

Parce que la loi qui s'essaye à la protection est entravée par les dérogations, les exceptions, la lourdeur des procédures et l'opposition de nombreux groupes de pression ;

L'ASPAS crée des *Réserves de Vie Sauvage*® où l'exubérance de la nature est laissée en libre évolution. Aucune activité humaine n'y est autorisée, hormis la balade contemplative, amoureuse ou curieuse. Ce label est, à ce jour, le plus fort niveau de protection en France. Plus nous rendons à la nature sauvage des territoires où elle peut s'exprimer pleinement et librement, mieux nous retrouvons une place à notre mesure, sans démesure.

L'ASPAS est une association sans but lucratif, reconnue d'utilité publique et *100 % indépendante* : une exception dans le paysage associatif de la protection de la nature. Elle défend les sans-voix de la faune sauvage, les espèces classées "nuisibles", les jugés insignifiants ou encombrants. L'ASPAS mobilise l'opinion publique, interpelle les élus et sensibilise tous les publics à la nécessité de protéger les milieux et les espèces. Son savoir-faire juridique est unique. Depuis plus de 30 ans, elle a engagé plus de 3 000 procédures devant les tribunaux pour faire respecter et évoluer positivement le droit de l'environnement, y compris contre les pouvoirs publics lorsque ceux-ci ne respectent pas la législation en vigueur.

ASPAS
BP 505 - 26401 CREST CEDEX
www.aspas-nature.org
Tél. 04 75 25 10 00 / contact@aspas-nature.org
FB/Tw/Instagram : @ASPASnature

SOCIÉTÉ DES EXPLORATEURS FRANÇAIS

"Continuons d'explorer !"

C'est en 1937 qu'au retour d'une expédition au Groenland, Robert Gessain et Paul-Émile Victor décident, avec d'autres voyageurs en provenance d'Amazonie et du Tibet, de fonder un club d'explorateurs qui comptera bientôt parmi ses membres les plus en vue des scientifiques, écrivains, cinéastes, coureurs d'aventure à hauts risques et amateurs de grands exploits, tels que Théodore Monod, Alexandra David-Néel, Ella Maillart, Henry de Monfreid, Jean Rouch, Jean Raspail, Jacques-Yves Cousteau, Maurice et Katia Krafft, Éric Tabarly, Maurice Herzog, Claude Lorius, Jean-Louis Étienne, Bertrand Piccard, Jean-Loup Chrétien et tant d'autres...

Ce club très fermé (environ 250 membres) n'admet que ceux qui taillent dans le blanc de la carte ou initient une recherche originale dans des régions peu connues et demeurées difficiles d'accès, ceux qui approchent des tribus oubliées ou conquièrent des cimes vierges, tentent des routes maritimes extrêmes ou naviguent sur des rivières peu fréquentées, ou bien encore ceux qui découvrent le monde souterrain et les faces cachées de notre planète. Ces femmes et ces hommes permettent de lier l'exploration à la recherche. C'est au travers de livres, de conférences, de rencontres et d'expéditions qu'ils cherchent à transmettre ces valeurs au grand public. C'est ainsi que ces explorateurs prennent rapidement leurs habitudes salle Pleyel, à Paris, où ils lancent le célèbre cycle de conférences "Connaissance du monde".

Reconnue d'utilité publique en 1972, la SEF attribue des bourses et des récompenses ; elle travaille également avec de grandes institutions de recherche telles que le Muséum national d'histoire naturelle, l'Institut national de l'information géographique et forestière, le musée de l'Homme, l'Institut de recherche pour le développement, le Centre national d'études spatiales, le Centre national de la recherche scientifique, la Société de géographie qui l'héberge, etc.

Société des explorateurs français
184, boulevard Saint-Germain
75006 Paris
Tél./fax : 0033 (0)1 45 49 03 51
Mail : contact@societe-explorateurs.org
www.societe-explorateurs.org/

Liste des membres actifs par ordre chronologique d'admission

1 ~~Audouin Dubreuil~~ +	30. P.H. de Lauwe (18.10.37)	57. Mme J. Lebaudy
2 ~~G. Bertrand~~ +	31. Mme Gessain (24/9/37)	58. A. Silbert (3.7.39)
3. B. de Colmont	32. Marin-Marie (21.11.37)	59 Van den Broeck (3.7.39)
4. J.M. Conti	33. J.P. Lebeuf (21.11.37)	60. Mme Van den Broeck
5. Paul Coze	34. G. Fouquet (21.11.37)	+61. M. Griaule ?
6. B. Flornoy	35. Y. Deudon (21.11.37)	62. G. Sterner-Pean ?
7. Dr R. Gessain	36. Mme Dieterlen (4 mai 1940)	63. H. Reichlen
8. ~~Lt Lauga~~ +	36bis. A. Reymond (21.11.37)	64. P. Mousset
9. F. Matter	37. H. de Segogne 25 nov. 37	65. J. Faublée
10. E. Maillart	38. G. Guyot 25 nov. 37	67. J. Delalou de Fr.
11. Th. Monod	39. M. Ichac 17 déc. 37	68. Leroi-Gourhan
12. A. Parrot +	+40. J. Soubrier 14 fév. 38	69. Cte Micard
13. M. Perez	41. Solange de Ganay ?	70. V. Romanovsky ?
14. E. Roland-Michel	42. O. de Puigaudeau (11.5.38)	71. P. Budker
15 ~~M. Sauvage~~ R. Tourte	43. F. Edmond Blanc (25.3.38)	72. N. Casteret ?
16. P.E. Victor	44. Brull ?	73. Cte de la Chevasnerie
~~17. H. Lhote~~ 17bis. M. Sauvage (29/9/37)	45. Marcel Senones (11.5.38)	74. A. Lambret
18 ~~G. de Languedic~~ (29/9/37)	46. P. Lamare	75. J.Y. Cousteau
19. J. Soustelle (29/9/37)	47 M. Homet	~~76. Cte Fd. Chasseloup-L.~~
20. Mme Soustelle (29/9/37)	48. J. Jouin	77 J. d'Esquelle
21 J. de Guebriant (29/9/37)	49. Dr Delaitre	78. Pr Jeannel
22. R. Gid	50. G. Lebatard	79. Ctesse de Jumilhac
23. Dr J. Carle (29/9/37)	50bis. F. Balsan	+80. Gal Meynard
+24. A. Guibaut (29/9/37) +	51. Th. Rivière	81. Petit-Lagrange
+25 ~~L. Liotard~~ (29/9/37) +	52. Cdt Bernicot	+82. René Creston
26. G. Sandrart (29/9/37)	53. J. Delacour	83. A. Hayaux du Tilly
27. G. Bouvée-Deville	54. E. de Ganay (3.7.39)	84. Alphonse Lippmann
28. J.E. Finbert	55. Mme E. de Ganay (3.7.39)	85 Cdt Hettier de Bois Lambert
29. Mme P. Coze	56. ~~J. Lebaudy~~ (3.7.39)	86 Cdt Ronch 19 VI 45

DU MÊME AUTEUR

LIVRES

L'OURS, L'AUTRE DE L'HOMME, Actes Sud, coll. "Mondes sauvages", 2018.
GÉOPOLITIQUE DE L'OURS POLAIRE, avec Farid Benhammou, Hesse, 2015.
ÉLOGE DE LA GLACE, avec Catherine Marion, Pôles d'images, 2010.
DERNIÈRES NOUVELLES DE L'OURS POLAIRE, Pôles d'images, 2009.
LES PÔLES EN QUESTIONS, Édisud, 2007.
DANS L'IMMENSITÉ DES PÔLES, Fleurus, 2007.
SUR LA PISTE DES OURS, en collaboration avec Géraldine Véron, Fleurus, 2006.
SUR LES TRACES DE L'OURS BRUN, Vilo, 2005.
PÔLES, Vilo, 2004.

FILMS

ALBATROS ET GORFOUS, UNE FABLE AUSTRALE, avec Charlène Gravel, France Télévision/Bonne Pioche/Pôles d'images, 2019.
FORT COMME UN OURS, avec Thierry Robert, Arte, L5R, 2018.
LES MÉTAMORPHOSES DE L'OURS POLAIRE, avec Charlène Gravel, Arte/Bonne Pioche/Pôles d'images, 2015.

DANS LA MÊME COLLECTION

LES FRANÇAIS ET LA NATURE. POURQUOI SI PEU D'AMOUR ?, Valérie Chansigaud, 2017.

LE RETOUR DE MOBY DICK. OU CE QUE LES CACHALOTS NOUS ENSEIGNENT SUR LES OCÉANS ET LES HOMMES, François Sarano, 2017.

SUR LA PISTE ANIMALE, Baptiste Morizot, 2018.

RÉ-ENSAUVAGEONS LA FRANCE. PLAIDOYER POUR UNE NATURE SAUVAGE ET LIBRE, Gilbert Cochet et Stéphane Durand, 2018.

20 000 ANS. OU LA GRANDE HISTOIRE DE LA NATURE, Stéphane Durand, 2018.

L'OURS. L'AUTRE DE L'HOMME, Rémy Marion, 2018.

PSYCHOLOGIE POSITIVE ET ÉCOLOGIE. ENQUÊTE SUR NOTRE RELATION ÉMOTIONNELLE À LA NATURE, Lisa Garnier, 2019.

LE PARRAIN. AU CŒUR D'UN CLAN D'ÉLÉPHANTS, Caitlin O'Connell, 2019.

CHIMPANZÉS, MES FRÈRES DE LA FORÊT, Sabrina Krief, 2019.

HABITER EN OISEAU, Vinciane Despret, 2019.

MANIÈRES D'ÊTRE VIVANT, Baptiste Morizot, 2020.

L'EUROPE RÉENSAUVAGÉE, Gilbert Cochet et Béatrice Kremer-Cochet, 2020.

CRÉDITS ICONOGRAPHIQUES

Association Louis Bégouën – photo Robert Bégouën : p. 104
Association Louis Bégouën – relevé F. Briois : p. 105
Jean-Pierre Cléret : p. 42-43
Éditions du CNRS : p. 101
Fitzhenry and Whiteside – dessin P. Geraghty : p. 32-33
Michel-Alain Garcia : p. 97, 98, 164
Monique Gessain : p. 87
Guillaume Marion : p. 68, 73, 220
Rémy Marion : p. 29, 38, 76, 169, 172
Collection Rémy Marion : p. 25, 26, 31, 176, 200, 212
Vincent Munier : p. 13
Pascal Orcier : cartes p. 58, 106, 122, 184
The Book Worm / Alamy Stock Photo / E. Nilson : p. 183

CRÉDITS DES CITATIONS

p. 19 et 37 : Barry Lopez, *Rêves arctiques : imagination et désir dans un paysage nordique*, trad. Dominique Letellier, Albin Michel, Paris, 1987, p. 68 et 48. © Albin Michel, 1987. Édition originale : *Arctic Dreams. Imagination and Desire in a Northern Landscape*, Charles Scribner's Sons, 1986.
p. 47 : Aldo Leopold, *Almanach d'un comté des sables*, trad. Anna Gibson, Flammarion, Paris, 2000, p. 224-225. © Flammarion, 2000. Avec l'aimable autorisation des éditions Flammarion.
p. 65 : Roger Frison-Roche, *Le Versant du soleil*, *Mémoires*, Arthaud, Paris, 1981. © Arthaud, 1981. Avec l'aimable autorisation des éditions Arthaud.
p. 167 : William T. Vollmann, *Les Fusils*, trad. Claro, Cherche Midi, Paris, 2006. © Cherche Midi pour la traduction française. Édition originale © William T. Vollmann, 1994.
p. 201-202 : Marianne Moore, "Le bœuf (ou la chèvre) polaire", in *Poésie complète*, trad. Thierry Gillybœuf, p. 217-219. © Éditions Corti, 2004.

Ouvrage réalisé
par l'atelier graphique Actes Sud
reproduit et achevé d'imprimer
en mars 2020
par Normandie Roto Impression s.a.s.
à Lonrai
pour le compte des éditions
Actes Sud
Le Méjan
place Nina-Berberova
13200 Arles

Dépôt légal
1re édition : avril 2020
n° impr. : 2000510
(Imprimé en france)